ADOBE® DIGITAL IMAGING
HOW-TOs

100 TÉCNICAS ESSENCIAIS PARA **PHOTOSHOP® CS5, LIGHTROOM® 3,** E **CAMERA RAW 6**

O autor

Dan Moughamian tem quase 20 anos de experiência trabalhando com aplicativos da Adobe, incluindo mais de 16 anos com o Photoshop. É veterano em fazer testes alfa e beta de programas, além de ser um fotógrafo experiente e instrutor profissional. É autor de uma série de guias de treinamento da Adobe, incluindo o livro *Image Retouching & Adjustment with Photoshop CS5 and Core Lightroom 3*. Seus artigos são publicados nas revistas *photo technique* e *Photoshop User Magazine* e no site Peachpit.com. Você pode seguir Dan no Twitter @Colortrails.

M924a	Moughamian, Dan.
	    Adobe Digital Imaging how-tos : 100 técnicas essenciais para Photoshop CS5, Lightroom 3 e Camera Raw 6 / Dan Moughamian ; tradução: João Eduardo Nóbrega Tortello ; revisão técnica: Alexandre Keese. – Porto Alegre : Bookman, 2012.
	    xii, 275 p. : il. color. ; 25 cm.
	
	    ISBN 978-85-7780-962-2
	
	    1. Software – Computação gráfica. 2. Photoshop CS5. 3. Lightroom 3. 4. Camera Raw 6. I. Título.
	
	    CDU 004.4

Catalogação na publicação: Ana Paula M. Magnus – CRB 10/2052

DAN MOUGHAMIAN

ADOBE® DIGITAL IMAGING
HOW-TOs

100 TÉCNICAS ESSENCIAIS PARA **PHOTOSHOP® CS5, LIGHTROOM® 3,** E **CAMERA RAW 6**

Tradução:
João Eduardo Nóbrega Tortello

Revisão Técnica:
Alexandre Keese
Especialista em tratamento de imagens digitais
Consultor da Adobe Systems Brasil
Adobe Certified Expert em Photoshop

bookman

2012

Obra originalmente publicada sob o título *Adobe Digital Imaging How-Tos: 100 Essential Techniques for Photoshop CS5, Lightroom 3, and Camera Raw 6*, 1st Edition
ISBN 0-321-71987-5 / 978-0-321-71987-4

Authorized translation from the English language edition, entitled ADOBE DIGITAL IMAGING HOW-TOS: 100 ESSENTIAL TECHNIQUES FOR PHOTOSHOP CS5, LIGHTROOM 3, AND CAMERA RAW 6, 1st Edition by MOUGHAMIAN, DAN, published by Pearson Education,Inc., publishing as Adobe Press, Copyright © 2011. All rights reserved. No part of this book may be reproduced or transmitted in any form or by any means, electronic or mechanical, including photocopying, recording or by any information storage retrieval system, without permission from Pearson Education,Inc.

Portuguese language edition published by Bookman Companhia Editora Ltda, a Division of Grupo A, Copyright © 2012

Tradução autorizada a partir do original em língua inglesa da obra intitulada ADOBE DIGITAL IMAGING HOW-TOS: 100 ESSENTIAL TECHNIQUES FOR PHOTOSHOP CS5, LIGHTROOM 3, AND CAMERA RAW 6, 1ª Edição, autoria de MOUGHAMIAN, DAN, publicado por Pearson Education, Inc., sob o selo Adobe Press, Copyright © 2011. Todos os direitos reservados. Este livro não poderá ser reproduzido nem em parte nem na íntegra, nem ter partes ou sua íntegra armazenado em qualquer meio, seja mecânico ou eletrônico, inclusive fotocópia, gravação ou qualquer sistema de armazenamento de informação, sem permissão da Pearson Education,Inc.

Edição em língua portuguesa publicada por Bookman Companhia Editora Ltda, uma Divisão do Grupo A, Copyright © 2012

Capa: *Henrique Chaves Caravantes e VS Digital*, arte sobre capa original

Leitura final: *Aline Grodt*

Gerente Editorial – CESA: *Arysinha Jacques Affonso*

Editora responsável por esta obra: *Mariana Belloli Cunha*

Editoração eletrônica: *Techbooks*

Reservados todos os direitos de publicação, em língua portuguesa, à
Bookman® Companhia Editora Ltda., uma divisão do Grupo A Educação S.A.
Av. Jerônimo de Ornelas, 670 – Santana
90040-340 – Porto Alegre – RS
Fone: (51) 3027-7000   Fax: (51) 3027-7070

É proibida a duplicação ou reprodução deste volume, no todo ou em parte, sob quaisquer formas ou por quaisquer meios (eletrônico, mecânico, gravação, fotocópia, distribuição na Web e outros), sem permissão expressa da Editora.

Unidade São Paulo
Av. Embaixador Macedo Soares, 10.735 – Pavilhão 5 – Cond. Espace Center
Vila Anastácio – 05095-035 – São Paulo – SP
Fone: (11) 3665-1100   Fax: (11) 3667-1333

SAC 0800 703-3444 – www.grupoa.com.br

IMPRESSO NO BRASIL
PRINTED IN BRAZIL

Para minha esposa, Kathy. Você é tudo para mim.

Sumário

Capítulo 1: Processo de organização com o Lightroom 3..........1

    1 A interface de usuário do Lightroom.....................2

    2 Maximize o espaço da tela................................6

    3 Configurações predefinidas de metadados IPTC..........8

    4 Importe fotografias com metadados....................12

    5 Renomeie pastas..14

    6 Vincule novamente uma pasta movida.................15

    7 Sincronize pastas (novas imagens).......................17

    8 Importação de pasta 19

    9 Exportação de pasta....................................20

  10 Captura conectada.....................................22

  11 Aumente a velocidade: otimização de catálogo 25

  12 Personalize o modo de exibição Grid....................26

  13 Compare fotos semelhantes 28

  14 Um atributo, muitas fotos 33

  15 Use conjuntos de palavras-chave 34

  16 Use o Library Filter 36

  17 Use coleções inteligentes...............................40

Capítulo 2: Revelando fotografias capturadas em formato nativo ..43

  18 Entenda as versões de processo 44

  19 Use visualizações de corte..............................46

  20 Faça edições no histograma 47

  21 Corte e endireite 48

  22 Remova manchas e outros defeitos 51

  23 Sincronize remoções de mancha........................53

  24 Sincronize edições com configurações predefinidas.....54

  25 Defina uma base sólida com edições básicas 56

  26 Use curvas personalizadas..............................59

27 Use visualizações de painel 61

28 Aperfeiçoe cores com HSL 62

29 Crie edições localizadas: Adjustment Brush 64

30 Estilize fotografias p&b com Split Toning 68

31 Crie variações com instantâneos 71

32 Aplique nitidez de captura 72

33 Melhor redução de ruído 76

34 Corrija defeitos da lente: Lens Corrections. 79

35 Efeito retrô: grão de filme. 86

36 Prepare arquivos para HDR Pro 89

37 Exporte arquivos 91

38 ACR: sincronizando edições. 93

39 ACR: salvando imagens 95

40 ACR: Workflow Options 96

Capítulo 3: Dicas de saída do Lightroom 3 97

41 Watermark Editor 98

42 Refinando layouts de apresentação de slides 103

43 Duração e transições de slide 111

44 Exporte apresentações de slides como vídeo 112

45 Cópias de contato rápidas 113

46 Pacotes de fotos personalizados 117

47 Galerias Airtight para a Web 122

48 Galeria Flash do Lightroom 127

49 Compartilhe fotos no Flickr 133

Capítulo 4: Aperfeiçoando imagens no Photoshop CS5 139

50 Configure preferências 140

51 Defina configurações de cor 149

52 Simplifique os menus 151

53 Atalhos de teclado personalizados 155

54 Use o Mini Bridge 158

55	Use rotação de visualização ativa	163
56	Técnicas de movimento panorâmico e zoom	165
57	Use os selecionadores de cor HUD	166
58	Agrupe várias fotos	169
59	Exiba informações de arquivo	170
60	Modifique metadados IPTC	171
61	Endireite horizontes com a ferramenta Ruler	173
62	Use máscaras Color Range	174
63	Converta caminhos em seleções	177
64	Seleções híbridas com a ferramenta Lasso	178
65	Ajustes finos de seleção e de máscara com Smart Radius	180
66	Remova invasões de cor de seleções e máscaras	183
67	Crie texturas suaves: Clone e Patch	184
68	Melhore composições com Content-Aware Scale	186
69	Correções de lente automatizadas	188
70	Transformações de Smart Object	190
71	Corte em perspectiva	192
72	HDR Pro: dicas de exposição	194
73	HDR Pro: criando o arquivo	195
74	HDR Pro: mapeamento de tons	196
75	HDR Pro: cores e curvas	203
76	Fotografias panorâmicas com Photomerge	205
77	Detalhes de retrato com Spot Healing	208
78	Correções sob os olhos	211
79	Mais realismo com o comando Fade	212
80	Aprimoramentos em Sharpen	213
81	Camadas a partir de seleções	214
82	Use Content-Aware Fill	216
83	Seja criativo com Puppet Warp	218

84 Suavize o foco com o filtro Lens Blur 222

85 Apresentando as Bristle Tips 227

86 Use Mixer Brush 229

87 HDR Toning 233

88 Shadows/Highlights 235

89 Use camadas de ajuste 240

90 Ajuste de curvas dirigido 243

91 Vibração de cor localizada 245

92 Estilização em preto e branco 248

93 Filtros de fotografia 250

94 Organize e visualize vários ajustes 253

95 Gradientes: densidade neutra 254

96 Crie texto em um caminho 256

97 Estilos de camada: sombras projetadas 257

98 Dicas de impressão 259

99 Salve para a Web 261

100 Image Processor 263

Índice 267

Capítulo 1

Processo de organização com o Lightroom 3

Organização… a simples menção dela pode fazer as pessoas sairem correndo. A palavra evoca imagens de agendas, notas adesivas coladas na base de seu monitor, listas de tarefas anotadas em um guardanapo de lanchonete e até a limpeza do escritório! (Não, aquela pilha casual de livros e revistas de fotografia com o conjunto de lentes perfeitamente disposto sobre ela não constitui uma "organização", amigo. Talvez um "sistema de arquivamento avançado", mas não organização.)

    Por termos uma mente criativa, manter toda a nossa mídia organizada pode ser nosso maior desafio. Falando francamente, a organização como conceito é rígida. Trata-se, em sua essência, de uma estrutura lógica e repetível. Infelizmente, como artistas, não pensamos e não criamos de modo linear; mesmo assim, "ser organizado" em geral exige um pensamento linear. Classificações corretas, hierarquias, metadados, atributos: é disso que a organização é feita. De que outro modo vamos saber o que veremos daqui a seis meses se não colocarmos essas imagens em seus lugares?

    Este capítulo é sobre isso: utilizar os recursos poderosos e intuitivos do Lightroom 3 para organizar todas as suas imagens, a fim de que você possa encontrá-las e incluí-las em seu fluxo de trabalho diário com mais eficiência.

Por que o Lightroom?

Utilizo o Lightroom 3, em vez do Adobe Bridge, para organizar fotos porque ele permite organizar e começar a editar meus arquivos nativos imediatamente em uma interface elegante e unificada. É verdade que o Adobe Bridge e o Adobe Camera Raw (ACR) podem – em conjunto – executar muitas das mesmas tarefas que o Lightroom, mas em minha opinião leva-se mais tempo para configurar as áreas de trabalho, gerenciar as diferentes janelas modulares e editar minhas fotos nativas.

1 A interface de usuário do Lightroom

O Lightroom 3 usa uma metáfora de "laboratório digital" simples que consiste em cinco módulos ou modos de aplicativo: Library, Develop, Slideshow, Print e Web. Esses módulos são a maravilha do Lightroom, pois o fluxo de trabalho inteiro cabe harmoniosamente em uma única janela. A **Figura 1a** mostra os pontos de acesso de cada um dos cinco módulos, próximos à parte superior direita da janela do Lightroom.

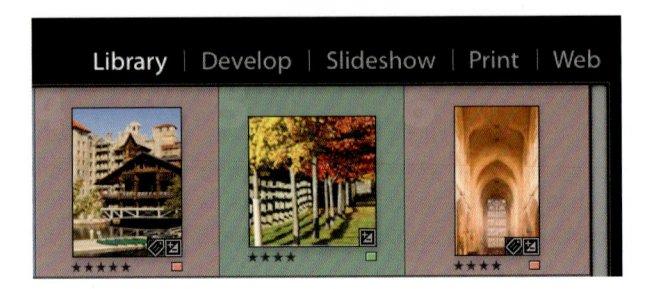

Figura 1a A interface de usuário do Lightroom 3 é dividida em cinco módulos ou modos principais, vistos na parte superior direita. São eles: Library, Develop, Slideshow, Print e Web.

Módulo Library

O módulo Library é o principal enfoque deste capítulo. No Lightroom 3, o módulo Library fornece ferramentas poderosas para importar fotos, classificar e aplicar atributos, comparar imagens semelhantes em detalhes e exportar arquivos para novos formatos e fluxos de trabalho. Esse módulo é o melhor amigo do fotógrafo, tornando o processo de organização linear muito mais fácil.

O módulo Library utiliza quatro diferentes tipos de modos de exibição: modo Grid, modo Loupe, modo Compare e modo Survey.

Modo de exibição Grid

O modo de exibição Grid é ativado clicando no ícone Grid (▦) ou pressionando a tecla G. Esse modo de exibição apresenta todas as fotos de uma pasta selecionada como uma série de miniaturas. As miniaturas podem ser redimensionadas e cada uma delas tem uma borda tipo slide que fornece informações e controles adicionais para manipular esse arquivo (**Figura 1b**). O modo de exibição Grid é discutido na Dica 12.

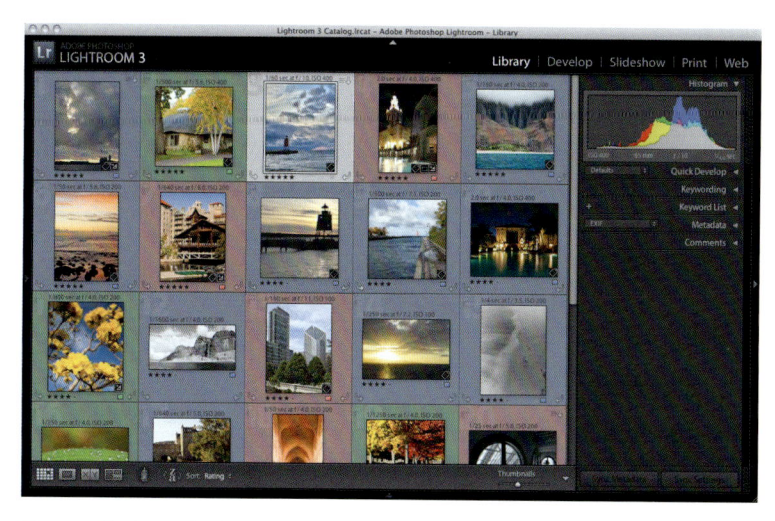

Figura 1b O modo de exibição Grid permite ver todas as fotos de uma pasta como miniaturas.

Modo de exibição Loupe

Caso precise de uma visualização grande de sua imagem no módulo Library, use o modo de exibição Loupe, selecionando a imagem e pressionando a tecla E (**Figura 1c**).

Figura 1c Selecione uma miniatura e pressione E para obter uma visualização grande de sua foto.

Modo de exibição Compare

O modo de exibição Compare se destina a pegar duas imagens selecionadas, ampliá-las e colocá-las lado a lado na área de visualização principal. Para usar esse modo de exibição, selecione suas duas imagens escolhidas e pressione a tecla C (**Figura 1d**). O modo de exibição Compare está discutido na Dica 13.

Figura 1d O modo de exibição Compare permite fazer comparações detalhadas de duas imagens semelhantes, lado a lado, na área de visualização principal.

Modo de exibição Survey

O modo de exibição Survey funciona como o modo Compare, exceto pelo fato de que mais de duas imagens são colocadas na visualização. O princípio de seu funcionamento é semelhante ao das caixas de luz tradicionais. Para utilizar esse modo de exibição, selecione as imagens e pressione a tecla N (**Figura 1e**).

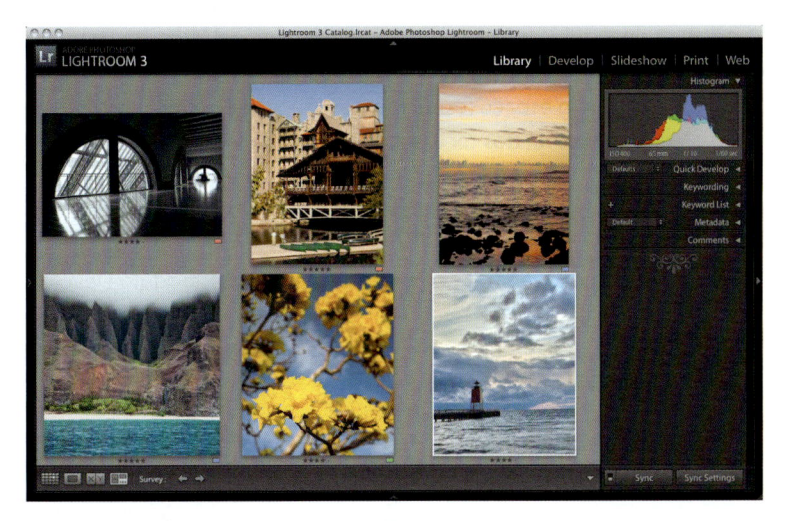

Figura 1e O modo de exibição Survey funciona como uma pequena caixa de luz, permitindo visualizar várias imagens ao mesmo tempo, com tamanhos maiores do que as configurações de miniatura normais.

Módulo Develop

No módulo Develop, você controla as características de exposição, contraste, cor e detalhes de suas fotografias e também corrige pequenos defeitos causados por distorções da lente.

Módulo Slideshow

O Lightroom 3 oferece opções para a criação de apresentações de exibição de slides para clientes e outras partes interessadas, incluindo poderosas opções de formatação.

Módulo Print

O Lightroom 3 permite criar pacotes de fotos personalizados (como aqueles utilizados para fotos da escola ou de equipes atléticas) e cópias de contato, novamente com poderosas opções de formatação.

Módulo Web

O módulo Web possibilita aos fotógrafos criar galerias compatíveis com a Web de suas fotos prediletas usando modelos simples e opções de formato. Dicas úteis para cada um dos módulos de saída do Lightroom – Slideshow, Print e Web – podem ser encontradas no Capítulo 3, "Dicas de saída do Lightroom 3".

2 Maximize o espaço da tela

A Adobe conseguiu encaixar todos os módulos de fluxo de trabalho em uma única e elegante interface de usuário, mas o Lightroom ainda pode utilizar todo o espaço fornecido por sua tela. Para maximizar o espaço da tela, a maioria dos recursos e funções do Lightroom é dividida em quatro grupos de painéis dentro da janela principal. É possível exibir ou ocultar as partes esquerda, inferior, direita e superior da interface independentemente.

Por exemplo, quando você precisa trabalhar no módulo Develop por um período prolongado e não vai se concentrar em tarefas organizacionais ou em outros módulos, pode contrair os grupos de painéis que não precisa ver (**Figuras 2a** e **2b**).

Figura 2a Os diversos recursos e controles do Lightroom estão divididos em quatro seções (superior, inferior, esquerda e direita). Cada uma delas pode ser contraída individualmente, clicando-se nos pequenos triângulos nas margens da janela.

Essa disposição permite que você se concentre estritamente na revelação da exposição, do contraste, da cor e dos detalhes de sua imagem, sem distrações visuais. O mesmo tipo de disposição funciona bem ao se organizar fotos ou examinar arquivos no módulo Library.

Figura 2b Após se contrair todas as seções, exceto uma, e entrar no modo Tela Inteira, o módulo Develop está agora completamente concentrado nos controles de edição de imagens e em uma visualização grande.

Modo Tela Inteira

O Lightroom também tem um modo Tela Inteira que oculta a janela e as barras de menus do sistema operacional, liberando mais espaço. Circule pelos modos de tela do Lightroom pressionando a tecla F até encontrar um que seja adequado aos seus objetivos.

Visualização rápida de painéis

Se precisar dar uma rápida olhada nos itens de qualquer um dos quatro grupos de painéis principais, coloque o cursor sobre a margem do painel e ele vai aparecer temporariamente, até que você retire o cursor.

Painéis do Lightroom

Por todo este livro e em outros trabalhos, você pode ver referências aos *painéis* do Lightroom. Isso diz respeito aos grupos individuais de controles e recursos que ficam dentro de cada seção. Por exemplo, no módulo Develop, o lado direito da janela abriga painéis como Tone Curve, HSL e Details.

3 Configurações predefinidas de metadados IPTC

A não ser que você seja iniciante em fotografia digital, provavelmente já ouviu falar sobre a importância dos metadados. Em poucas palavras, os metadados permitem "rotular" arquivos de imagem com informações importantes para que seja possível organizá-los, encontrá-los e protegê-los de maneira mais eficiente. Contudo, inserir metadados IPTC (International Press Telecommunications Council) – que incluem informações como legendas, palavras-chave e situação de direitos autorais – digitando todas as informações, imagem por imagem, é a receita da frustração (**Figura 3a**).

As *configurações predefinidas de metadados* são uma maneira de aplicar várias informações IPTC em muitas fotografias de forma simultânea. Por exemplo, é possível retornar de uma seção de fotos onde você tem dezenas de "fotografias importantes" do mesmo local ou ponto de interesse. Você pode usar uma configuração predefinida de metadados para aplicar concomitantemente as mesmas informações de direitos autorais, local, gênero intelectual, palavras-chave e outros valores.

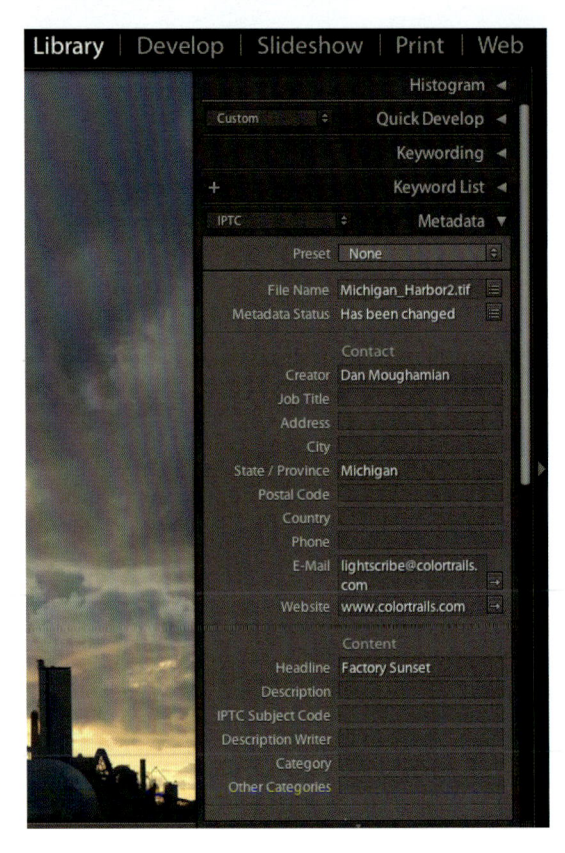

Figura 3a No Lightroom, os metadados IPTC contêm mais de 30 tipos de informações que podem ser atribuídas a qualquer foto. Não faça tudo isso a mão!

Capítulo 1: Processo de organização com o Lightroom 3

Para criar uma nova configuração predefinida de metadados IPTC para seu fluxo de trabalho, execute os passos a seguir:

1. No módulo Library, abra os controles de Metadata e escolha IPTC no menu pop-up Metadata (**Figura 3b**).

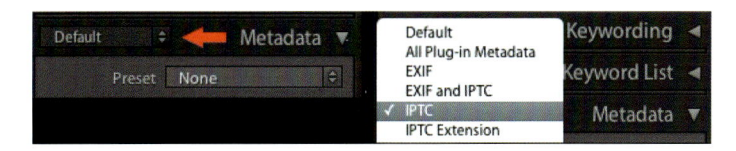

Figura 3b O painel Metadata dá acesso a vários tipos de metadados.

2. No menu pop-up Preset, escolha Edit Presets (**Figura 3c**).

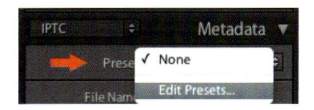

Figura 3c Novas configurações pre-definidas de metadados podem ser criadas a partir do menu pop-up Presets no painel Metadata.

(continua na próxima página)

4 Importe fotografias com metadados

Quando tiver criado sua configuração predefinida de metadados e estiver pronto para colocar sua seção de fotos mais recente no Lightroom 3, acesse a nova janela Import. Você pode abri-la clicando no botão Import do módulo Library (na parte inferior do grupo de painéis à esquerda) [Import...].

1. No painel Source (lado esquerdo da janela Import), escolha a pasta de imagens que deseja importar clicando nela. Isso vai mostrar visualizações em miniatura de todas as imagens da pasta escolhida (**Figura 4a**). Por padrão, as caixas de seleção de todas as miniaturas vão estar marcadas.

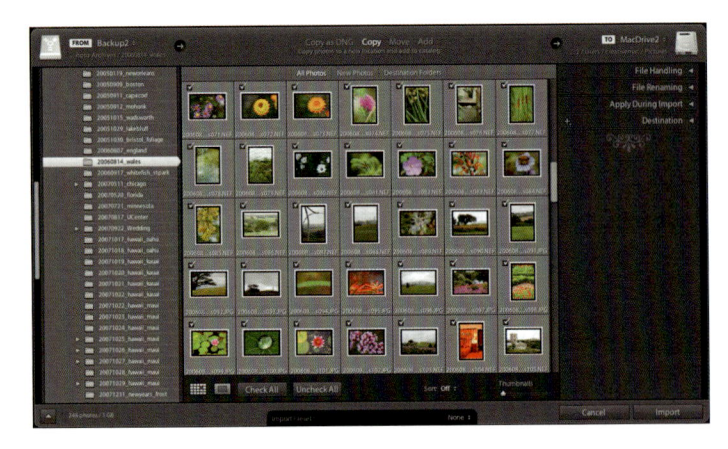

Figura 4a A nova janela Import do Lightroom 3 permite visualizar todas as imagens de uma pasta ou de uma hierarquia de pastas.

2. Desmarque as caixas de seleção da miniatura das imagens que não quiser importar. Isso vai escurecer as imagens, a não ser que você coloque o cursor sobre elas, o que vai clareá-las temporariamente (**Figura 4b**).

Figura 4b Os novos recursos de importação tornam fácil adicionar apenas as imagens necessárias no catálogo do Lightroom.

Capítulo 1: Processo de organização com o Lightroom 3

3. Escolha o método de importação (Copy as DNG, Copy, Move, Add) clicando nele (parte superior central da janela Import). Uma vez selecionado o método, aparece uma breve descrição de seu funcionamento abaixo do nome.

4. Configure as opções de File Handling (em cima à direita), como o tamanho de Render Previews e opções para ignorar duplicatas suspeitas e fazer outras cópias (**Figura 4c**). Para obter as visualizações de renderização (Render Previews) mais precisas ao editar seus arquivos, escolha Standard ou 1:1.

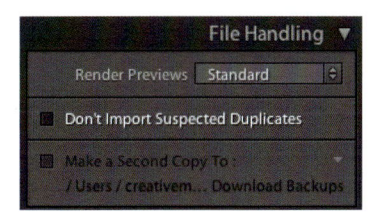

Figura 4c Opções de Import File Handling do Lightroom 3.

5. Abra o painel Apply During Import e, usando o menu pop-up Metadata, escolha a configuração predefinida que você criou. Também é possível aplicar configurações de revelação (Develop Settings) e palavras-chave (Keywords) nessa área, embora eu normalmente faça todas as edições no formato nativo posteriormente no processo (**Figura 4d**).

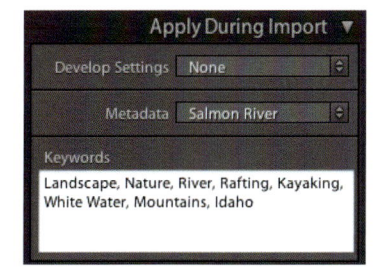

Figura 4d Os novos recursos de importação do Lightroom 3 incluem a capacidade de aplicar opções de Develop Settings, Metadata e Keywords enquanto são arquivos os adicionados a um catálogo.

6. Clique em Import para adicionar todas as fotos selecionadas em seu catálogo. Durante a importação, o Lightroom vai exibir as miniaturas no módulo Library e vai gravar nos arquivos todos os metadados da configuração predefinida (e palavras-chave) selecionada.

Seleção múltipla/anulação de seleção

Caso exista uma série de miniaturas adjacentes que você quer remover do processo de importação, execute os mesmos passos que seriam executados no módulo Library ou no painel Content do Bridge. Clique na primeira miniatura da série, mantenha a tecla Shift pressionada, em seguida clique na última miniatura da série e, então, desmarque as miniaturas para escurecer todas elas. Você pode selecionar novamente a série inteira usando a mesma técnica.

DNG

DNG significa Digital Negative Group e foi projetado pela Adobe como uma opção de formato bruto comum para fotógrafos. Ele mantém toda a qualidade e as vantagens da edição não destrutiva dos formatos de arquivo brutos patenteados; contudo, ao contrário dos formatos patenteados que frequentemente mudam com o passar do tempo, o DNG é projetado para evitar problemas de compatibilidade com o Photoshop e com o Lightroom. Por isso, muitos consideram o DNG um formato "seguro" para repositórios de arquivo de fotos.

Gerenciando pastas de catálogo

Se você for como eu, depois de passar um tempo razoável construindo seu novo catálogo no Lightroom 3, vai precisar atualizar as pastas criadas no programa com certa regularidade. Sincronização, hierarquia e até a mudança do nome de pastas podem ser importantes para se manter a organização. O segredo é saber onde olhar. Intuitivamente, talvez você ache que deve olhar no menu pop-up Folders ou no menu Library, mas muitas funções organizacionais importantes do Lightroom são colocadas em um conveniente menu contextual.

5 Renomeie pastas

Para renomear uma pasta no catálogo do Lightroom, clique na pasta com o botão direito do mouse e escolha Rename no menu contextual (**Figura 5**). Observe que mudar o nome de uma pasta no Lightroom também vai mudar o nome dessa pasta em nível de sistema.

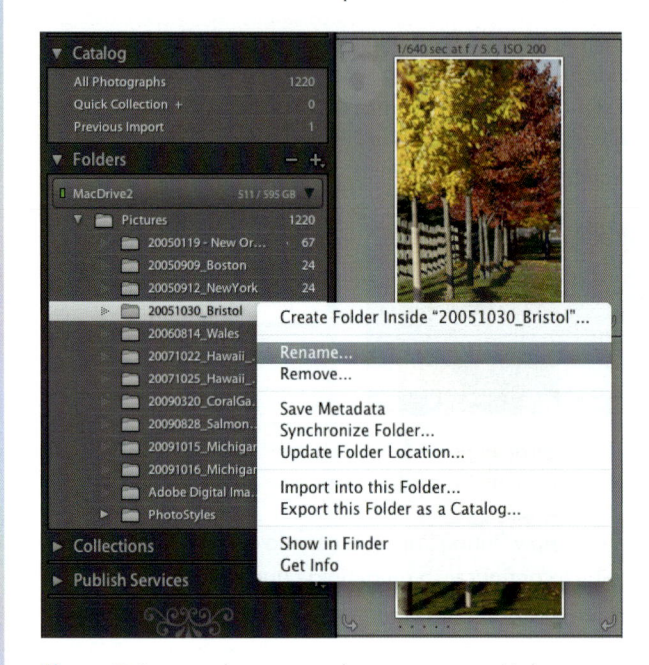

Figura 5 Para mudar o nome de uma pasta no Lightroom, clique nela com o botão direito do mouse e escolha Rename no menu contextual.

6 Vincule novamente uma pasta movida

As unidades de disco rígido ficam cheias – esse é um fato da vida de qualquer um que capture milhares de imagens ou vídeos. Outro problema é a diminuição do desempenho da unidade de disco rígido bem antes de sua capacidade máxima ser atingida. Por esses motivos, pode ser uma boa ideia instalar outra unidade de disco rígido e mover alguns de seus projetos e pastas de imagem para um novo local.

Contudo, se você mover uma pasta que o Lightroom já importou como parte de sua biblioteca, o aplicativo não vai saber onde encontrar o conteúdo da pasta e vai exibir um ícone acinzentado com um ponto de interrogação (**Figura 6a**). O mesmo acontece se você importa fotos de uma unidade de disco rígido externa que é desconectada posteriormente.

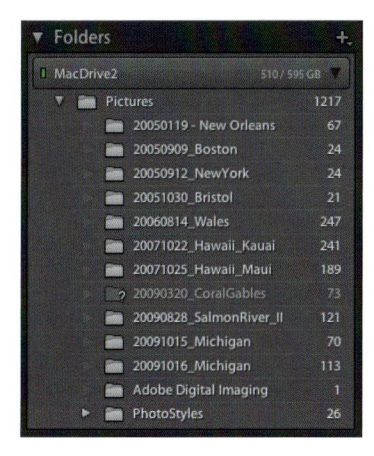

Figura 6a O Lightroom não atualiza automaticamente as pastas que foram movidas em nível de sistema. Em vez disso, ele exibe um ícone de ponto de interrogação ao lado da pasta.

Conexões de unidade externa

Lembre-se de que, se você vincular novamente o Lightroom a uma pasta de catálogo localizada em uma unidade de disco rígido externa, o vínculo só vai permanecer ativo enquanto seu sistema Lightroom estiver conectado a essa unidade.

Felizmente, existe uma solução simples para esse problema. Clique na pasta com o botão direito do mouse e escolha Find Missing Folder (**Figura 6b**). Isso abre a caixa de diálogo de navegação de arquivo de seu sistema para que você possa procurar o novo local da pasta e selecioná-la a fim de vincular mais uma vez o Lightroom e o conteúdo da pasta.

Figura 6b Você pode vincular novamente um catálogo a uma pasta movida utilizando seu menu contextual.

7 Sincronize pastas (novas imagens)

Outra ocorrência comum para fotógrafos é a necessidade de adicionar imagens finalizadas ou novos originais em uma pasta já existente no catálogo do Lightroom. Também é comum remover imagens de uma pasta existente. Para garantir que o conteúdo mais atual da pasta seja exibido, é preciso sincronizar o "modo de exibição" do Lightroom da pasta com o que o sistema vê. Para isso, clique com o botão direito do mouse na pasta que precisa ser atualizada e escolha Synchronize Folder no menu contextual (**Figura 7a**).

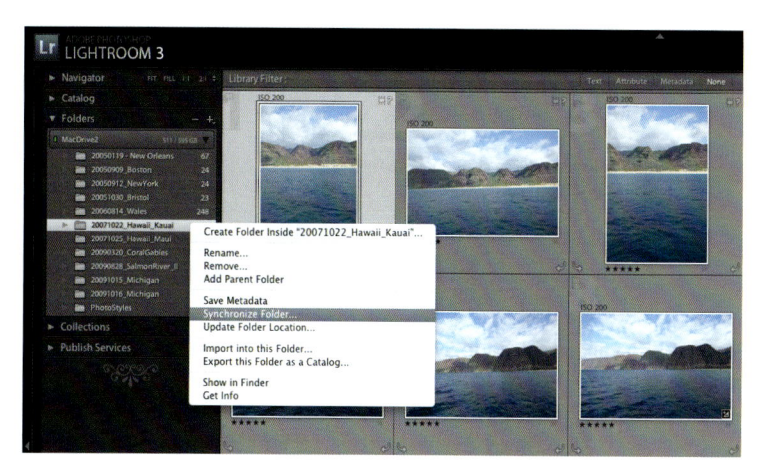

Figura 7a A sincronização do conteúdo do catálogo começa clicando-se com o botão direito do mouse na pasta cujo conteúdo mudou desde a última utilização do Lightroom.

9 Exportação de pasta

Em algumas situações (como ao mover o catálogo do Lightroom para um novo computador ou compartilhar o catálogo), é necessário exportar uma pasta inteira e seus conteúdos (incluindo as subpastas) para um novo local. Para isso, talvez seja preciso criar uma pasta "pai" (*parent* em inglês) para todas as pastas de sua hierarquia. Isso normalmente acontece se você armazena todas as suas fotografias em uma única pasta mestra, mas as importa individualmente.

Para criar a pasta pai, clique com o botão direito do mouse em qualquer pasta que esteja presente no nível superior de seu repositório de arquivos mestre e escolha Add Parent Folder no menu contextual (**Figura 9a**). Isso vai encontrar o nome de sua pasta mestra ou pai automaticamente e vai inseri-la no topo de sua pasta.

Figura 9a Para criar um novo catálogo de todas as suas pastas, primeiro é preciso criar uma pasta pai (normalmente é a pasta mestra a partir da qual você importa pastas individuais ao criar seu catálogo).

Em seguida, clique com o botão direito do mouse na pasta pai e escolha Export This Folder As Catalog (**Figura 9b**). Isso abre a caixa de diálogo Export As Catalog, onde é possível optar por incluir ou excluir os arquivos de negativo mestres e também as visualizações. A partir daí, basta dar um nome ao novo catálogo, escolher um local e salvar. Depois, você pode abrir o Lightroom em seu novo ambiente e escolher File > Open Catalog para localizar o arquivo de catálogo recentemente criado e selecioná-lo.

Figura 9b A caixa de diálogo Export as Catalog permite escolher opções para seu novo catálogo.

Excluindo negativos

A exclusão de negativos de um catálogo novo em geral é feita quando você está tentando manter o catálogo o mais compacto possível para aplicar atributos ou classificações rapidamente. Contudo, não vai ser possível fazer quaisquer edições nem utilizar outros recursos avançados ao visualizar arquivos desse tipo de catálogo.

10 Captura conectada

Captura conectada é a novidade do Lightroom 3 que atende a um antigo pedido dos fotógrafos. Essa funcionalidade permite conectar uma câmera ao computador que esteja rodando o Lightroom, ver as configurações de exposição básicas dentro do Lightroom e acionar o botão de disparo do obturador do Lightroom. As fotos são então importadas à medida que são tiradas. Em qualquer lugar que seu laptop com Lightroom e sua câmera possam ir, você pode capturar imagens usando o método conectado. Quando este livro estava sendo produzido, as câmeras que suportavam fotografias vinculadas eram:

Canon

- EOS 5D** e****
- EOS 5D Mark II
- EOS-1D Mark II* e**
- EOS-1Ds Mark II* e**
- EOS-1DS Mark III
- EOS-1D Mark III
- EOS-1D Mark IV
- EOS 7D
- EOS 450D (Digital Rebel XSi/EOS Kiss X2)
- EOS 1000D (Digital Rebel XS/ EOS Kiss F)
- EOS 500D (Digital Rebel T1i/EOS Kiss X3 Digital)
- EOS 20D*** e****
- EOS 30D
- EOS 40D
- EOS 50D
- EOS 350D (Digital Rebel XT/EOS Kiss Digital N)****
- EOS 400D (Digital Rebel XTi/ EOS Kiss Digital X)

Nikon

- D3x
- D3s
- D3
- D700
- D300
- D300s
- D90
- D5000
- D200***

* Essas câmeras só fazem a conexão via FireWire.
** Não há driver disponível para Windows 64 bits.
*** Essas câmeras não são suportadas no Windows.
**** A câmera precisa estar configurada no modo de conexão com PC para utilizar o recurso de câmera conectada.

Para uma lista atualizada de câmeras que suportam fotografias conectadas, consulte http://kb2.adobe.com/cps/842/cpsid_84221.html.

Para usar captura conectada, execute os passos a seguir:

1. Escolha File > Tethered Capture > Start Tethered Capture. Isso abre a caixa de diálogo Tethered Capture Settings (**Figura 10a**). Aqui é possível criar um nome de pasta para suas fotos capturadas definindo um nome de sessão (Session Name), além de configurar opções de atribuição de nome (Naming) e destino (Destination) para o arquivo e configurações predefinidas de metadados (Metadata Presets).

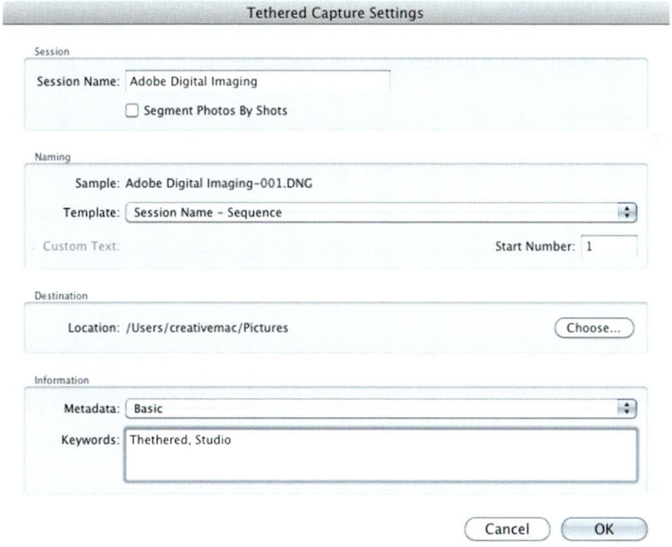

Figura 10a A caixa de diálogo Tethered Capture Settings permite configurar sua sessão de captura.

Uma vez que você tenha criado suas configurações e clicado em OK na caixa de diálogo Tethered Capture Settings, o Lightroom cria uma nova pasta vazia em seu catálogo e exibe o controlador Tether, o qual mostra o modelo de sua câmera, a velocidade do obturador, abertura, ISO, balanço de branco e a opção de aplicar uma configuração predefinida de Develop nas imagens à medida que são capturadas.

2. Conecte sua câmera e espere o Lightroom reconhecer a conexão.

3. Basta clicar no botão Capture no Lightroom ou no disparador de sua câmera para tirar a foto (**Figura 10b**); a imagem vai aparecer em sua pasta pouco depois, com os metadados, palavras-chave e configurações de revelação já aplicados. Se quiser alterar uma dessas configurações, clique no pequeno ícone de dente de engrenagem na parte inferior direita do console Tether.

Figura 10b Tirar fotos com captura conectada exige apenas um clique no botão Capture para acionar o obturador de sua câmera e colocar a imagem diretamente em seu catálogo.

11 Aumente a velocidade: otimização de catálogo

Para muitos fotógrafos, não demora muito para encher um catálogo com milhares de imagens, muitas das quais (ou todas) contendo metadados, palavras-chave, atributos, configurações de revelação e outras alterações aplicadas. Depois de algum tempo, isso pode diminuir o desempenho do Lightroom, especialmente quando você adiciona e remove grupos de novos arquivos.

Para certificar-se de que o Lightroom utilize sua máxima capacidade, você pode "reconstruir" os arquivos do catálogo, garantindo que todas as referências e o espaço na unidade de disco rígido sejam usados da forma mais eficiente possível, acelerando assim o Lightroom. Para isso, escolha File > Optimize Catalog. Vai aparecer uma caixa de diálogo simples pedindo para você confirmar a otimização de seu catálogo. Clique em OK, acesse seu jornal online predileto e pegue uma bebida; isso pode demorar um pouco (**Figura 11**).

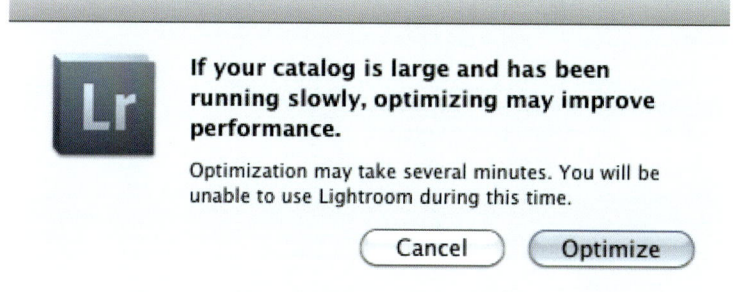

Figura 11 Otimizar seu catálogo (especialmente catálogos maiores que contenham muitos arquivos modificados, adicionados e removidos) pode melhorar o desempenho do Lightroom.

12 Personalize o modo de exibição Grid

O coração do modo de exibição Grid são as miniaturas de fotos que atuam como uma minicaixa de luz, mostrando todas as fotos ótimas e as não tão boas assim da pasta ativa. Contudo, o Lightroom fornece muitas opções para personalizar as miniaturas, permitindo percorrer as imagens visualmente de maneiras mais eficientes. Para acessar essas opções, certifique-se de estar com o modo de exibição Grid ativo e, em seguida, clique em Command-J (Mac OS) ou Control-J (Windows) para abrir a caixa de diálogo Library View Options (**Figura 12**).

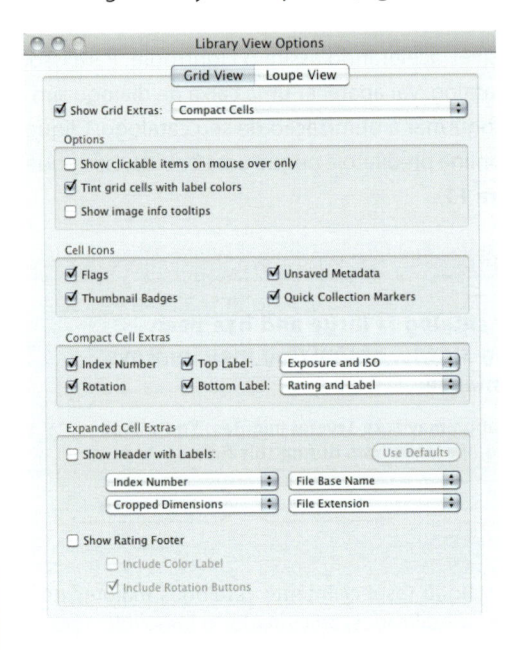

Figura 12 Usar a caixa de diálogo Grid View Options com sabedoria pode garantir a maximização do espaço na tela ao mesmo tempo em que deixa todas as informações relevantes disponíveis para avaliação de suas fotos.

Células compactas

Acredito fortemente que, para a maioria dos fluxos de trabalho do Lightroom, as células compactas oferecem o melhor dos dois mundos. Elas permitem ver atributos e dados de exposição importantes, ao passo que economizam espaço significativo na tela.

Assegure-se de que a caixa de seleção Show Grid Extras esteja marcada (canto superior esquerdo) para que você possa escolher dentre as diferentes opções disponíveis. Pessoalmente, tenho as minhas preferidas e elas giram em torno do uso de *células compactas (miniaturas)*. Células são as bordas tipo slide que circundam a visualização em miniatura. As opções que utilizo em geral aparecem na Figura 12, com os resultados no fundo. Elas incluem:

Options – Na seção Options, eu escolho "Tint Grid Cells With Label Colors". Isso torna fácil ordenar (e, assim, agrupar) visualmente as imagens por suas cores de rótulo.

Ratings and Labels – Na seção Compact Cell Extras, eu uso o menu pop-up Bottom Label para exibir a opção Rating and Label de cada célula. Isso não apenas me permite ver a classificação e o rótulo de cada fotografia, como também definir seus valores diretamente na célula.

Exposure e ISO – Na seção Compact Cell Extras, eu uso o menu pop-up Top Label para exibir os dados de Exposure e ISO das células. As imagens com ISO alto exigem trabalho mais detalhado, o que é abordado nas Dicas 32 e 33.

Cell Icons – Eu uso todas essas opções para me ajudar a sinalizar fotos especiais, salvar metadados alterados e adicionar outras tarefas comuns.

13 Compare fotos semelhantes

Uma tarefa fundamental para qualquer fotógrafo sério é comparar lado a lado fotos com valores de composição e exposição semelhantes, para determinar qual delas tem o melhor detalhe e a melhor cor. O Lightroom se sobressai nessa tarefa, e essa é comprovadamente a parte mais importante do trabalho no módulo Library. Afinal, se você não começa com suas melhores fotografias antes de passar para o módulo Develop, pode já ter perdido a batalha. O primeiro passo é selecionar duas imagens semelhantes (**Figura 13a**).

Figura 13a Usando o modo de exibição Grid, selecione duas células de imagem para iniciar a comparação.

Em seguida, é preciso passar para o modo de exibição Compare, pressionando a tecla C ou clicando no botão próximo à parte inferior da janela do Lightroom, com o ícone marcado com X|Y ▦ ▢ ⊠ ▦. Depois de clicar, você vai ver suas imagens escolhidas lado a lado no visualizador principal (**Figura 13b**).

Filmstrip oculto

Lembre-se de que, se estiver com o Filmstrip oculto e precisar acessá-lo enquanto usa o modo de exibição Compare, basta passar o cursor sobre a margem inferior da janela para ativá-lo temporariamente para poder percorrer as miniaturas ou selecionar novas fotografias.

Figura 13b O modo de exibição Compare torna fácil escolher a melhor imagem de uma série de fotos semelhantes, aproximando para verificar a cor, os detalhes e o foco.

A partir desse ponto, existem várias opções para controlar a ampliação, a disposição das imagens em relação aos lados da visualização e a capacidade de aplicar atributos que identificam as fotos que foram escolhidas, sinalizadas ou rejeitadas. Dê uma olhada em algumas das opções a seguir.

Opções de ampliação

Uma vez que você tenha duas imagens lado a lado, aproxime e examine os detalhes. A primeira coisa a fazer é comparar o foco. Se você tem duas fotografias que foram tiradas com distâncias focais idênticas ou quase idênticas e do mesmo ponto de vista, é mais fácil compará-las usando a mesma ampliação. O Lightroom configura isso por padrão, travando ou *vinculando* o zoom para as duas imagens.

Sincronismo temporário

Se quiser sincronizar a ampliação de duas imagens temporariamente, sem travar ou vincular seus níveis de zoom, clique com o botão direito do mouse em uma delas e escolha *Sync Focus* no menu contextual ou apenas clique no botão *Sync* ao lado do controle deslizante Zoom `Sync`.

Podem-se usar os atalhos de teclado padrão da Adobe para aproximar ou afastar as fotos ou usar o controle deslizante Zoom e arrastar em uma ou outra imagem para girá-las (ou deslizá-las) ao mesmo tempo, a fim de identificar áreas de foco, cor ou detalhe diferente. Algumas situações podem exigir que você desvincule a relação de ampliação do zoom das duas imagens. Por exemplo, isso pode acontecer se você tiver fotografado o mesmo assunto, a partir do mesmo ponto de vista, mas com diferentes distâncias focais ou de uma distância diferente, mas com a mesma distância focal.

O resultado é que, para ver o tema das duas imagens que você está comparando com um nível de ampliação semelhante, vai ser preciso utilizar zooms diferentes. Para isso, clique no cadeado do Zoom para destravá-lo, clique em cada visualização e aproxime ou afaste independentemente (**Figura 13c**).

Figura 13c Aproximar cada imagem independentemente ajuda na avaliação de fotografias semelhantes, em que a distância focal ou a distância até o tema varia. A imagem da esquerda mostra uma relação de zoom de 1:3, enquanto a imagem da direita mostra uma relação de 1:2.

Trocando fotos

Existem várias maneiras de trocar as imagens que estão sendo examinadas por novas fotografias, mas o método que acho mais intuitivo é o que chamo de "clique e clique" (não é o nome mais atraente que existe, mas serve). Em vez de usar os controles de troca automatizada [ícones] e tentar descobrir "quem está em primeiro", eu utilizo o seguinte processo com o modo de exibição Grid como ponto de partida:

1. Uma vez garantido que nenhuma outra célula esteja selecionada, escolha duas imagens e pressione a tecla C.

2. Depois de ter feito as comparações e estar pronto para comparar duas novas imagens, certifique-se de que o lado esquerdo do modo de exibição Compare (chamado de foto *selecionada*) esteja ativo, clicando nele (procure o contorno branco em torno da margem). (A imagem no lado direito do modo de exibição Compare é chamada de *candidata*.)

3. Clique em uma nova imagem no Filmstrip. Essa se torna a nova foto selecionada e a célula do Filmstrip dessa foto exibe um pequeno losango branco (canto superior direito).

4. Clique na foto candidata no lado direito do modo de exibição Compare (novamente, procure o contorno branco) e, então, vá ao Filmstrip e clique em uma nova imagem para substituí-la. Repita esse processo conforme for necessário, selecionando a foto candidata ou a selecionada e, em seguida, usando o Filmstrip para substituir cada uma.

Decida-se

O último passo é marcar "as fotos vencedoras" com atributos para que, se você tiver que afastar-se do Lightroom por algum tempo e voltar, possa retomar de onde parou. Existem duas maneiras fáceis de marcar suas imagens com atributos de sinalização, rótulos e classificações.

- Clique com o botão direito do mouse em uma das fotos e escolha Set Flag e/ou Set Rating e/ou Set Color Label, no menu contextual, para aplicar suas configurações (**Figura 13d**).

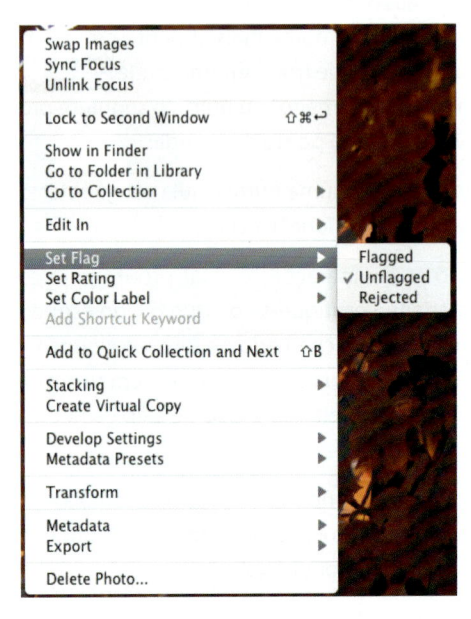

Figura 13d Clicar com o botão direito do mouse nas imagens selecionadas ou candidatas no modo de exibição Compare abre um menu contextual que torna fácil sinalizar, classificar ou rotular a imagem.

- Na parte inferior das visualizações da selecionada e da candidata existem controles para definir sinalizações, classificações e rótulos diretamente, clicando-se nas configurações relevantes para essas opções (**Figura 13e**).

Figura 13e Também é possível sinalizar, classificar ou rotular as fotografias selecionadas ou candidatas clicando-se nos controles de atributo internos, encontrados imediatamente sob a visualização de cada imagem. Da esquerda para a direita: status da sinalização (branco significa sinalizado); classificação (3 estrelas), e (cor) rótulo (amarelo) Clicar no X retira a imagem do modo de exibição Compare.

14 Um atributo, muitas fotos

Algumas situações exigem a aplicação do mesmo atributo Color Label, Rating ou Flag em uma série maior de fotos ao mesmo tempo. O modo de exibição Grid torna essa tarefa fácil. Para uma série contínua (ou células vizinhas), clique na primeira célula e, em seguida, pressione Shift e clique na última, para selecionar todas as células. (Para selecionar um intervalo descontínuo de células, você pode usar Command-clique no Mac OS ou Control-clique no Windows.) Em seguida, clique com o botão direito do mouse e escolha Set Flag e/ou Set Rating e/ou Set Color Label no menu contextual para aplicar suas configurações em todas as imagens selecionadas (**Figura 14**).

Figura 14 Aplique atributos em muitas imagens simultaneamente selecionando várias células e dando um clique com o botão direito do mouse para acessar as opções do menu contextual.

> ### Dica
> *Também é possível aplicar atributos em todas as células selecionadas no modo de exibição Grid clicando em um dos controles de célula individuais de Flags, Label Color ou Ratings. Você pode girar várias imagens da mesma maneira usando controles Rotate individuais de uma célula específica. Também é possível girar imagens empregando atalhos de teclado: Command–[gira as imagens no sentido anti-horário, Command–] gira as imagens no sentido horário (Mac OS), enquanto Control–[e Control–] executam as mesmas funções no Windows.*

15 Use conjuntos de palavras-chave

Basta dizer que livros inteiros já foram escritos sobre os assuntos palavras-chave, metadados e gerenciamento de imagens; portanto, qualquer tentativa de resumir isso em algumas dicas seria tolice. Contudo, descobri que o Lightroom tem uma ferramenta em particular que facilita o trabalho com palavras-chave. Os conjuntos de palavras-chave ficam na seção Keywording do módulo Library do Lightroom.

O princípio por trás deles é que você cria categorias de palavras-chave de maior importância, cada uma contendo nove tópicos específicos relacionados à sua categoria personalizada. Você pode criar uma nova categoria clicando no menu pop-up Keyword Set e escolhendo o comando Edit Set (**Figura 15a**). Em seguida, configure as nove palavras-chave listadas na caixa de diálogo Edit Keyword Set (**Figura 15b**) e salve-as escolhendo Save Current Settings como New Preset no menu pop-up Preset.

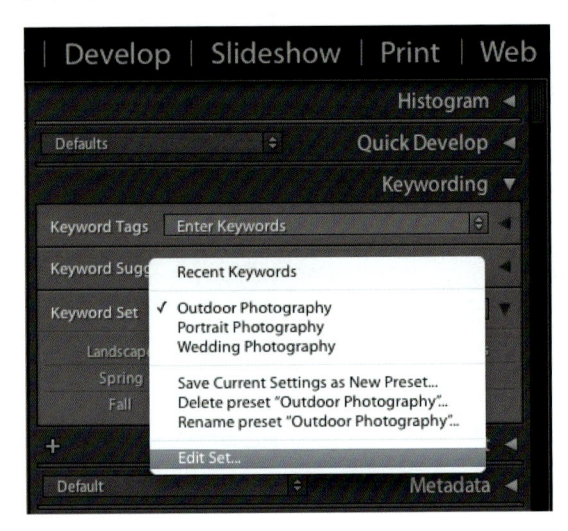

Figura 15a Novos conjuntos de palavras-chave são criados selecionando-se um conjunto padrão e escolhendo-se Edit Set.

Figura 15b Na caixa de diálogo Edit Keyword Set, é possível modificar os nove valores de palavra-chave e, então, salvá-los com um novo nome usando o menu pop-up Preset na parte superior da caixa de diálogo.

Usar as palavras-chave é uma simples questão de escolher um conjunto delas no menu pop-up, selecionar as fotos em que você deseja aplicá-las e, na lista, clicar nas palavras-chave que se aplicam (**Figura 15c**). Ao se fazer isso, elas são adicionadas nos metadados da imagem.

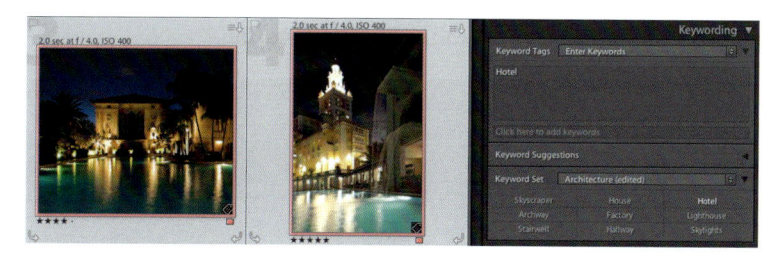

Figura 15c Clique em uma palavra-chave na lista Keyword Set para aplicá-la à(s) foto(s) selecionada(s).

16 Use o Library Filter

Depois que você tiver aplicado atributos, metadados, palavras-chave e outras informações importantes nas fotos de seu catálogo, talvez precise examinar uma ou todas as pastas do catálogo para encontrar fotos que tenham características específicas. O Library Filter (também chamado de Library Filter Bar ou Barra de Filtro da Biblioteca) é uma maneira fantástica de executar essa tarefa.

Para ativar a Library Filter Bar, olhe imediatamente acima da linha superior de células ou miniaturas no modo de exibição Grid e escolha uma categoria de filtro (Text, Attribute ou Metadata), com base no tipo de busca que precise utilizar. Você também pode pressionar a tecla de barra invertida (\) ou escolher View > Show Filter Bar.

Filtro de texto (busca de palavra-chave)

Para buscas de palavra-chave, o filtro Text funciona muito bem. Selecione a pasta que deseja pesquisar, clique no botão Text, configure o menu pop-up de categoria de busca como Keywords e a categoria secundária como Contains, e digite a palavra-chave. Os resultados aparecem automaticamente no modo de exibição Grid (**Figura 16a**).

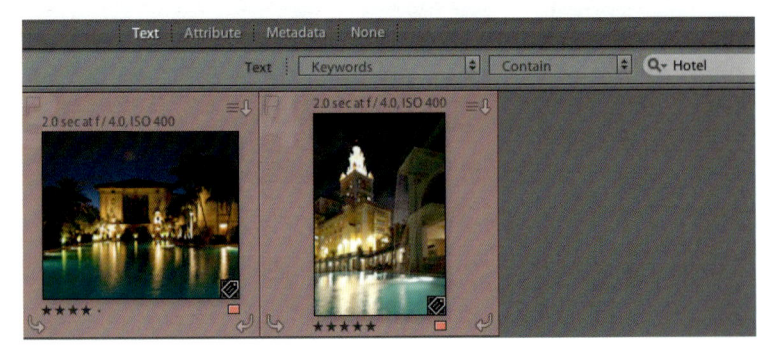

Figura 16a É simples localizar fotos por palavra-chave com o Library Filter.

Também é possível procurar metadados IPTC em seus arquivos usando a mesma técnica; basta mudar a categoria de busca para Searchable IPTC no menu pop-up.

Filtro de atributo

Quer reunir todas as imagens com determinada combinação de status de Rating, Color Label e Flag? Isso é ainda mais simples. Comece com sua pasta de busca selecionada, clique no botão Attribute na Library Filter Bar e, em seguida, nos ícones dos critérios que deseja incluir. Por exemplo, talvez você queira mostrar todas as imagens sinalizadas com 4 estrelas ou mais e rotuladas com azul ou verde (**Figura 16b**).

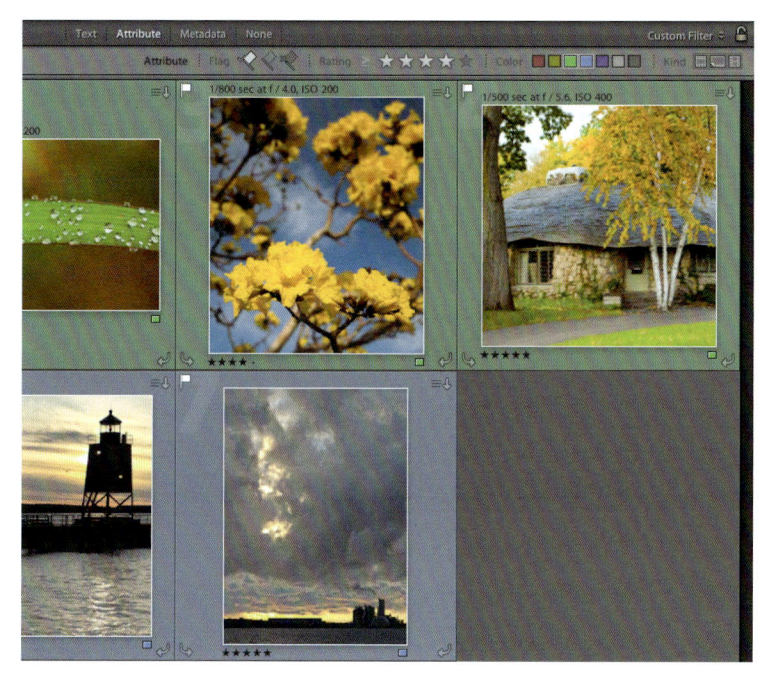

Figura 16b Use vários critérios de atributo para filtrar suas fotos por status de Flag, Rating e Color Label.

Empilhamento de filtros

É possível mostrar todas as três categorias de filtragem, clicando-se em cada botão de categoria em sequência, "empilhando-as" dessa forma na Library Filter Bar. Você pode usar combinações de critérios Text, Attribute e Metadata para uma única busca! Vale notar, contudo, que Keywords e Labels (por exemplo) também se incluem sob metadados pesquisáveis. Muitas combinações são possíveis.

Filtro de metadados

A filtragem de metadados permite o uso de diversas características de arquivo como critérios de busca, incluindo:

- Abertura
- Modelo da câmera
- Distância focal
- ISO
- Trabalho
- Palavra-chave
- Tipo de lente
- Local
- Velocidade do obturador

Você pode usar apenas uma ou até oito categorias de metadados em sua pesquisa. Por padrão, o Lightroom utiliza quatro. Para abrir o filtro de metadados e modificar suas categorias, clique no botão Metadata e, em seguida, clique e mantenha o botão do mouse pressionado em qualquer nome de coluna para ativar um menu pop-up contendo todas as categorias (**Figura 16c**).

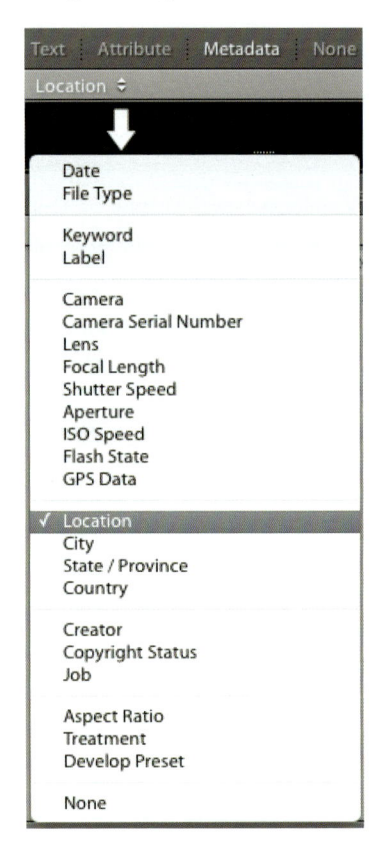

Figura 16c À cada coluna Metadata pode ser atribuída uma categoria específica.

Capítulo 1: Processo de organização com o Lightroom 3

Para adicionar ou remover uma coluna da lista, passe o mouse sobre o canto superior direito de qualquer coluna, clique no ícone que aparece e escolha Add Column ou Remove Column.

Por fim, você pode clicar em um valor de metadados em uma ou mais colunas (ou pressionar Command e clicar no Mac OS ou Control e clicar no Windows para selecionar mais de um valor por coluna) para começar a filtrar suas imagens por esses critérios (**Figura 16d**).

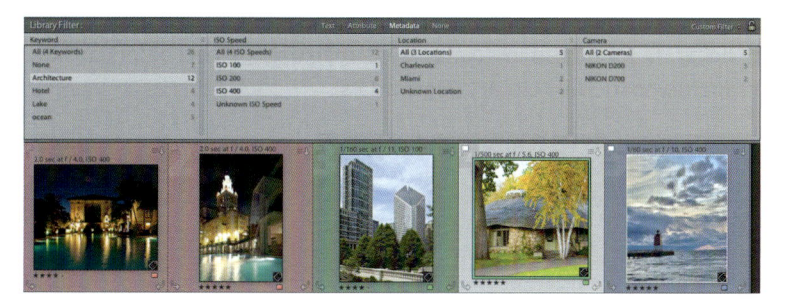

Figura 16d O filtro de metadados permite pesquisar usando vários critérios, incluindo palavras-chave e alguns atributos.

Veja qualquer pasta com apenas um filtro

Se necessário, é possível fixar qualquer busca que você criar, basta clicar no novo botão Lock na margem direita da Library Filter Bar. Isso garante que, independente da pasta em que você clicar, o modo de exibição filtrado de seu conteúdo vai permanecer até que o filtro seja desbloqueado.

17 Use coleções inteligentes

Muitos aplicativos e sistemas operacionais atualmente utilizam o conceito de *pasta inteligente*, e o Lightroom não é exceção. A premissa é que o conteúdo da pasta não é baseado na localização física dos arquivos, mas nas características dos arquivos. Por isso, as *coleções inteligentes* – a versão das pastas inteligentes do Lightroom – são dinâmicas; seu conteúdo muda quando as imagens de seu catálogo mudam. Isso é semelhante aos conceitos de filtragem que acabamos de mencionar, exceto por o mecanismo de filtro ser a própria pasta.

Para acessar uma coleção no Lightroom é preciso abrir o widget Collections, localizado imediatamente abaixo do painel Folders no lado esquerdo do módulo Library (**Figura 17a**).

Figura 17a As coleções inteligentes são uma maneira poderosa e intuitiva de manter grupos de imagens organizados de acordo com diferentes critérios.

Quando você clica em uma coleção inteligente, ela atua como um filtro e mostra somente as fotos da pasta selecionada que satisfazem os critérios da coleção. Inicie o processo clicando no ícone do sinal de adição (+) e escolhendo Create Smart Collection no menu pop-up (**Figura 17b**). Isso abre a caixa de diálogo Edit Smart Collection.

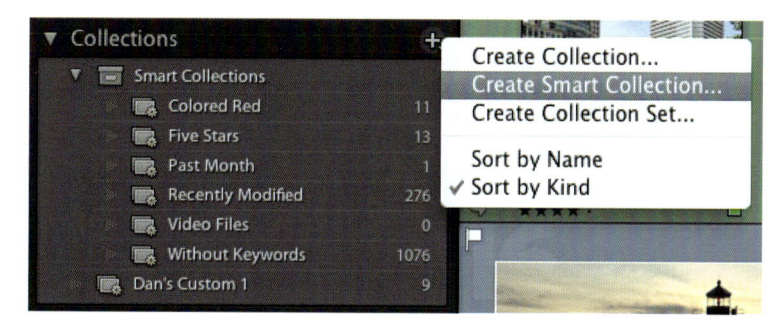

Figura 17b Para criar uma coleção inteligente, clique no botão do sinal de adição (+) e escolha Create Smart Collection.

Você pode editar critérios de coleção inteligente dando um clique com o botão direito do mouse na coleção e escolhendo Edit Smart Collection no menu contextual.

Na caixa de diálogo Edit Smart Collections (**Figura 17c**), é possível configurar os critérios escolhendo uma categoria e decidindo se vai ou não incluir certos valores relacionados a essa categoria. Você pode criar novas categorias e "empilhá-las" (ou remover uma categoria) clicando nos ícones de sinal de adição (+) ou de subtração (-), [- | +] , respectivamente.

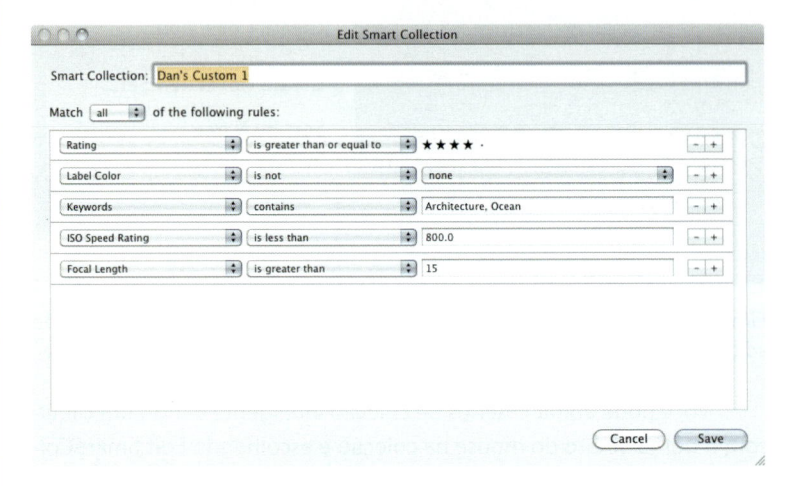

Figura 17c A caixa de diálogo Edit Smart Collections permite definir vários critérios para incluir e excluir fotos da coleção. O Lightroom avalia esses critérios em segundo plano, enquanto você trabalha, adicionando ou removendo arquivos à medida que suas características são alteradas.

Para ativar uma coleção inteligente, clique em seu nome no painel Collections e todas as imagens de seu catálogo que satisfazem os critérios selecionados na coleção vão aparecer no modo de exibição Grid.

CAPÍTULO 2

Revelando fotografias capturadas em formato nativo

Uma vez que seus arquivos estejam suficientemente organizados, o próximo passo na maioria dos fluxos de trabalho é "revelar" os arquivos nativos ou negativos digitais antes de movê-los para o Photoshop CS5 para retoques detalhados, ajustes na imagem ou outras tarefas. O Adobe Camera Raw (ACR) e o Photoshop Lightroom fornecem um conjunto de ferramentas quase idêntico para revelar e maximizar os dados de imagem capturados por sua câmera.

As descrições e as capturas de tela deste capítulo enfocam o Lightroom 3 e seu módulo Develop. Embora seja verdade que a combinação de Adobe Bridge e ACR possa executar a maior parte das mesmas tarefas organizacionais e de edição bruta do Lightroom, a interface unificada e o refinamento extra do processo do Lightroom 3 me conquistaram. Qualquer que seja a solução escolhida, saiba que você tem um conjunto de ferramentas muito poderoso à disposição.

O importante a lembrar ao ler este capítulo é que o Lightroom 3 e o ACR 6 (a versão mais recente disponível quando este livro estava em produção era a 6.1) executam da mesma maneira todas as técnicas de edição mostradas, usando controles do mesmo tipo e nome – salvo indicação em contrário. A única diferença significativa na maioria dos casos é a aparência das interfaces de usuário e a localização de alguns botões e funções, como a visualização e as configurações de saída. Onde existirem diferenças importantes, você vai encontrar quadros sobre o ACR, além de algumas dicas específicas para ele no final do capítulo.

18 Entenda as versões de processo

O Lightroom 3 e o ACR 6 oferecem vários recursos novos, mas talvez os mais impressionantes sejam os aprimoramentos feitos na construção da imagem e na redução de ruído. Esses processos são muito importantes para a edição bruta e são abordados nas dicas 32 e 33, respectivamente, mas o ponto básico é que agora é possível produzir imagens mais limpas e mais nítidas. Contudo, como o Lightroom e o ACR manipulam os detalhes da imagem de uma nova maneira, a Adobe fornece dois caminhos para os fotógrafos que utilizavam versões anteriores desses aplicativos.

O primeiro caminho oferece continuidade para quem precisa do Lightroom 3 para manipular seus arquivos editados anteriormente do mesmo modo que as versões anteriores faziam; isso é conhecido como *Process 2003*. Os aplicativos também fornecem um caminho para atualizar os arquivos editados em um outro momento com o novo padrão; isso é conhecido como *Process 2010*. Aqui estão alguns pontos importantes:

- Todo arquivo aberto pela primeira vez no Lightroom 3 vai utilizar automaticamente o novo padrão, conhecido como *Process 2010*, propiciando acesso aos novos controles de redução de ruído e aos algoritmos para construção de imagem aprimorados.

- Todo arquivo editado com uma versão anterior do Lightroom que seja aberto subsequentemente no Lightroom 3 vai exibir um ícone de aviso, , alertando sobre a diferença na versão do processo. Clicar nesse ícone revela a caixa de diálogo Update Process Version (**Figura 18a**), que permite atualizar uma foto com a nova versão de processo, visualizar as alterações e atualizar o Filmstrip inteiro.

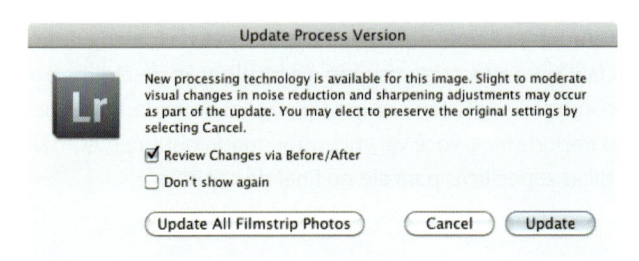

Figura 18a O Lightroom 3 fornece uma caixa de diálogo que possibilita atualizar a versão de processo de seu arquivo (ou arquivos) com apenas alguns cliques.

Capítulo 2: Revelando fotografias capturadas em formato nativo

- Todo arquivo editado em uma versão anterior do Lightroom ou do ACR que seja aberto no Lightroom 3, mas não convertido para o Process 2010, vai manter sua aparência e, subsequentemente, vai utilizar o Process 2003. Isso, por sua vez, limita o número e o tipo de controles que podem ser acessados para edições de redução de ruído e nitidez (**Figura 18b**).

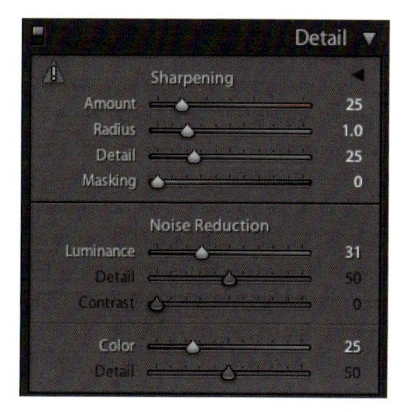

Figura 18b Se você optar por não atualizar a versão de processo para arquivos editados em versões mais antigas do Lightroom ou do ACR, os *novos* controles Detail e Contrast para redução de ruído vão ficar inativos. Nesse caso, o Lightroom 3 também vai usar processos de construção padrão, embora os mesmos controles de nitidez estejam disponíveis.

19 Use visualizações de corte

Nunca ouviu falar de corte?
O corte (*clipping*) ocorre quando as edições que estão sendo feitas em seu arquivo nativo ou DNG fazem os detalhes mais escuros ou mais claros da imagem (ou ambos) mudar para preto puro ou branco puro, respectivamente. Na verdade, você perde todos os detalhes nas áreas mais escuras e/ou mais claras de sua foto.

Um de meus recursos preferidos no Lightroom pode ser facilmente ignorado – a capacidade de usar o histograma para mostrar detalhes de sombra e altas-luzes cortados em uma fotografia. Para habilitar os indicadores de corte *(clipping)* de sombra e altas-luzes, clique nos dois pequenos triângulos na parte superior esquerda e superior direita do histograma ou pressione a tecla J. Para desabilitá-los, clique nos triângulos ou pressione a tecla J uma segunda vez.

A partir desse ponto, se você move os controles encontrados nos painéis Basic, Tone Curve ou HSL longe demais em uma direção (individualmente ou em conjunto), as áreas da visualização da imagem se tornam vermelho-puro, caso tenha cortado os detalhes nas altas-luzes, ou azul-puro, caso tenha cortado os detalhes nas sombras (**Figura 19**).

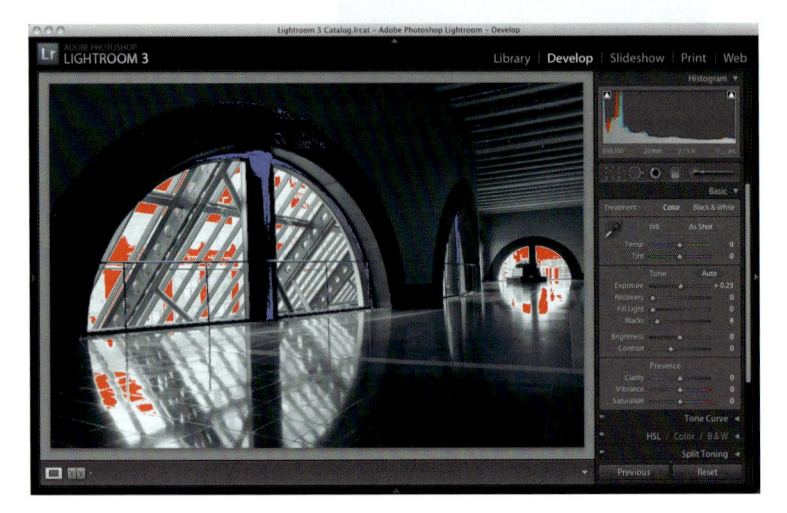

Figura 19 As visualizações de corte podem ajudar a evitar uma correção demasiada dos detalhes mais claros e mais escuros em suas fotos.

20 Faça edições no histograma

O Lightroom também permite utilizar o histograma para modificar rapidamente as quatro variações primárias tonais que ele representa. Da esquerda para a direita, é possível controlar os valores de Blacks, Fill Light, Exposure e Recovery. Esses valores (e como eles afetam a qualidade da imagem) estão abordados com mais detalhes na Dica 25. O histograma deste exemplo mostra a região de exposição em destaque (**Figura 20**).

Para fazer edições no histograma, coloque o cursor sobre a região tonal que deseja clarear ou escurecer (isso a fará "brilhar" ligeiramente) e, então, arraste. Arrastar para a esquerda escurece os tons representados por essa região do histograma; arrastar para a direita os clareia. Esse método é visualmente intuitivo e pode ajudá-lo a fazer uma "primeira passagem" rápida no melhoramento da exposição e do contraste globais de sua foto.

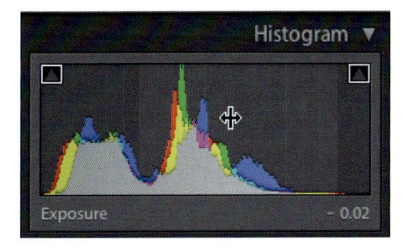

Figura 20 Ajuste a distribuição de tons em sua imagem diretamente arrastando na visualização do histograma.

21 Corte e endireite

Modalidade de ferramenta
As ferramentas de Crop & Straighten só estão disponíveis no módulo Develop. Se você pressionar a tecla R enquanto estiver em outro módulo, o Lightroom vai trocar para o módulo Develop automaticamente.

As ferramentas disponíveis no Lightroom fornecem controles intuitivos e flexíveis para melhorar uma composição fotográfica de forma rápida. Pressione a tecla R para exibir os controles de Crop & Straighten (**Figura 21a**).

Figura 21a Os controles de Crop & Straighten do Lightroom 3 tornam fácil restringir as composições de suas fotos para que não seja necessário acrescentar esse passo posteriormente no processo de edição.

Quando é preciso garantir que o corte final caiba em um tamanho de quadro ou em uma proporção de imagem popular, eu utilizo os seguintes passos:

1. Clique no menu pop-up Aspect para designar a proporção de imagem mais conveniente para sua fotografia. Em seguida, clique no ícone do cadeado para que a proporção não mude quando você editar o contorno de seleção de corte.

2. Se houver uma inclinação evidente na imagem, clique no ícone da ferramenta Straighten. Essa ferramenta está localizada à esquerda do controle deslizante de Angle e parece um nível dourado quando você coloca o cursor sobre ela.

3. Clique e mantenha o botão do mouse pressionado em um ponto no horizonte (ou em outro objeto que vai ficar nivelado horizontalmente na cena). Então, mova o cursor para um ponto no lado oposto do horizonte ou do objeto e solte o botão do mouse (**Figura 21b**).

Capítulo 2: Revelando fotografias capturadas em formato nativo

Figura 21b A ferramenta Straighten pode remover efeitos de rotação de câmera indesejados arrastando-se uma linha pelo horizonte ou por outros objetos nivelados na cena.

O Lightroom vai girar sua imagem automaticamente para endireitar a foto (**Figura 21c**). Esse método em geral produz um bom resultado de forma mais rápida do que uma correção manual, que é feita arrastando-se o controle deslizante de Angle.

4. Quando você terminar de endireitar a imagem e tiver aplicado o corte desejado, pressionar Enter ou Return vai efetivar as alterações. Mas, como se trata de um fluxo de trabalho nativo, é possível voltar ao Lightroom posteriormente, mudar o corte e exportar a foto mais uma vez, sem alterar os pixels originais.

Crop e Straighten do ACR

Se estiver usando o ACR, as funções Crop e Straighten serão duas ferramentas separadas na barra de ferramentas do programa, . Contudo, clicar e manter o botão do mouse pressionado na ferramenta Crop fornece opções de proporção e restrição de imagem semelhantes (como o Lightroom).

Figura 21c O Lightroom gira a imagem automaticamente para endireitá-la quando você tiver utilizado a ferramenta Straighten.

22 Remova manchas e outros defeitos

Manchas de areia ou de água e pequenos objetos que depreciam uma imagem são ocorrências comuns na fotografia. O problema não é que as manchas ou objetos perturbadores não possam ser removidos no Photoshop CS5 (eles podem), mas é interessante mostrar as prévias das fotos para os clientes o mais rapidamente possível. Para identificar o quanto antes manchas inconvenientes, partículas, imperfeições muito finas ou outros pequenos objetos indesejáveis, execute os passos a seguir:

1. Aproxime entre 50% e 100%. Deve ser fácil identificar manchas de areia ou água em áreas de cor ou textura muito uniforme, como um céu azul, o pano de fundo de um retrato ou mesmo ao lado de um prédio ou veículo.

2. Para remover pequenos defeitos como esses, pressione a tecla Q a fim de exibir os controles de Spot Removal e o cursor (**Figura 22a**).

Figura 22a O Spot Removal Brush do Lightroom 3 opera em dois modos (Clone ou Heal) e se destina a tratar de manchas de areia e água ou de outros pequenos defeitos presentes na cena.

Você pode optar por remover as manchas no modo Clone ou Heal e escolher o valor de opacidade da correção. Clone funciona de forma muito parecida com a ferramenta Clone Stamp do Photoshop. Esse modo pega uma textura e substitui por outra, enquanto Heal cria uma "textura híbrida" usando as características visuais da área de origem e de destino. Normalmente, eu escolho o modo Heal, pois frequentemente proporciona um resultado mais natural.

3. Para fazer uma correção, configure o tamanho do cursor de Spot Removal Brush de modo que seja grande o bastante para cobrir o defeito inteiro.

Atalhos de Spot Removal Brush

Assim como no Photoshop e no ACR, opcionalmente é possível usar as teclas de colchete de abertura e de fechamento para diminuir ou aumentar o tamanho do cursor Brush (isto é, para definir o diâmetro da mancha que você está reparando). Sempre se pode manter a tecla Command (Mac OS) ou a tecla Control (Windows) pressionada e arrastar o cursor Brush até o tamanho desejado.

Spot Removal do ACR

A ferramenta Spot Removal e as configurações no ACR funcionam de modo semelhante à versão do Lightroom, com duas diferenças. Em vez de pressionar a tecla Q para acessar as ferramentas no ACR, você clica na tecla B ou no ícone da barra de ferramentas ( ). Em vez de alterar configurações entre correções de mancha, é melhor colocar o cursor sobre o defeito primeiro e depois mudar o tamanho do Brush (o que pode ser feito facilmente arrastando-se o cursor) e as outras opções.

4. Coloque o cursor Brush sobre o defeito, certificando-se de que não sobreponha outras áreas que sejam importantes na fotografia.

5. Clique uma vez; vai aparecer um segundo cursor, o qual define a área de origem com uma seta apontando para a área de destino (**Figura 22b**).

Figura 22b A ferramenta Spot Removal fornece duas guias ou cursores circulares – um que cobre o defeito na imagem e outro que define a área de origem para reparar o defeito.

6. Clique dentro do cursor de origem e arraste, observando a visualização da área defeituosa mudar enquanto move pela imagem. Quando encontrar um local que forneça resultados aparentemente perfeitos, solte o botão do mouse e o resultado final vai aparecer um ou dois segundos depois. Você pode alterar as configurações do Brush e seguir o mesmo processo para clonar a origem e reparar outros defeitos ou elementos indesejáveis (**Figura 22c**).

Figura 22c O Lightroom (e o ACR) torna fácil remover pequenas manchas ou defeitos rapidamente. Cada círculo aqui representa uma edição de remoção de mancha, neste caso para retirar pequenas pedras e manchas brilhantes do fundo.

23 Sincronize remoções de mancha

Outro cenário comum enfrentado pelos fotógrafos é encontrar uma série de fotos com as mesmas manchas nos mesmos locais. Com frequência isso resulta de manchas de água ou poeira em uma lente específica. Em vez de corrigir cada foto manualmente, o Lightroom permite sincronizar as remoções de mancha.

Para sincronizar as remoções de mancha, siga estes passos:

1. Localize a primeira imagem onde as manchas ocorrem e as remova conforme descrito anteriormente na Dica 22.

2. Pressione Command-C (Mac OS) ou Control-C (Windows) ou então clique no botão Copy no módulo Develop e certifique-se de que Spot Removal esteja selecionado (**Figura 23**), assim como quaisquer configurações adicionais que queira copiar nas outras fotografias. (Os passos para sincronizar edições no ACR são abordados na Dica 38.)

Orientação da sincronização

É importante que as sincronizações de remoção de mancha sejam usadas em imagens que tenham a mesma orientação e as mesmas dimensões da original (isto é, todos os defeitos devem aparecer nas mesmas coordenadas da imagem).

Figura 23 As correções de remoção de mancha podem ser sincronizadas no Lightroom usando-se as funções Copy (e Paste).

3. Selecione a próxima foto (ou fotos) da série no Filmstrip e, em seguida, pressione Command-V (Mac OS) ou Control-V (Windows) ou então clique no botão Paste. Voilà! As manchas devem desaparecer nas imagens selecionadas.

24 Sincronize edições com configurações predefinidas

Caso você aplique frequentemente certos tipos de edição em suas fotos, pode criar uma configuração predefinida no modo Develop para utilizar um estilo ou aparência específica em uma imagem ou para empregar edições detalhadas. As exceções são as edições de Spot Removal e Adjustment Brush; esta última é abordada na Dica 29.

Eis como se cria uma configuração predefinida no módulo Develop:

1. Selecione no Filmstrip uma imagem que tenha todas as configurações de Develop que você queira incluir na configuração predefinida.

2. Clique no ícone do sinal de adição (+) no painel Presets ▶ Presets   +. Isso abre o painel e a caixa de diálogo New Develop Preset (**Figura 24a**).

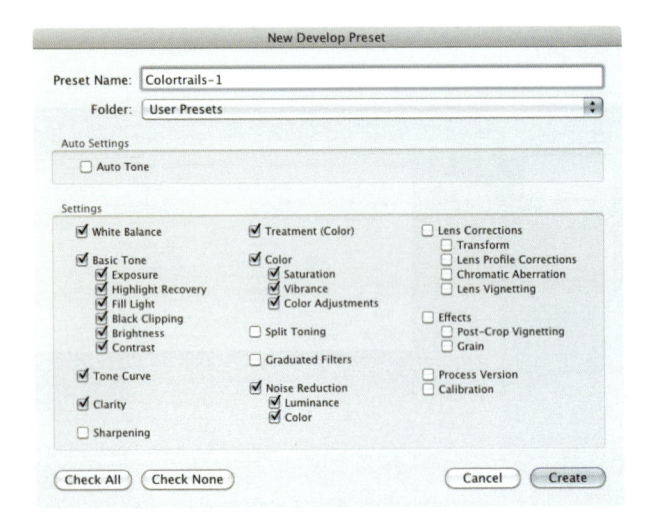

Figura 24a A caixa de diálogo New Develop Preset oferece muitas opções iguais às de Copy e Paste.

Capítulo 2: Revelando fotografias capturadas em formato nativo

3. Na caixa de diálogo, selecione todas as configurações do módulo Develop que devem ser utilizadas em outras imagens de sua coleção. Dê um nome para a configuração predefinida e clique em Create.

4. Abra o módulo Library e selecione todas as fotos que você deseja sincronizar.

5. Abra o painel Quick Develop e, no menu pop-up Saved Preset, escolha sua configuração predefinida personalizada. Todas as edições vão ser aplicadas e você vai ver as alterações refletidas nas miniaturas (**Figura 24b**).

Menu contextual de Develop Settings

Você também pode clicar com o botão direito do mouse em qualquer uma das fotos selecionadas e escolher sua configuração predefinida no submenu Develop Settings.

Figura 24b As configurações predefinidas do modo Develop permitem aplicar e visualizar de maneira rápida uma seleção personalizada de configurações de Develop em uma série grande de imagens, diretamente no módulo Library.

25 Defina uma base sólida com edições básicas

O painel Basic (**Figura 25a**) permite aos fotógrafos estabelecer uma base para contraste e cor globais em suas fotos.

Lembre-se de usar Clipping Previews

Quando começar a trabalhar com tons, contraste e cores em suas fotos, certifique-se de que Clipping Previews esteja ativado, conforme abordado na Dica 19.

Figura 25a O painel Basic (localizado no módulo Develop) é um bom lugar para começar a aperfeiçoar os tons e as cores de suas fotos.

1. Configure o balanço de branco usando o controle deslizante de Temp, tendo em mente como é a cena. Um pouco mais fria? Mais quente? Corrija o valor de Tint se houver uma mudança perceptível em direção a tons avermelhados ou esverdeados.

2. Sob os controles de Tone, clique em Auto para ajustar o contraste global (**Figura 25b**).

Figura 25b Comece as edições básicas com balanço de branco e tom automático.

Capítulo 2: Revelando fotografias capturadas em formato nativo

3. Use o controle deslizante de Exposure para clarear ou escurecer todos os tons da foto que não sejam os mais claros (Recovery) e os mais escuros (Blacks). Você pode ver que reduzir o valor de Brightness e depois usar o controle deslizante de Exposure para configurar o valor de brilho geral da cena produz bons resultados.

4. Quando tiver equilibrado a exposição global da cena, use o controle deslizante de Recovery para restaurar os detalhes das altas-luzes que foram cortados. Use o controle deslizante de Blacks para controlar onde os detalhes de sombra se tornam preto-puro.

5. Use Fill Light para clarear as áreas de meio-tom que ainda são escuras demais; isso pode ter um impacto positivo sobre o contraste global de uma cena (**Figura 25c**).

Figura 25c Fill Light opera segundo os mesmos princípios do flash de preenchimento de uma câmera.

Fill Light melhorada

A configuração Fill Light no Lightroom 3 e no ACR 6 foi melhorada e faz parte do novo sistema de controle de versão Process 2010, descrito na Dica 18.

Desfazer: Lightroom *versus* ACR

Ao trabalhar neste capítulo e no próximo, é importante lembrar que o Lightroom trata o histórico de maneira mais flexível do que o ACR. O Lightroom tem um painel History e pode lidar com várias operações Undo muito facilmente. Command-Z (Mac OS) e Control-Z (Windows) o fazem retroceder no histórico. Command-Shift-Z (Mac OS) e Control-Shift-Z (Windows) o fazem avançar pelos passos do histórico. Por padrão, o ACR oferece apenas um nível de Undo, mas é possível usar os atalhos Command-Alt-Z (Mac OS) e Control-Alt-Z (Windows) para permitir múltiplas operações Undo. O ACR não tem um painel History.

6. Se a foto ainda não tiver vigor ou contrastes suficiente após o uso das configurações anteriores, um pequeno aumento no controle deslizante de Contrast pode propiciar o resultado desejado.

7. Aumente o valor de Clarity para fotos de paisagens e outras que exibam muita textura e detalhes; diminua o valor para retratos e outras fotos em que quiser suavizar (em vez de avivar) os detalhes.

8. Se faltar presença nas cores de sua imagem, talvez seja preciso aumentar sua intensidade usando dois métodos possíveis:

   Vibrance – Reduz ou aumenta as cores em áreas sutis (como tons de pele), sem cortá-las.

   Saturation – Funciona quase como os controles de saturação tradicionais do Photoshop, produzindo um efeito mais pronunciado.

   Descobri que, na maioria dos casos, uma configuração de Vibrance entre 15 e 40 e uma configuração de Saturation entre 0 e 10 normalmente fornecem um *colorido* mais do que suficiente. No fim das contas, você vai querer experimentar diferentes combinações dessas duas configurações para obter resultados de acordo com seu gosto. A **Figura 25d** mostra a fotografia final após algumas edições básicas.

Figura 25d Algumas imagens se beneficiam muito do controle manual das configurações básicas.

26 Use curvas personalizadas

A maneira mais precisa de definir os tons e o contraste em sua imagem é usando curvas. Contudo, entre o Lightroom e o ACR, somente o primeiro tem a capacidade de combinar ajustes de curva de ponto padrão com a ferramenta Targeted Adjustment. Tente os passos a seguir:

1. Abra o painel Tone Curve e selecione o modo Point Curve, clicando no botão Point Curve (**Figura 26a**).

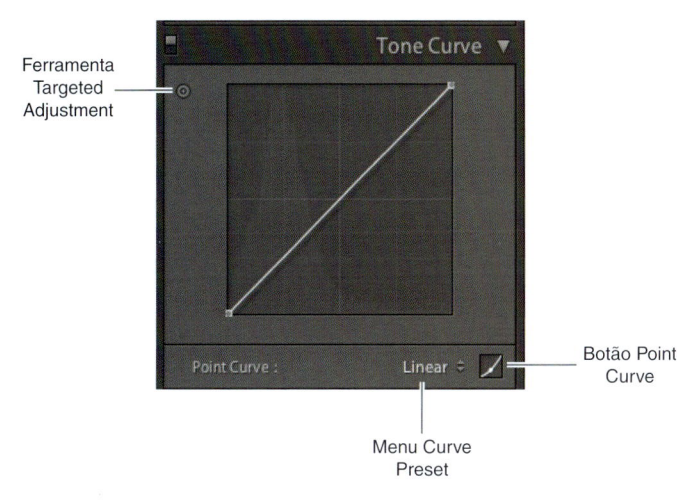

Figura 26a Quando trabalhar com Tone Curve, use o modo Point Curve e configure o menu pop-up de configuração predefinida de curvas como Linear para garantir um novo começo.

2. Ajuste a configuração predefinida de curva como Linear usando o menu pop-up. Isso fornece um "novo começo" para iniciar as correções de curva.

3. Ative a ferramenta Targeted Adjustment clicando no pequeno ícone próximo à parte superior esquerda da área de visualização de Curve.

4. Estabeleça pontos ao longo da curva de tons e faça ajustes clicando e arrastando nas sombras, nos meios-tons e nas áreas claras de sua Imagem. Arrastar para cima clareia essas regiões tonais; arrastar para baixo as escurece.

A **Figura 26b** mostra uma imagem após a criação de uma curva de ponto personalizada.

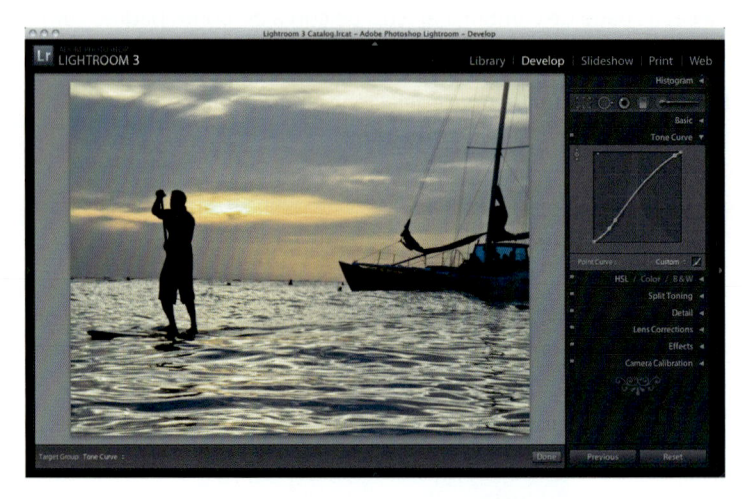

Figura 26b Criar uma curva de ponto personalizada com a ferramenta Targeted Adjustment pode melhorar rapidamente a curva padrão utilizada pelo Lightroom.

27 Use visualizações de painel

O Lightroom permite visualizar as correções de cada painel individualmente ou em combinação clicando-se nos controles deslizantes de visualização individuais localizados na margem esquerda de cada painel Develop (▮).

Por padrão, todas as configurações de Develop são ativadas e as configurações de Basic são sempre visualizadas. A **Figura 27a** mostra todas as configurações de painel ativas, incluindo os painéis Adjustment Brush, Tone Curve, HSL e Detail. A **Figura 27b** apresenta a imagem com apenas as edições de Basic e Tone Curve aplicadas.

Figura 27a Todas as edições estão ativas e visualizadas.

Figura 27b Somente as edições do painel Basic e de Tone Curve estão ativas e visualizadas.

28 Aperfeiçoe cores com HSL

HSL direcionado no ACR

O HSL funciona no ACR da mesma maneira que no Lightroom. A diferença está na localização das ferramentas. Depois de aberto o painel HSL no ACR, a ferramenta Targeted Adjustment do ACR vai espelhar automaticamente o "modo" HSL com que você optar por trabalhar (isto é, Hue, Saturation ou Luminance).

HSL direcionado

A melhor parte sobre o HSL é que não é necessário arrastar os controles deslizantes manualmente nem fazer suposições; o HSL fornece uma ferramenta Targeted Adjustment para definir o matiz, a saturação ou a luminosidade de uma região colorida.

Os controles Hue, Saturation e Luminance (ou HSL) no Lightroom e no ACR estão para as edições de cor assim como o painel Basic e o painel Curves estão para tom e contraste. Com frequência, os fotógrafos se deparam com situações em que uma ou mais cores não estão corretas por completo. Talvez o céu não seja de um azul suficientemente profundo, talvez a grama no campo precise ser mais dourada ou talvez o vestido da modelo precise ser de um vermelho mais escuro. Essas tarefas podem ser resolvidas com HSL.

Para a cena mostrada na **Figura 28a**, as alterações mais importantes foram transformar a parte inferior das formações de nuvem em uma cor amarelo-alaranjado mais vibrante (menos rosa) e criar os tons azuis mais escuros em cima.

Figura 28a HSL pode ser usado para readquirir a "vibração da cor" da cena original. Esse exemplo mostra nuvens com cores ligeiramente desbotadas.

Aqui estão os passos que segui para melhorar as cores dessa foto:

1. Abra o painel HSL e, em seguida, clique em Hue, Saturation ou Luminance para começar a trabalhar nesse modo.

2. Clique no ícone da ferramenta Targeted Adjustment e coloque o cursor sobre a cor de destino; em seguida, arraste para cima a fim de aumentar o valor da cor; ou para baixo, a fim de diminuí-lo.

Capítulo 2: Revelando fotografias capturadas em formato nativo

3. Usando o modo Hue, arrastei para cima nas nuvens laranja-rosado, até que parecessem laranja de modo geral. Isso moveu os controles deslizantes de amarelo e laranja, pois existem elementos de ambas as cores na nuvem.

4. Usando o modo Saturation, arrastei para cima novamente na mesma região laranja da nuvem para tornar as cores mais vibrantes nessa área, a fim de aproximar das cores do pôr do sol. Também arrastei um pouco para cima nas áreas azuis-escuras, para dar mais contraste na cor.

5. Usando o modo Luminance, cliquei no lado da construção redonda e arrastei para baixo, o que escureceu todas as áreas que continham quantidades significativas de matiz azul (**Figura 28b**).

Figura 28b Depois de alguns pequenos ajustes com a ferramenta Targeted Adjustment do HSL, a imagem apresentou a cena de modo mais preciso e com mais dramatismo.

29 Crie edições localizadas: Adjustment Brush

Uma das pequenas limitações do Lightroom e do ACR é que praticamente todas as ferramentas e ajustes geram alterações globais ou parcialmente globais. Mesmo quando se aproveita o poder do painel HSL, como no exemplo da Dica 28, os valores de cor em geral mudam na imagem. A notável exceção a essa limitação é o Adjustment Brush (e a ferramenta Graduated Filter), localizado na faixa de ferramentas sob o painel Histogram.

Clique no ícone Adjustment Brush ( ) para abrir as configurações de Adjustment Brush ou pressione a tecla K. Você vai notar que estão disponíveis muitas configurações do painel Basic, além dos controles Sharpness e Color. Isso pode não parecer digno de nota, até você levar em conta que pode "pintar" essas configurações em regiões localizadas de suas fotos.

A **Figura 29a** mostra uma cena agradável, mas que ficaria melhor se a água tivesse uma aparência mais fresca e convidativa. Para isso, seria possível utilizar outras ferramentas, como HSL; contudo, editar os matizes azuis na piscina também teria um impacto pronunciado no céu.

Figura 29a Cena com piscina precisando da ferramenta Adjustment Brush do Lightroom.

1. Modifique as configurações padrão da ferramenta Adjustment Brush de modo que você possa ver onde seus traços estão sendo colocados (**Figura 29b**). Uma vez aplicadas os traços, você pode voltar e modificar as configurações posteriormente.

Figura 29b As configurações iniciais de Adjustment Brush podem ser definidas antes de se começar o trabalho com o pincel. Se as configurações forem ajustadas em zero, você não poderá ver o limite de sua correção.

2. Configure o tamanho (Size), a suavidade (Feather) e a velocidade de fluxo (Flow rate) do pincel, assim como a densidade (Density) – ou opacidade. Aqui, utilizei 10 para o valor de Size, 85 para Feather e 100 para Flow e Density (**Figura 29c**). Para tarefas mais sutis, reduza os valores de Flow e Density de modo que o limite das áreas pintadas e não pintadas seja um pouco menos visível.

Figura 29c O cursor de Adjustment Brush permite um alto grau de controle nas configurações de Size, Feather, Flow e Density.

Atalho para máscara
Pressionar a tecla O também ativa e desativa a Mask Overlay, útil para um ajuste fino (passo 4).

3. Clique e pinte lentamente ao longo do limite das áreas que deseja ajustar, tomando o cuidado de garantir que o círculo interno do cursor Brush não sobreponha áreas que não quer alterar. Aqui, pintei sobre a área da piscina inteira, com o objetivo de fazer um ajuste fino na região de edição (passo 4).

   Quando você der a primeira pincelada, um pequeno ícone circular, chamado de Edit Pin, será exibido onde o cursor do pincel foi colocado inicialmente. Quando você passar o cursor sobre esse ícone, vai surgir uma visualização avermelhada, chamada de Mask Overlay (**Figura 29d**). Tudo que não aparece em vermelho está mascarado (isto é, não será alterado).

   Figura 29d A Mask Overlay mostra quais partes de sua imagem são afetadas pelas configurações de Adjustment (áreas marcadas em vermelho).

4. Se partes da visualização do ajuste sobrepuserem áreas que não devem mudar, clique em Erase. Isso ativa o pincel Erase, o qual tem controles separados para Size, Feather e Flow Rate. Pressione a tecla O para visualizar a área de ajuste e, em seguida, use o pincel Erase para pintar as áreas que devem permanecer intactas (**Figura 29e**).

Figura 29e Use o pincel Erase para remover pixels da máscara.

5. Use a visualização de painel para avaliar quais configurações precisam de mais ajuste. Neste exemplo, reduzi o valor de Exposure para 0.21, o de Saturation para +7 e o de Clarity para –66, a fim de suavizar a área de ajuste de modo que se misturasse com a água circundante. A **Figura 29f** mostra o resultado final.

Figura 29f Uma imagem dividida da cena da piscina com configurações de Adjustment Brush aplicadas (lado esquerdo) e a aparência original da imagem à direita.

30 Estilize fotografias p&b com Split Toning

Uma das belezas do Lightroom é que alguns recursos têm menos a ver com correções acadêmicas e mais com estilo. O painel Split Toning é um exemplo perfeito.

A divisão de tons é feita para melhorar ou estilizar fotos em preto e branco, adicionando efeitos coloridos sutis nos detalhes das altas-luzes e sombra. Isso ajuda a criar contrastes de cor, aumentar a dramaticidade ou mesmo acrescentar emoção. Por exemplo, você poderia dividir o tom em uma cena de inverno para parecer "fria" ou "gélida", adicionando um pouco de azul.

Crie uma foto em preto e branco

É preciso começar com uma imagem em preto e branco.

1. Selecione a imagem e clique em B&W no cabeçalho do painel HSL/Color/B&W (HSL / Color / B&W ◄). Isso converte a imagem para valores em escala de cinza e abre os controles de Black & White Mix ilustrados na **Figura 30a**. Eles funcionam segundo os mesmos princípios dos controles HSL, detalhados na Dica 28.

Figura 30a Os controles de Black & White Mix compartilham um painel comum com os controles HSL e podem ser empregados da mesma maneira, com o uso de ajustes direcionados.

2. Clique no ícone Targeted Adjustment e, em seguida, vá até uma área em sua foto que queria tornar mais clara ou mais escura. Para essa cena, eu queria que o céu (fundo) fosse mais escuro e as flores mais claras, para aumentar o contraste.

Capítulo 2: Revelando fotografias capturadas em formato nativo

3. Escureci o azul do céu arrastando para baixo nessa área; isso moveu os controles deslizantes de Blue e Aqua para a esquerda. Para clarear as flores, cliquei em uma delas e arrastei para cima. Isso moveu os controles deslizantes de amarelo e laranja para a direita. A imagem em preto e branco resultante das configurações aparece na **Figura 30b**.

Configurações de HLS
Assim que você escolhe uma cor que define os valores de Hue e Saturation, pode ajustar conforme desejar.

Figura 30b A imagem em preto e branco (antes da divisão de tons).

Divida os tons na foto

Quando sua imagem em preto e branco estiver pronta, abra o painel Split Toning para revelar os controles de estilização (**Figura 30c**). A partir desse ponto, a criatividade assume o comando e você pode decidir como quer colorir suas imagens.

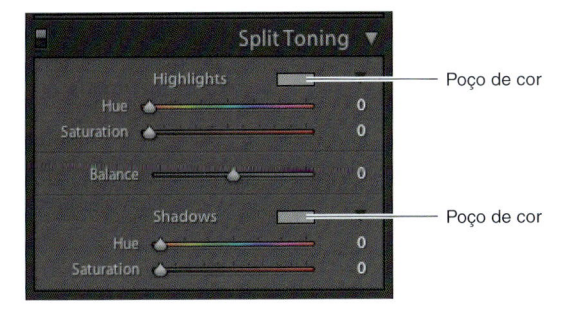

Figura 30c Os controles de Split Toning.

Divisão de tons no ACR

A única diferença notável ao se fazer a divisão de tons no ACR é que não existem os poços de cor; é preciso escolher o matiz arrastando os dois controles deslizantes de Hue e depois escolhendo um valor de Saturation para esses matizes.

Para este exemplo, eu queria manter a composição conforme a original; isso significava dar tons às flores de forma a obter um matiz mais quente e dar tons ao fundo mais escuro de forma a obter um matiz mais frio. Esse processo também cria contraste de cor. Para definir os tons das altas-luzes, clique no poço de cor de Highlights a fim de abrir a barra de cores (**Figura 30d**).

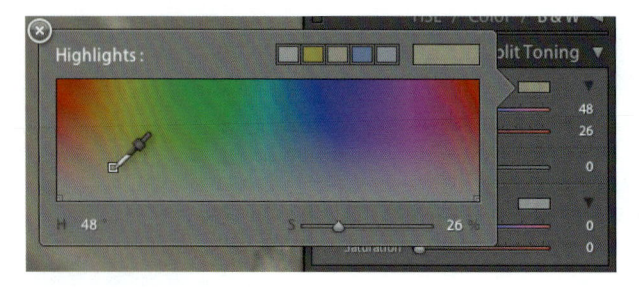

Figura 30d Os controles de cor de Split Toning tornam fácil escolher uma variedade de cor para as regiões de altas-luzes e sombra na foto.

O último passo é definir um equilíbrio entre as cores de altas-luzes e as de sombra. Aqui, optei por acentuar bastante as altas-luzes. A foto estilizada aparece na **Figura 30e**.

Figura 30e A imagem com tons divididos final, com as configurações de Split Toning mostradas.

31 Crie variações com instantâneos

À medida que você trabalha no Lightroom ou no ACR, pode atingir diferentes estágios em cada sessão de edição onde reconhece que fazer mais alterações em uma imagem poderia resultar em sucesso ou em falha do ponto de vista artístico ou visual. Então, como continuar adiante com suas experiências e edições sem perder a aparência que tem agora: o que você quer? A resposta são os instantâneos.

No Lightroom, os instantâneos são parentes próximos daqueles criados no painel History do Photoshop. A diferença é que os instantâneos do Lightroom têm seu próprio lugar na interface do usuário, em vez de serem agrupados com os passos do histórico (o ACR também tem um painel Snapshots separado, mas não um painel History).

Quando você tiver chegado a um ponto no processo de edição que queira preservar, pode criar um instantâneo no painel Snapshot, localizado no grupo de painéis à esquerda no módulo Develop. Clique no ícone do sinal de adição (+) (▶ Snapshots +), dê um nome para o instantâneo e clique em OK. Você pode continuar a fazer isso enquanto edita e depois clicar em qualquer um dos instantâneos no painel (**Figura 31**) para ver como eles diferem.

Visualização rápida de instantâneos

Se quiser ter uma ideia imediata da aparência de cada instantâneo, em vez de clicar e esperar alguns segundos para que seja carregado na janela principal, abra o painel Navigator e passe o cursor sobre cada instantâneo na lista. Quando você faz isso, a visualização do Navigator muda dinamicamente.

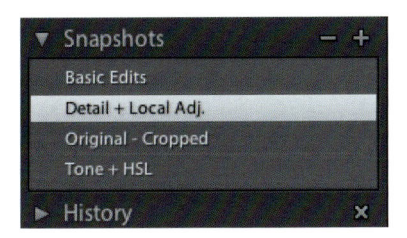

Figura 31 Os instantâneos são uma excelente maneira de salvar seu trabalho enquanto você edita cada imagem, em vez de desfazer vários passos ou começar de novo.

Antes de começar...

Embora não seja mais necessário, ainda é uma boa ideia aproximar para uma ampliação de 100% (ou 1:1) no ACR ou no Lightroom, antes de iniciar as edições de nitidez (ou de redução de ruído). Isso o ajudará a ver mais claramente os detalhes das margens e as áreas texturizadas em sua foto. Cada subseção a seguir detalha o funcionamento dos controles deslizantes de avivamento de captura individuais.

32 Aplique nitidez de captura

Uma parte vital do fluxo de trabalho do Lightroom é aplicar nitidez de captura em arquivos nativos ou em negativos digitais (DNG) antes de movê-los para o Photoshop para fazer mais ajustes ou retoques. A nitidez de captura pode diminuir os efeitos de suavização de filtros de antialias e outras tecnologias encontradas em nossas câmeras. O Lightroom 3 oferece melhorias significativas em relação ao processo de nitidez anterior.

Amount

O controle deslizante de Amount regula a intensidade ou o poder do efeito de nitidez. Uma boa maneira de melhorar sua visualização 1:1 (100% de ampliação) da quantidade de nitidez é pressionar a tecla Alt enquanto se arrasta o controle deslizante. Isso exibe a imagem em escala de cinza temporariamente, tornando mais fácil detectar os detalhes nítidos. A **Figura 32a** e as três capturas de tela a seguir mostram uma "sobreposição" parcial em escala de cinza para que você possa ver o detalhe da sobreposição e o aprimoramento da imagem. Esse truque funciona em todos os controles de nitidez.

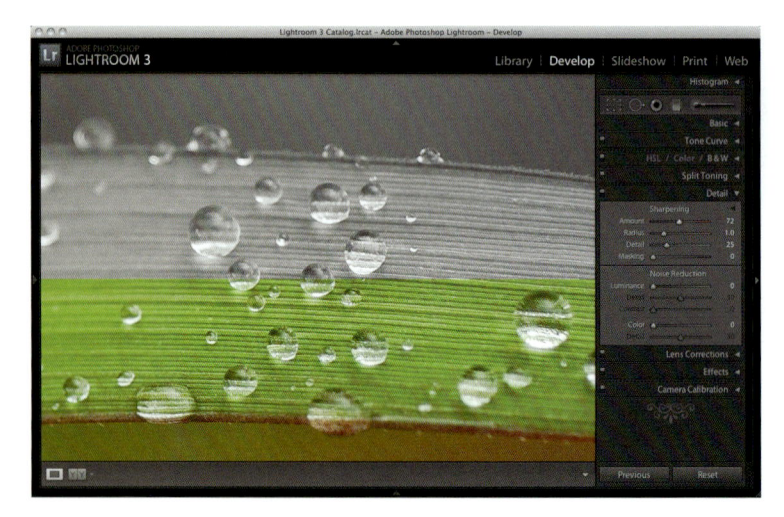

Figura 32a Mantenha a tecla Alt pressionada enquanto arrasta os controles de nitidez e a imagem vai ser exibida temporariamente em escala de cinza. Isso facilita a visualização do grau e da qualidade da nitidez, enquanto se modificam as diversas configurações.

Radius

O controle deslizante de Radius regula o efeito de nitidez em torno de detalhes bem demarcados em sua foto. Valores mais baixos (menores do que 1.0) podem proporcionar resultados melhores para fotos de paisagens, arquitetura e outras que tenham muitos detalhes pequenos. Aqui, os detalhes são fotografados a uma curta distância; portanto, a configuração acabou sendo um pouco mais alta.

Quando mantiver a tecla Alt pressionada e arrastar o controle deslizante, observe os halos em torno das margens de seu tema; quando não vir halos óbvios, você atingiu um limite que deve melhorar os detalhes de sua imagem (**Figura 32b**).

> **Detalhe e ruído**
>
> Se sua imagem tem ruído de luminosidade ou de cor claramente visível, colocar o controle deslizante de Detail em valores mais altos tende a ampliar os efeitos desse ruído.

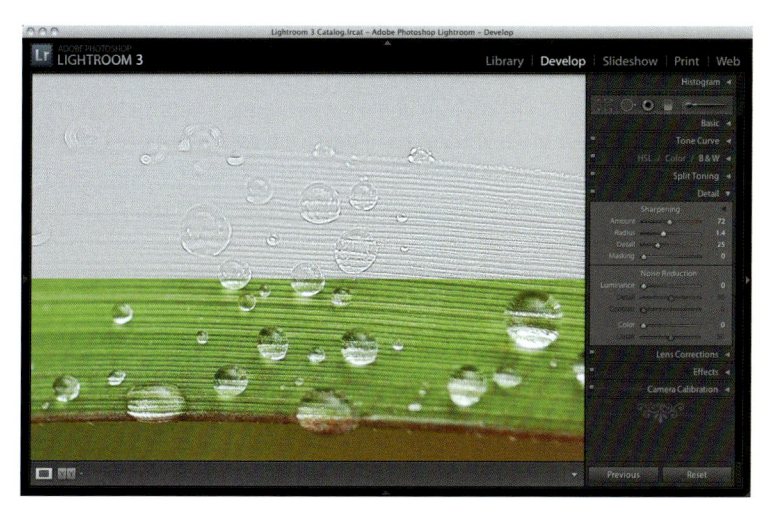

Figura 32b Manter a tecla Alt pressionada enquanto se move o controle deslizante de Radius pode ajudar a controlar a nitidez em detalhes bem demarcados.

Detail

O controle deslizante de Detail tem propósito semelhante ao do controle de Radius, exceto por regular os halos em todos os detalhes de uma imagem (bem demarcados ou não). A configuração 0 é (ironicamente) o valor máximo de supressão de halos, enquanto a configuração 100 não aplica qualquer efeito. Normalmente, uma configuração entre 25 e 50 funciona bem para suprimir efeitos de halo e permitir que detalhes da margem apareçam (**Figura 32c**).

Não amplifique o ruído

Como a nitidez às vezes pode amplificar o ruído de luminosidade e outros artefatos em seus arquivos originais, frequentemente é aconselhável mascarar áreas com poucos detalhes.

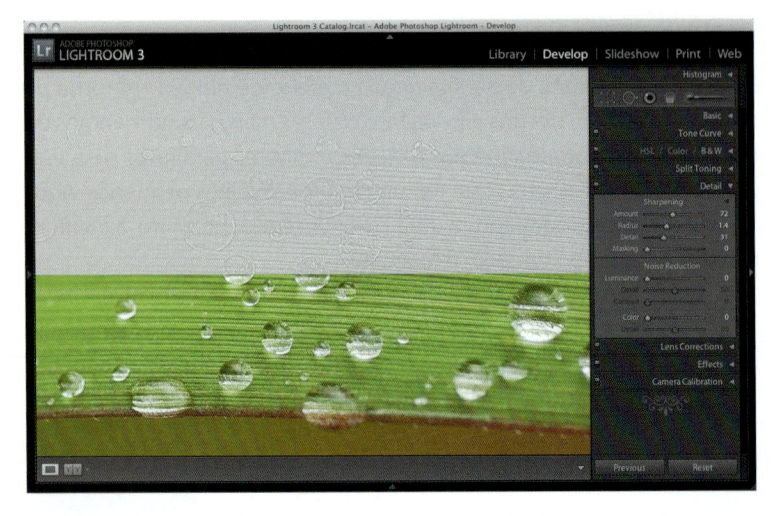

Figura 32c O controle deslizante de Detail manipula a supressão de halo global. Também é possível visualizar a imagem em escala de cinza usando a tecla Alt enquanto se arrasta o controle deslizante.

Masking

Masking (mascaramento) faz exatamente o que o nome implica – mascara toda a nitidez de áreas específicas da imagem. Mais uma vez, mantenha a tecla Alt pressionada e arraste o controle deslizante de Masking para exibir uma visualização temporária das áreas mascaradas. À medida que o valor do controle deslizante aumenta, mais e mais a imagem se torna preta. Tudo que é preto não vai ser trabalhado. A **Figura 32d** mostra a visualização da imagem totalmente mascarada, enquanto a **Figura 32e** mostra a imagem final sem nenhuma visualização temporária em escala de cinza.

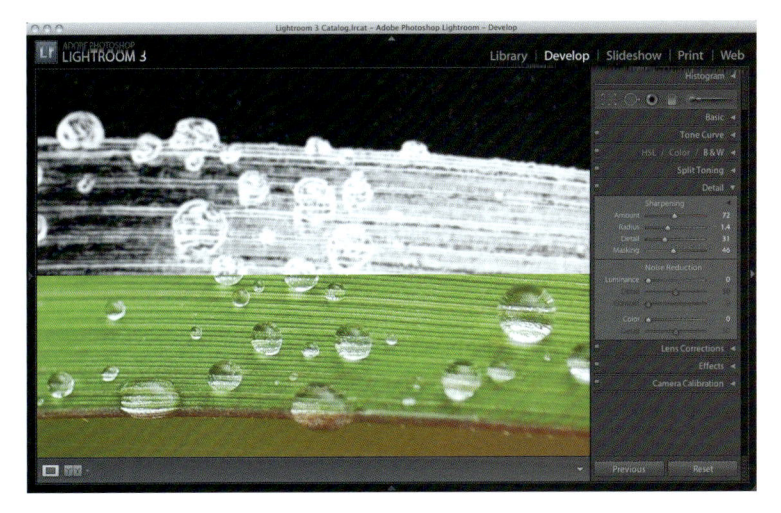

Capítulo 2: Revelando fotografias capturadas em formato nativo

Figura 32d O controle Masking mostra exatamente quais áreas da foto vão ter configurações de nitidez aplicadas e quais vão permanecer sem nitidez (áreas de preto-puro).

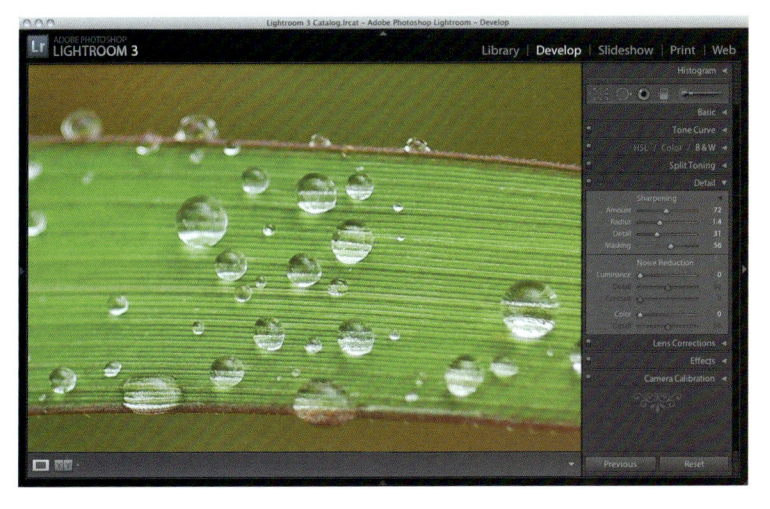

Figura 32e Os excelentes controles de nitidez (captura) do Lightroom 3 tornam fácil melhorar o detalhe da margem em suas fotografias.

Nitidez de captura *versus* nitidez de saída

A nitidez de captura é sempre realizada perto do início de seu processo de edição de fotos em aplicativos como o Lightroom e o ACR. A nitidez de saída sempre deve ser feita no final de seu processo, em geral no Lightroom ou no Photoshop. Ou seja, você trabalha a saída imediatamente antes de fazer impressões.

Usando Workflow Options do ACR (abordado na Dica 40) ou o módulo Print do Lightroom, é possível trabalhar a nitidez para a saída de telas de computador e dispositivos, embora a percepção dessa nitidez possa variar de acordo com a pessoa e com a resolução da própria tela.

33 Melhor redução de ruído

Talvez o aprimoramento mais impressionante feito no Lightroom 3 e no ACR 6 seja o maior desempenho dos controles de redução de ruído, especificamente o da redução de ruído de luminosidade. Os engenheiros da Adobe fizeram algumas mudanças a ponto de agora ser possível, em muitos casos, recuperar arquivos mais antigos de ISO alto que exibiam ruído demais para serem usados em um momento anterior.

A não ser em situações em que uma imagem seja extremamente ruidosa em regiões coloridas específicas, descobri que não é mais necessário utilizar ferramentas de redução de ruído de outros fornecedores para se obter uma imagem limpa.

As subseções a seguir detalham o funcionamento dos controles deslizantes de redução de ruído individuais.

Luminance

Uma vez que a imagem esteja suficientemente nítida, certifique-se de que ainda esteja com uma ampliação de 100% (ou 1:1) ou maior e coloque o controle deslizante de Luminance entre 25 e 40, observando o grão e o nível de ruído global enquanto faz isso. Em muitos casos, vai ser possível eliminar todo ou praticamente todo ruído de luminosidade (**Figura 33a**).

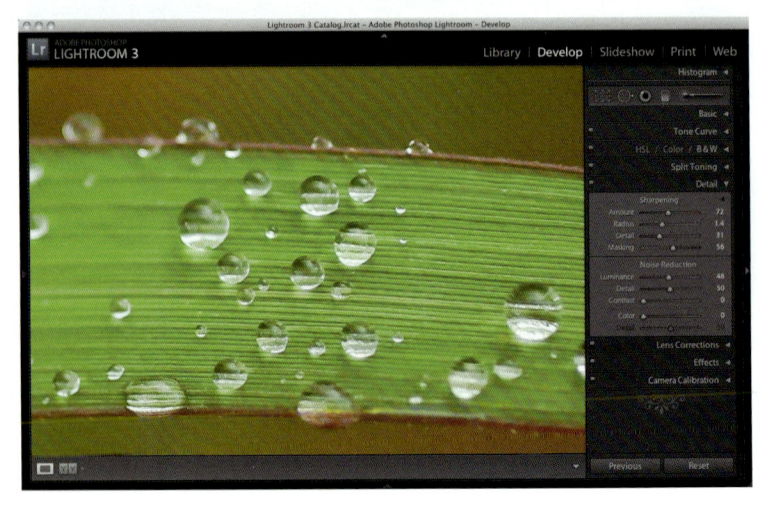

Figura 33a A foto nítida após a redução do ruído de luminosidade inicial.

Detail (Luminance)

Se a eliminação do ruído de luminosidade em sua foto tende a suavizar os detalhes, use o controle deslizante de Detail para recuperar o contraste das margens sem reintroduzir ruído. Normalmente, preciso colocar esse controle deslizante em um valor maior do que 50 para obter um resultado perceptível (**Figura 33b**).

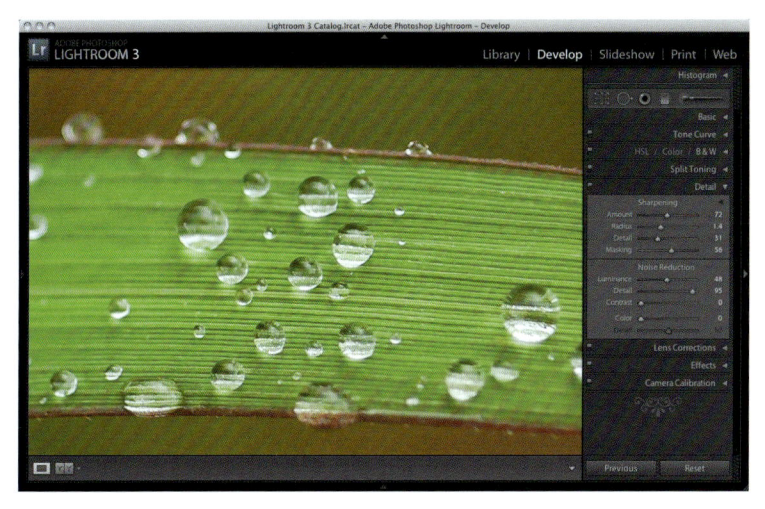

Figura 33b O controle deslizante de Detail (Luminance) faz um excelente trabalho de recuperação de detalhes suavizados em áreas de margem sem reintroduzir ruído nas outras.

Contrast

Para fotografias que foram tiradas com uma configuração de ISO acima de 6400, talvez você queira experimentar o controle deslizante de Contrast para melhorar ainda mais e proteger os detalhes das margens que tentou preservar com o controle deslizante de (Luminance) Detail.

Color

Como o equivalente para cor do controle deslizante de Luminance, o controle deslizante de Color remove grande parte ou todo o ruído de cor (ou crominância) em suas fotografias. Em geral, elas parecem misturas manchadas de verde, vermelho e azul sobrepondo os detalhes em sua imagem. Novamente, deve ser possível remover a maioria ou todo o ruído de cor sem ser necessário colocar esse controle deslizante em um valor acima de 50 (**Figura 33c**).

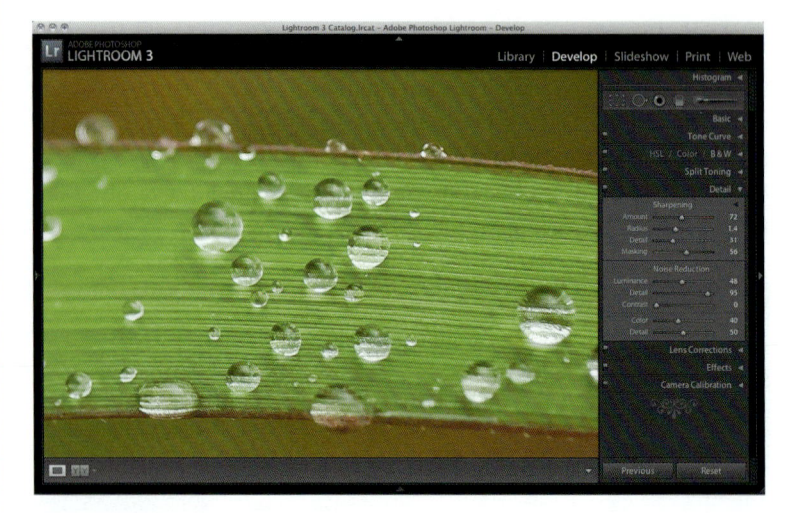

Figura 33c A foto nítida com redução de ruído de luminosidade e de cor aplicada.

Detail (Color)

Semelhante a (Luminance) Detail, se você verificar que remover todo o ruído de cor de sua imagem tende a tornar os detalhes da margem um pouco suaves, pode utilizar esse controle deslizante para recuperar parte desses detalhes perdidos. Mais uma vez, valores acima de 50 parecem ser a norma.

Encontrando um ponto de equilíbrio

Se ainda não estiver evidente, vale a pena observar que, quando a maioria do ruído em suas fotos é removida, além de certo ponto, colocar o controle deslizante de Luminance (ou Color) em valores mais altos suaviza os detalhes em sua foto. Os controles de nitidez e redução de ruído, embora façam a imagem parecer mais limpa, tendem a se opor quando se trata de detalhes de margem.

Encontre um ponto de equilíbrio e lembre-se das dimensões finais da tela e da impressão de sua imagem. Quanto menor for a saída final, menos provável será que pequenas quantidades de ruído sejam notadas em distâncias de visualização normais.

34 Corrija defeitos da lente: Lens Corrections

O Lightroom 3 também fornece um novo painel Lens Corrections que controla falhas comuns causadas pelas características físicas das lentes. Configurações de transformação, como distorção horizontal e vertical, aberração cromática, distorção (cilíndrica) e giro, podem ser controladas nesse novo painel. Para ver os controles, abra o painel Lens Corrections e clique no botão Manual (**Figura 34a**).

Figura 34a O novo painel Lens Corrections do Lightroom permite aos fotógrafos minimizar os efeitos de distorções causadas pelas características de suas lentes e outras variáveis. Aqui são mostradas as configurações de correção manual.

Lembre-se de que frequentemente não é possível remover 100% das distorções vistas em uma imagem devido a fatores que não estão relacionados com o design da lente. Por exemplo, não apenas o tipo de lente, mas sua orientação relativa ao assunto pode ter um papel significativo na distorção geométrica de uma imagem.

Distortion

O controle deslizante de Distortion permite controlar distorções curvilíneas em forma de barril e de almofada. Para reagir ao *efeito barril*, que faz o centro de uma imagem ficar ligeiramente saliente ou arquear para fora, arraste o controle deslizante para a direita até obter uma aparência relativamente "plana" (**Figura 34b**). Para reagir ao *efeito almofada*, que faz o centro de uma imagem arquear para dentro, arraste o controle deslizante para a esquerda até que a foto pareça relativamente plana.

Correções de perfil

O Lightroom 3 e o ACR 6.1 (assim como o Photoshop CS5) também oferecem o que se chamam *correções de perfil*. Essas correções totalmente automatizadas são geradas a partir de perfis especiais que caracterizam a maneira com que cada lente recebe a luz que passa através dela e também a nitidez com que uma imagem é projetada em um sensor de câmera específico. O recurso Automated Lens Correction do Photoshop (agora parte do filtro Lens Correction) é abordado na Dica 69.

Trabalho na margem

Uma boa maneira de julgar uma correção precisa é encontrar um assunto no quadro que tenha uma margem ligeiramente curva (uma que deveria ser reta) e observar essa margem enquanto se move o controle deslizante de Distortion. Encontre o ponto no qual ela começa a inclinar na direção oposta em relação à visualização original e, então, retroceda o valor ligeiramente até que a margem fique reta.

Espaços vazios

Quando você move os controles deslizantes Distortion, Vertical, Horizontal e Rotate, pode notar lacunas ao longo das margens de sua imagem. Duas soluções comuns são cortar as áreas vazias depois de terminar ou usar o controle deslizante de Scale para preencher as lacunas com uma versão ampliada da imagem. Dependendo do tipo de detalhes necessários para preencher as lacunas, também é possível usar o Content-Aware Fill no Photoshop CS5 (Dica 84).

Figura 34b Pequenas distorções cilíndricas são uma ocorrência comum e podem ser facilmente solucionadas.

Vertical

Use o controle deslizante de Vertical para "desinclinar" um assunto. Se ele parece estar caindo, arraste o controle deslizante lentamente para a esquerda (**Figura 34c**). Se o assunto estiver inclinando na direção do observador, arraste para a direita até que ele fique na vertical.

Figura 34c O controle de Vertical pode ajudar a "endireitar" prédios altos.

Horizontal

Se o tema de uma foto parece "deslocar" ou cair em direção ao lado esquerdo ou direito do quadro, pode-se usar o controle deslizante Horizontal para diminuir esse efeito. Para temas que parecem deslocados em direção ao lado esquerdo do quadro, arraste o controle deslizante para a direita, novamente prestando atenção às linhas de grade, até que a imagem pareça equilibrada (**Figura 34d**). Para temas que parecem se deslocar para o lado direito do quadro, arraste o controle deslizante para a esquerda.

Figura 34d O controle deslizante de Horizontal pode diminuir ou eliminar a percepção de um tema que está "deslocado" para o observador.

Jogo de equilíbrio

Para obter os melhores resultados, você precisa equilibrar as correções dos controles deslizantes Vertical e Horizontal a fim de conseguir uma perspectiva de aparência natural. Deslocar demais um deles provavelmente vai criar uma distração mais pronunciada do que aquela que você estava tentando corrigir. Além disso, lembre-se de que, em muitos casos, talvez não seja possível remover as distorções completamente. Em geral, essas só podem ser evitadas com uma lente com controle de perspectiva.

Constrain Crop

Outro modo de "preencher as lacunas" em sua imagem é utilizar a função Constrain Crop. Ela corta a imagem de modo que nenhuma das áreas vazias seja exibida. Saiba que, uma vez aplicada essa função, a única maneira de "desativá-la" é retroceder no painel History do Lightroom até a correção feita imediatamente antes.

É melhor usar a função Constrain Crop no final do processo de correção de lente, quando não são necessárias mais alterações. Se você fizer alterações, o corte vai ser recalculado após cada passo subsequente e pode produzir resultados inesperados.

Rotate

O controle deslizante de Rotate executa basicamente a mesma função da ferramenta Straighten – ele permite corrigir uma rotação indesejada da câmera. A principal diferença é que o controle deslizante de Rotate sempre utiliza o centro da foto original não cortada como ponto de eixo para girar a imagem. Arraste o controle deslizante para a esquerda a fim de girar a imagem no sentido anti-horário.

Scale

O controle deslizante de Scale amplia ou reduz a escala da visualização da imagem inteira enquanto mantém a integridade das correções que tenham sido feitas com os outros controles deslizantes. Essa função pode ser usada para preencher pequenas lacunas criadas pelos outros controles deslizantes. O controle deslizante de Scale geralmente não produz suavização ou objetos indesejados; contudo, saiba que ao mudar a escala de uma imagem você pode cortar parte do assunto (**Figura 34e**).

Figura 34e Use o controle deslizante de Scale para preencher pequenas lacunas criadas por outras configurações de Manual Lens Corrections.

Lens Vignetting

Se uma ou mais margens ou cantos em sua foto precisam ser clareados ou escurecidos para ter uma aparência coerente com as outras margens ou cantos, você pode utilizar os controles deslizantes de Lens Vignetting.

Para clarear as margens ou cantos da imagem em relação ao centro, arraste o controle deslizante de Amount para a direita e use o controle deslizante de Midpoint para definir até que distância das margens do quadro essa correção tem efeito (**Figura 34f**). Arrastar o controle deslizante para a esquerda tem o efeito oposto.

Mesmo recurso, novo nome e painel

Os controles deslizantes referidos como Lens Vignetting no Lightroom 3 são chamados de Lens Correction no Lightroom 2 e estão localizados no painel Vignettes. Eles executam a mesma função e atuam exatamente da mesma maneira.

Figura 34f Os controles de Lens Vignetting permitem garantir que não haja diminuição do brilho ao longo das margens ou dos cantos de sua foto. Aqui, o canto inferior direito da foto foi um pouco clareado.

Aberração cromática

Uma das pequenas armadilhas do uso de câmeras digitais de alta resolução é que os sensores desses equipamentos podem ampliar pequenos defeitos da lente. Um deles é a incapacidade de algumas lentes de focalizar os comprimentos de onda vermelhos, verdes e azuis da luz em um ponto específico do sensor da câmera. Isso resulta em aberração cromática (ou CA, do inglês Chromatic Aberration): franjas coloridas, normalmente observadas como um brilho vermelho, ciano, azul ou amarelo ao longo da margem de seu tema.

Um cenário que costuma produzir aberração cromática é a fotografia de prédios ou outras estruturas feitas pelo homem que são iluminadas por trás ou lateralmente pela luz do sol. Com frequência, é necessário ampliar para 1:1 ou 2:1 a fim de se ver a aberração cromática.

Se notar uma invasão de azul ao longo dos detalhes da margem em sua imagem, arraste o controle deslizante de Blue/Yellow para a esquerda até que a invasão desapareça. Se notar uma invasão de amarelo, faça o oposto; arraste o controle deslizante para a direita até que a invasão desapareça (**Figura 34g**). Se notar uma invasão de ciano ou vermelho, pode seguir o mesmo processo usando o controle deslizante de Red/Cyan.

Figura 34g Aproxime para 100 ou 200% e examine os detalhes da margem de sua imagem para ver se pode tirar proveito dos controles de aberração cromática.

Se depois de aplicar as correções com os controles deslizantes ainda houver defeitos coloridos ao longo dos detalhes da margem, escolha All Edges no menu pop-up Defringe (Defringe: Highlight Edges). Isso pode eliminar os defeitos coloridos restantes. Se vir franjas coloridas somente ao longo de áreas muito claras ou em altas-luzes com muita exposição de luz, escolha Highlight Edges.

A **Figura 34h** mostra o resultado antes e depois de uma sessão de edição com Manual Lens Corrections.

Figura 34h A diferença entre antes (à direita) e depois (à esquerda) das correções de lente no modo manual é óbvia, mesmo que antes das edições a imagem não parecesse, à primeira vista, estar muito distorcida, inclinada ou deslocada.

35 Efeito retrô: grão de filme

Se você já conversou com um fotógrafo que ganha (ou ganhou) a vida com fotografia de filme preto e branco, sem dúvida ficou sabendo das qualidades místicas do *grão de filme*. Ao contrário do ruído de luminosidade de uma câmera digital, o grão é enaltecido como algo que pode dar personalidade, bravura e emoção a uma fotografia. Desde que a estrutura do grão não atrapalhe os detalhes de uma composição, acredito que ela possa dar certa personalidade ou qualidade tangível aos assuntos.

O Lightroom 3 fornece novas ferramentas de estilização que permitem simular grãos em suas fotografias em preto e branco (ou coloridas), em uma tentativa de retomar a aparência e o comportamento das fotos feitas com filme preto e branco. Essas ferramentas podem ser acessadas abrindo-se o novo painel Effects **(Figura 35a)**.

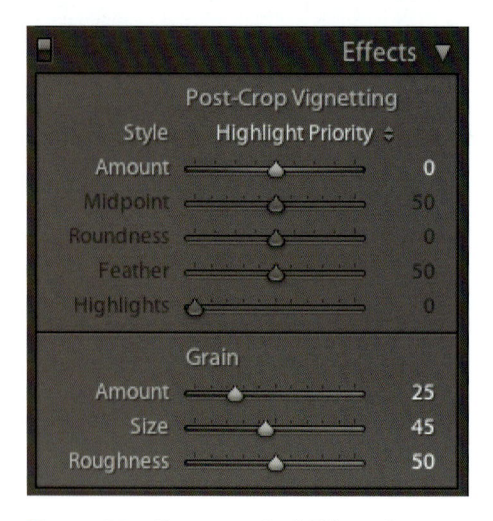

Figura 35a O novo painel Effects fornece controles para adicionar simulações de grão em fotos em preto e branco (ou coloridas).

Amount

O controle deslizante de Amount regula a intensidade do efeito de grão. Até agora, descobri que uma quantidade entre 25 **e** 40 faz um bom trabalho de imitar a característica do grão de filmes em preto e branco profissionais, como o SCALA 200x (da Agfa). A **Figura 35b** mostra uma comparação da mesma área de detalhe com configurações de Amount de 25, 45 e 65, usando os valores de Size e Roughness de 25 e 50, respectivamente.

Figura 35b Uma amostra de 1:1 (100% de ampliação) que simula grãos, usando valores de Amount de 25, 45 e 65 (da esquerda para a direita).

Size

O controle deslizante de Size regula o diâmetro dos grãos individuais produzidos pelo Lightroom. Em geral, um valor entre 15 e 25 produz resultados visualmente agradáveis (segundo minha experiência). A **Figura 35c** apresenta tamanhos de grão de 20, 40 e 60 sobre o mesmo detalhe, usando uma configuração de Amount de 30.

Figura 35c Uma amostra de detalhe de simulação de grão usando um valor de Amount de 30, o valor padrão de Roughness de 50 e tamanho (Size) de grão de 20, 40 e 60 (da esquerda para a direita).

Adobe Digital Imaging How-Tos

Roughness

O controle deslizante de Roughness regula a suavidade da aparência do efeito dos grãos, aumentando ou diminuindo o contraste local em torno deles. Quanto mais alto o valor, mais áspera (ou menos suave) parece a estrutura do grão. A **Figura 35d** ilustra os resultados do ajuste das configurações de Roughness.

Figura 35d Uma amostra de detalhe de simulação de grão usando configurações de Amount 30, Size 25 e Roughness 25, 50 e 75 (da esquerda para a direita).

A **Figura 35e** apresenta a mesma fotografia, afastada, depois que o efeito de grão foi aplicado. As configurações finais são Amount 30, Size 25 e Roughness 35.

Figura 35e Acrescentar simulações de grão pode melhorar a aparência ou a atmosfera de muitas fotografias em preto e branco (na opinião desde fotógrafo).

36 Prepare arquivos para HDR Pro

As fotografias HDR (ou High Dynamic Range) utilizam uma série de exposições alternadas ou com "bracketing" para criar uma só fotografia que captura toda a gama de detalhes tonais (da mais clara para a mais escura). Esse processo é realizado com a função Merge to HDR Pro do Photoshop CS5, que é abordada em detalhes no Capítulo 4, "Aperfeiçoando imagens no Photoshop CS5".

Existem alguns passos simples a seguir ao se preparar exposições brutas com bracketing no Lightroom para um fluxo de trabalho HDR. Esses passos o ajudarão a obter os melhores resultados possíveis ao fazer mapeamento de tons nos dados de suas imagens (Dica 74). Dicas adicionais relacionadas à captura de fotos destinadas ao HDR são abordadas na Dica 72.

1. Como regra, você não quer alterar as configurações relacionadas à exposição da imagem (isto é, qualquer configuração que torne sua imagem mais clara ou mais escura, em parte ou inteira). O objetivo de fazer várias exposições é para que o Photoshop possa usar os melhores componentes tonais de cada foto (Blacks, Fill Light, Exposure, Recovery) e mesclá-los em uma única fotografia. Depois de fazer isso, é hora de tratar de todas as edições relacionadas à exposição no Merge to HDR Pro.

2. Certifique-se de sincronizar (usando Copy e Paste – consulte a Dica 23) quaisquer alterações feitas na característica de cor de determinada imagem da série. A estilização da cor pode ser feita no Photoshop CS5.

Nota
Os passos para sincronizar arquivos no ACR estão na Dica 38.

3. Aproveite os controles de nitidez e redução de ruído melhorados (Dicas 32 e 33, respectivamente), mais uma vez certificando-se de sincronizar as configurações (em particular as configurações de Sharpening, para evitar possíveis problemas de fantasmas posteriormente). Ruído em excesso pode ter um impacto bastante negativo no processo de mapeamento de tons; portanto, é melhor eliminar o máximo possível antes da mesclagem.

Dicas de câmera

Antes mesmo de fazer a exposição com bracketing, otimize suas configurações de ISO para minimizar quaisquer problemas de ruído em potencial e use um tripé (ou no mínimo uma lente que suporte redução de vibração). Um tremor mínimo da câmera devido ao vento ou a uma mão hesitante pode arruinar uma série de exposições excelente.

4. Procure aberrações cromáticas (CA) e utilize o painel Lens Corrections para remover ou minimizar as que encontrar. A aberração cromática também pode ter um impacto negativo ao se usar Merge to HDR Pro no Photoshop CS5, pois costuma causar problemas nos alinhamentos precisos das imagens e em outros processos. Se verificar que cada imagem da série tem o mesmo problema de aberração cromática na mesma parte da imagem, você pode sincronizar essas edições; caso contrário, elas podem e devem ser tratadas imagem por imagem.

5. Quando estiver pronto para mover as imagens para o Photoshop CS5, selecione-as no Filmstrip, clique com o botão direito do mouse e escolha Edit In > Merge to HDR Pro in Photoshop (**Figura 36**).

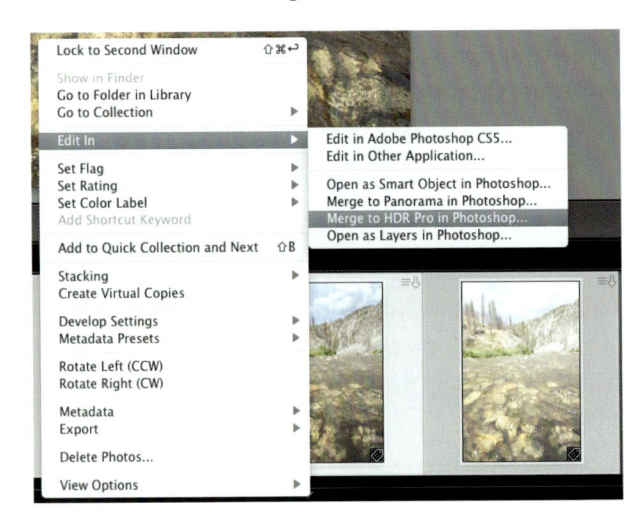

Figura 36 É fácil enviar seus arquivos nativos preparados diretamente para a interface Merge to HDR Pro a partir do Lightroom 3.

37 Exporte arquivos

Quando tiver terminado de fazer suas edições em um arquivo específico ou em uma série de arquivos, talvez você queira salvá-los com um novo formato (como arquivos PSD ou TIFF) para usar posteriormente. Para isso, é preciso voltar ao módulo Library, selecionar a imagem (ou imagens) que você deseja exportar e, então, clicar em Export ( Export...). Isso abre a janela Export Files (**Figura 37a**).

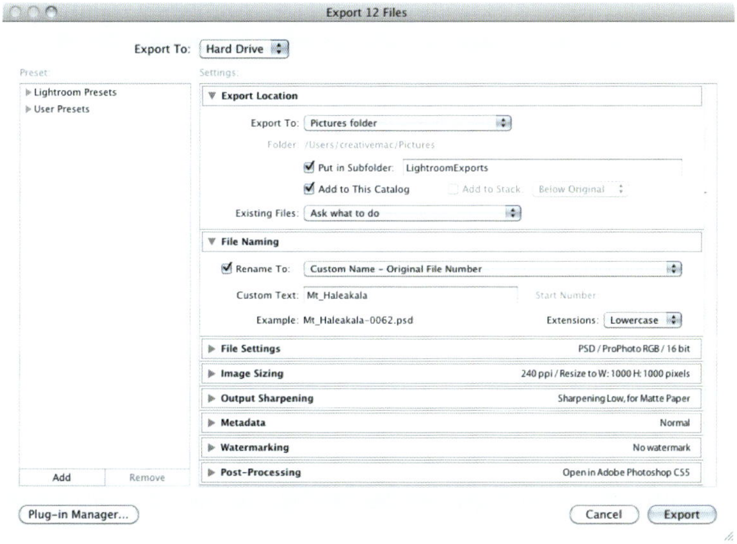

Figura 37a A janela Export Files do Lightroom 3.

Existem três funções que têm impacto direto na qualidade do arquivo: File Settings, Image Sizing e Output Sharpening.

File Settings

Os ajustes de File Settings são muito importantes, pois afetam como as cores e os detalhes finais de sua imagem são tratados na exportação. Se você pretende trabalhar com os arquivos no Photoshop CS5, os formatos PSD ou TIFF servem bem.

Para manter a aparência das cores geradas no Lightroom, escolha ProPhoto RGB no menu pop-up Color Space. Esse é o espaço de cores nativo do Lightroom. Se for necessário exportar os arquivos para que outras pessoas possam editá-los, escolha o espaço de cores Adobe RGB 1998; esse é um padrão de fato que deve estar disponível para qualquer um que utilize o Adobe Creative Suite, retrocedendo a várias versões.

Adobe Digital Imaging How-Tos

Para manter a máxima quantidade de dados da imagem de seu arquivo nativo, escolha 16 bits para Bit Depth. Todas as três configurações podem ser vistas na **Figura 37b**.

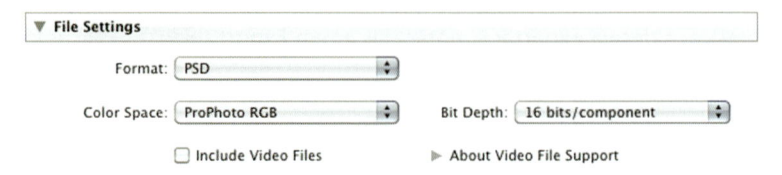

Figura 37b Para arquivos que precisam de edição adicional no Photoshop CS5 e que necessitam manter a fidelidade da cor em relação às suas edições no Lightroom, normalmente é melhor escolher as opções de formato de arquivo PSD ou TIFF, o espaço de cores ProPhoto RGB e 16 bits/component para Bit Depth.

Image Sizing

Para algumas situações, talvez seja necessário redimensionar (em geral, reduzir) seus arquivos Digital SLR (ou DSLR) grandes ao exportá-los. Note que, independentemente do tamanho ou da resolução escolhida, o Lightroom 3 vai aplicar de forma automática as configurações de Resize do algoritmo correto, mostradas na **Figura 37c**.

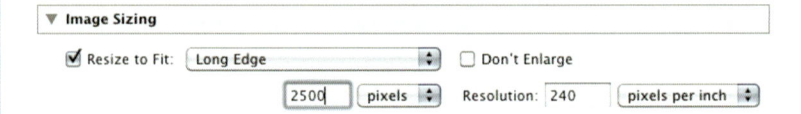

Figura 37c O Lightroom 3 exporta as configurações de Image Sizing.

Output Sharpening

Por fim, dependendo de qual vai ser a saída final de suas fotos (tela ou impressão), você tem opções para aplicar Output Sharpening em seus arquivos (**Figura 37d**).

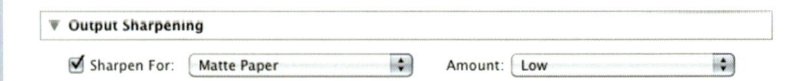

Figura 37d O Lightroom 3 exporta as configurações de Output Sharpening.

38 ACR: sincronizando edições

É possível economizar bastante tempo, aplicando cuidadosamente uma série de ediçoes em um arquivo e então sincronizando todas essas mesmas edições com outros arquivos muito semelhantes (em geral fotos da mesma seção de fotografia). O ACR faz isso com um botão e uma caixa de diálogo Synchronize. Há um detalhe: como o ACR não permite navegar pelas miniaturas das imagens em suas pastas, o processo de sincronização deve começar no Photoshop ou no Bridge.

1. Usando o comando File > Open do Photoshop, do Mini Bridge ou do Bridge CS5, selecione todos os arquivos para os quais precisa sincronizar as edições e, em seguida, abra-os no ACR 6.1. Os resultados podem ser vistos na **Figura 38a**.

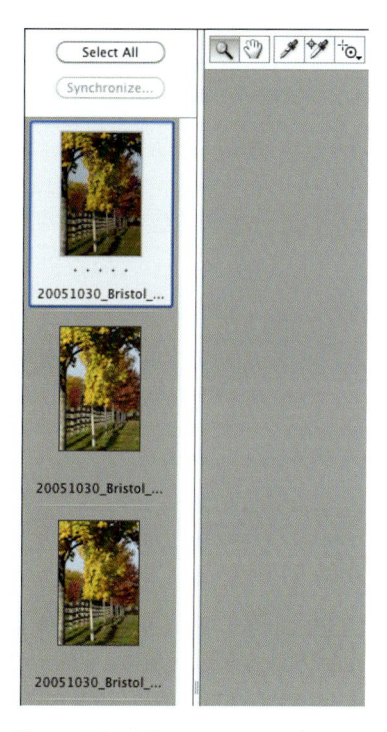

Figura 38a Vários arquivos abertos no ACR.

2. Selecione um arquivo como imagem de base e aplique cuidadosamente todas as edições que deseja fazer, tomando nota de quais configurações são alteradas.

3. Clique no botão Select All próximo à parte superior esquerda da interface do ACR ou pressione Command-A (Mac OS) ou Control-A (Windows). Isso vai selecionar todas as imagens restantes na série.

Configurações específicas do ACR

Conforme mencionado no início do capítulo, praticamente todas as ferramentas e configurações de revelação bruta do Lightroom 3 e do ACR 6.1 se parecem e funcionam da mesma maneira. Contudo, existem três áreas em particular que são suficientemente diferentes no ACR para garantir suas próprias dicas, de modo que você pode examinar as diferenças nas interfaces de usuário e os passos para produzir determinado resultado.

4. Clique no botão Synchronize; isso abre a caixa de diálogo Synchronize. Selecione os itens correlacionados às edições feitas no passo 2 (**Figura 38b**).

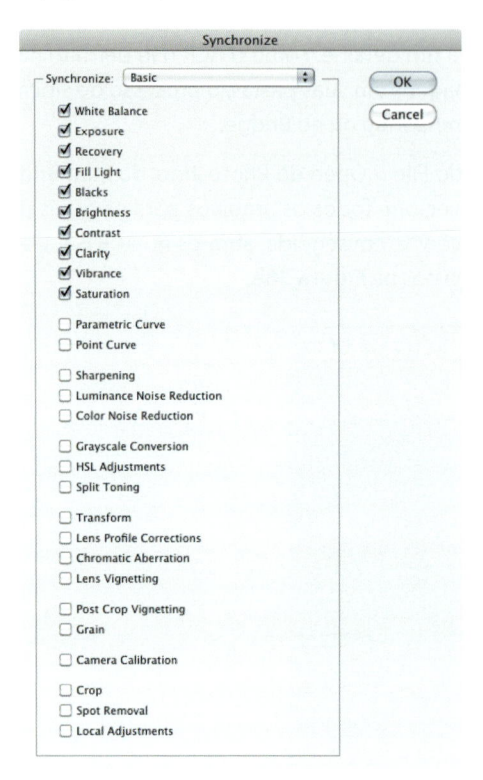

Figura 38b A caixa de diálogo Synchronize do ACR funciona da mesma maneira que a caixa de diálogo Synchronize Settings do Lightroom 3.

5. Quando você clicar em OK, todas as configurações escolhidas vão ser aplicadas nas imagens selecionadas restantes. As alterações feitas vão aparecer nas miniaturas selecionadas; você vai ver as alterações na aparência das miniaturas ou vai ver um pequeno ícone Edits que denota alterações feitas em uma imagem.

Esse processo pode ser utilizado para sincronizar coisas como remoções de mancha ou preparação de uma série de arquivos para Merge to HDR Pro.

39 ACR: salvando imagens

Quando tiver terminado suas edições no ACR, o processo de exportação de arquivos é referido como *salvamento de imagens*. Assim como no recurso Synchronize, se quiser salvar ou exportar vários arquivos simultaneamente, você precisa abrir todos eles antes das edições feitas. Para acessar as opções de salvamento de arquivo do ACR, clique no botão Save Images (Save Images...). Isso abre uma caixa de diálogo que fornece opções simples para escolher um local, um nome de arquivo e um formato (**Figura 39**).

Para acessar as configurações importantes que podem afetar a qualidade do arquivo (conforme mencionado na Dica 37), é preciso definir esses valores na caixa de diálogo Workflow Options (explicada na Dica 40).

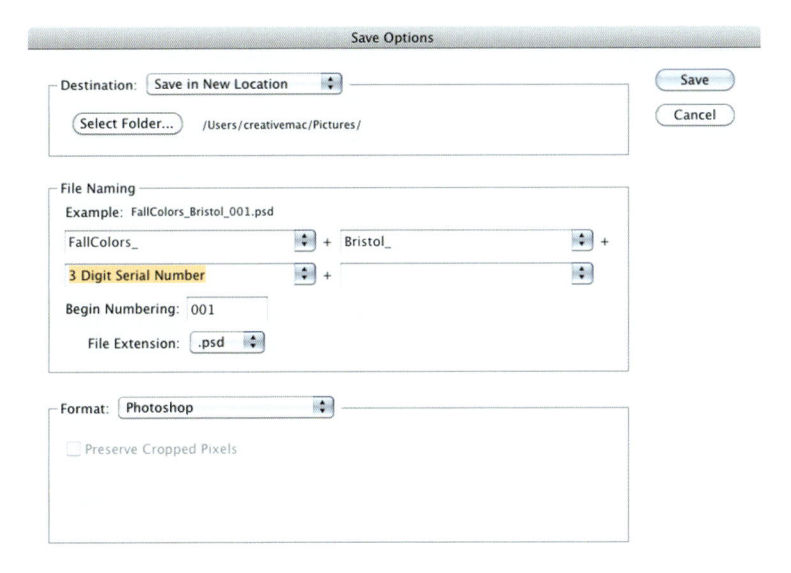

Figura 39 Caixa de diálogo Save Options do ACR. Observe que todas as configurações importantes, como Color Space, File Size e Output Sharpening, são acessadas na caixa de diálogo Output Settings abordada na Dica 40.

40 ACR: Workflow Options

Para garantir que os arquivos salvos utilizem as configurações apropriadas (conforme mencionado na Dica 37), clique no hyperlink azul na parte inferior central da janela do ACR Adobe RGB (1998); 16 bit; 2000 by 3008 (6.0MP); 240 ppi . Isso abre a caixa de diálogo Workflow Options, que contém configurações para (Color) Space, (Bit) Depth, Size, Resolution e Output Sharpening, conforme visto na **Figura 40**. Todas as mesmas diretrizes da Dica 37 se aplicam.

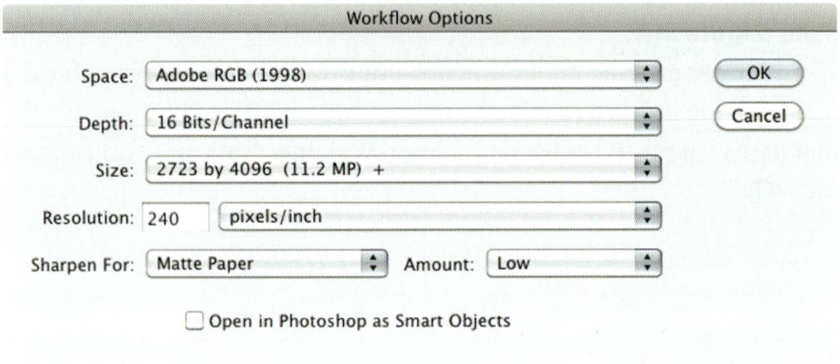

```
                      Workflow Options

       Space:  Adobe RGB (1998)                         OK
       Depth:  16 Bits/Channel                          Cancel
        Size:  2723 by 4096 (11.2 MP) +
  Resolution:  240      pixels/inch
  Sharpen For: Matte Paper        Amount:  Low

              ☐ Open in Photoshop as Smart Objects
```

Figura 40 A caixa de diálogo Output Options do ACR é onde você aplica as configurações antes de salvar seus arquivos finais na unidade de disco rígido.

Capítulo 3

Dicas de saída do Lightroom 3

Saída quer dizer disponibilizar suas fotografias em um meio e em um formato que seus clientes ou outros interessados possam usar imediatamente. Seja para dar uma olhada rápida em algumas fotos antes de fazer suas escolhas finais, seja para emoldurar e pendurar uma cópia da foto na parede, a ideia é ajudar as pessoas a encontrar rapidamente as fotos de que precisam e exibi-las com um tamanho conveniente ao contexto.

Talvez mais do que os outros componentes de um fluxo de trabalho digital, as opções de saída do Lightroom 3 são diferentes das existentes no Adobe Bridge CS5 e em outros aplicativos. Por isso, este capítulo se concentra apenas na saída do Lightroom 3.

Contudo, como existem três módulos de saída distintos no Lightroom (Slideshow, Print e Web), cada um com vários recursos e controles para aperfeiçoar a aparência de suas fotos, não é possível abordá-los em detalhes neste livro. Reuni algumas dicas e técnicas importantes que vão (espera-se) ajudá-lo a começar a usar a saída do Lightroom 3 rapidamente. Se precisar de uma referência completa para todos os recursos do Lightroom, dê uma olhada no livro *The Adobe Photoshop Lightroom 3 Book: The Complete Guide for Photographers*, de Martin Evening. Essa obra tem quase 600 páginas, mas com certeza vale o investimento de tempo extra.

Vamos começar com um novo recurso que não está limitado aos módulos de saída, mas que tem objetivo intimamente relacionado – as marcas d'água. Em seguida, vamos ver algumas dicas de cada módulo em sequência, começando com o módulo Slideshow.

41 Watermark Editor

O conceito de marca d'água começou com os desenhos feitos a mão e outras formas de arte impressa, muito antes de existir uma câmera digital ou mesmo a noção de uma. Basicamente, a ideia é inserir uma pequena "marca" em seu trabalho que permita às pessoas saber quem o criou.

Para os propósitos deste livro, vamos usar as *marcas d'água visuais*. Embora fácil de criar, o principal inconveniente de uma marca d'água visual é que, em geral, é fácil removê-la. Também existem *marcas d'água digitais*, que estão disponíveis como plug-ins de outros fornecedores. Elas são muito mais difíceis de notar ou remover, mas também são mais complicadas para criar. O uso de marcas d'água digitais exige software especial de empresas como a Digimarc, e também uma assinatura.

Para usar marcas d'água no Lightroom 3, selecione sua(s) imagem(s) e, em seguida, escolha Lightroom > Edit Watermarks (Mac OS) ou Edit > Edit Watermarks (Windows) no menu principal (**Figura 41a**).

Sobre as marcas d'água

Utilizar apenas marcas d'água visuais pode parecer uma estratégia pouco eficiente para proteger suas fotos. É verdade que (em teoria), uma vez incorporadas, as marcas d'água digitais não podem ser facilmente detectadas ou removidas de suas fotos. Contudo, o software utilizado para rastrear fotos com marcas d'água digitais não vai encontrar cópias não autorizadas que sejam postadas protegidas por um firewall de Internet ou por sites com senha, como o Flickr.

Uma boa estratégia mista que pode ser considerada é aplicar restrições de direitos de cópia e licenciamento nos metadados de cada arquivo e utilizar uma marca d'água visual (texto) para fotografias de valor que vão estar disponíveis para visualização online.

Dica

Para circular pelas imagens selecionadas enquanto trabalha no Watermark Editor, clique nos botões de seta da parte superior do editor.

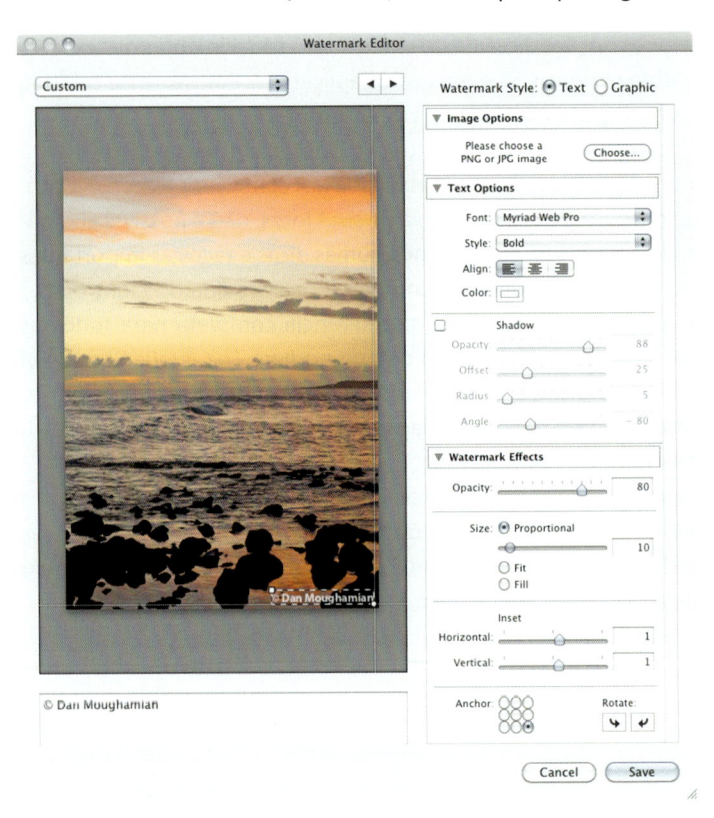

Figura 41a O novo Watermark Editor do Lightroom 3.

Aplicando marca d'água de elemento gráfico

Se você prefere usar o logotipo de sua empresa ou outro elemento gráfico como marca d'água, precisa salvar esse logotipo como um arquivo JPEG ou PNG antes de aplicá-lo em sua foto no Lightroom 3. Se o logotipo ou elemento gráfico utiliza transparência, salve-o no formato PNG, pois ele suporta opções de transparência. Quando estiver pronto para levar o elemento gráfico para o Watermark Editor, escolha Graphic em Watermark Style, navegue em sua unidade de disco rígido para localizar o arquivo gráfico e adicione-o na foto (**Figura 41b**).

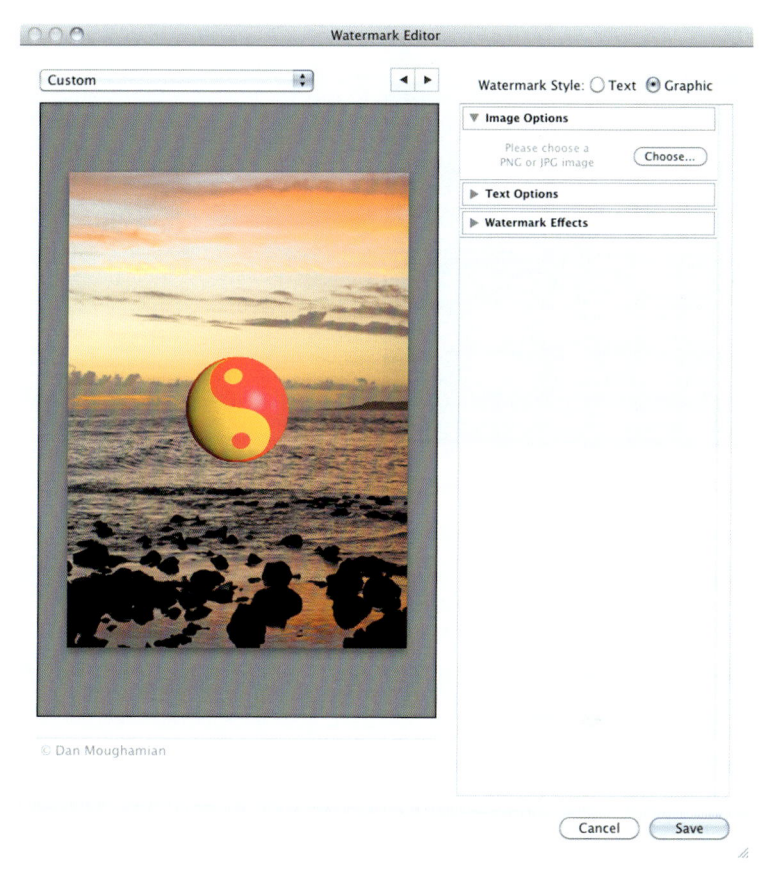

Figura 41b Para adicionar um logotipo ou outra marca d'água gráfica em suas fotos com o Lightroom 3, basta primeiro salvar uma versão no formato JPEG ou PNG.

Digimarc e Photoshop

Desde 1996, toda versão do Adobe Photoshop e do Adobe Photoshop Elements vem com um plug-in demo da Digimarc, encontrado no menu Filters. Embora não permita aplicar uma identificação digital exclusiva em cada foto, o plug-in possibilita fazer experiências com marcas d'água digitais, até que você esteja pronto para adquirir uma identificação exclusiva (por meio de assinatura do serviço Digimarc). Obtenha mais informações no site Digimarc.com.

Quando o elemento gráfico aparecer na área de visualização do Watermark Editor, use os controles de Watermark Effects para definir a opacidade, a escala, a posição e a rotação (**Figura 41c**). Esses mesmos controles funcionam em marcas d'água de texto.

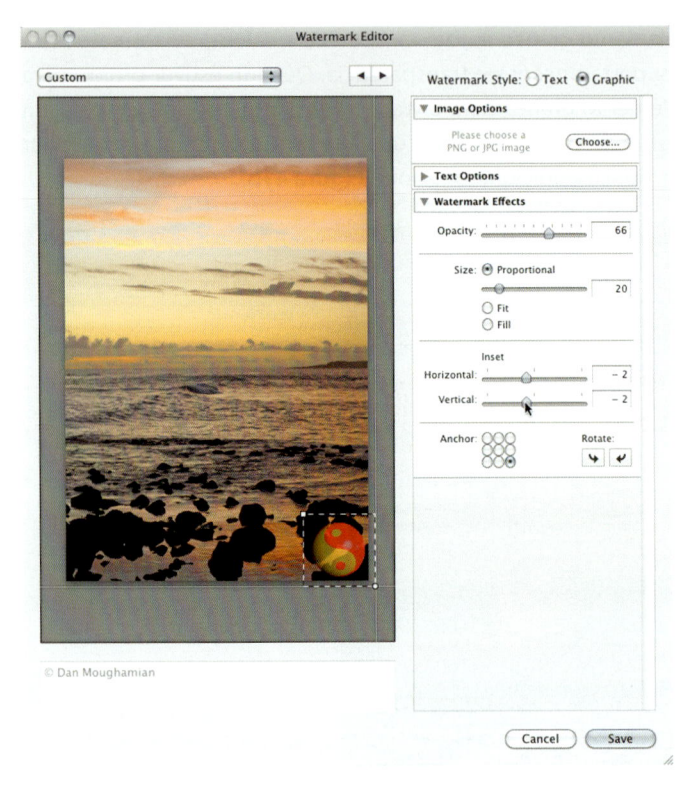

Figura 41c Os controles de Watermark Effects permitem modificar a aparência e o local de seu elemento gráfico.

Os controles de Inset definem como o elemento gráfico vai ser inserido, usando um canto ou uma margem escolhida da foto. Esse canto ou margem, por sua vez, é definido pelo controle Anchor. A Figura 41c mostra o logotipo ancorado na parte inferior direita da imagem, com os valores de Inset modificados.

Aplicando marca d'água de texto

Escolha Text em Watermark Style e digite as palavras ou símbolos de sua marca d'água na caixa de texto da parte inferior da janela do editor. Os controles de Text Options e Watermark Effects formatam o texto (**Figura 41d**).

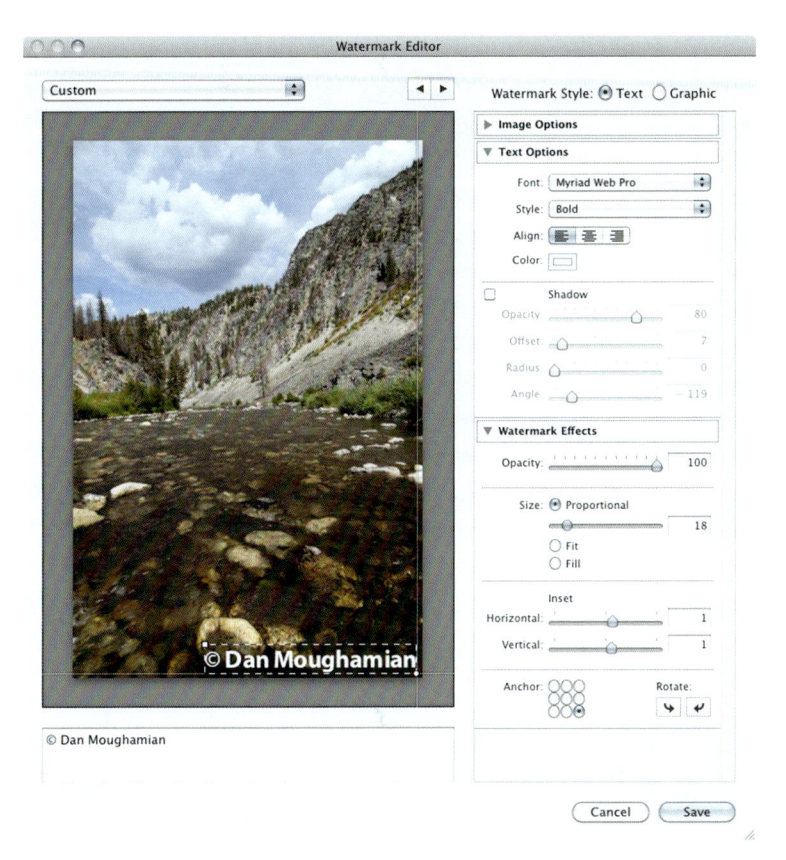

Figura 41d É muito fácil aplicar marcas d'água de texto no Lightroom 3 usando o campo de texto e os controles de texto do Watermark Editor.

Por padrão, vai ser adicionada uma sombra projetada na marca d'água de texto. Quatro configurações controlam a aparência das sombras projetadas:

- **Opacity** – Controla o quanto a sombra é clara ou escura
- **Offset** – Controla a distância da sombra em relação ao texto
- **Radius** – Controla o quanto a margem da sombra é suave ou definida
- **Angle** – Controla o ângulo da fonte de luz simulada

Símbolos especiais

Você pode inserir alguns símbolos especiais utilizando combinações de tecla. As três primeiras empregam convenções de teclado do Mac OS e as três últimas usam convenções do Windows. Elas devem funcionar na maioria dos sistemas de teclado ocidentais.

- Símbolo de direitos autorais © (Mac): Mantenha a tecla Alt pressionada e digite G.
- Símbolo de marca comercial ™ (Mac): Mantenha a tecla Alt pressionada e digite 2.
- Símbolo de marca registrada ® (Mac): Mantenha a tecla Alt pressionada e digite R.
- Símbolo de direitos autorais © (Windows): Mantenha a tecla Alt pressionada e use o teclado numérico para digitar 0169 (certifique-se de que a tecla Number Lock esteja ativa).
- Símbolo de marca comercial ™ (Windows): Mantenha a tecla Alt pressionada e use o teclado numérico para digitar 0153.
- Símbolo de marca registrada ® (Windows): Mantenha a tecla Alt pressionada e use o teclado numérico para digitar 0174.

Os resultados do uso de uma sombra de texto aparecem na **Figura 41e**.

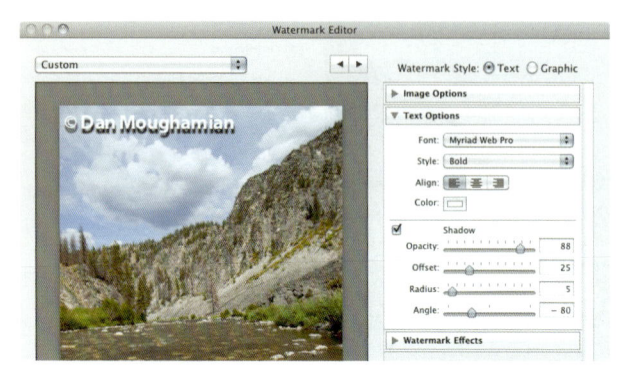

Figura 41e Sombras projetadas são facilmente aplicadas em marcas d'água de texto no Watermark Editor.

Usando configurações de marca d'água predefinidas

Para reutilizar um logotipo ou uma marca d'água de texto específica em várias imagens, clique no menu pop-up na parte superior do Watermark Editor e escolha Save Current Settings as New Preset (**Figura 41f**). O mesmo menu pop-up pode ser usado para excluir ou renomear uma configuração predefinida.

Figura 41f Use o menu pop-up do Watermark Editor para salvar sua marca d'água personalizada como uma configuração predefinida.

Se precisar modificar uma configuração predefinida já existente, escolha-a no menu pop-up, altere suas configurações e escolha Update Preset (**Figura 41g**).

Figura 41g O menu pop-up também pode ser utilizado para excluir, renomear e atualizar configurações predefinidas já existentes.

42 Refinando layouts de apresentação de slides

As apresentações de slides podem ser uma das maneiras mais eficientes (e divertidas) de impressionar um cliente. Nesta dica, pegaremos o layout de apresentação de slides do Lightroom e faremos alguns ajustes a fim de que tenha uma aparência mais personalizada. O importante a ser lembrado nas apresentações de slides é que, embora seja possível adicionar todos os tipos de elementos gráficos extras e efeitos, em última análise estamos tratando com imagens e não com o fundo que as acompanha. Menos frequentemente é mais.

Configuração da apresentação de slides

O primeiro passo é certificar-se de ter diversas fotos para compor a apresentação de slides. Esse passo pode ser feito de várias maneiras.

- Selecione uma série de imagens no modo de exibição Grid do módulo Library e, em seguida, abra o módulo Slideshow. As imagens aparecem no Filmstrip.

- Crie uma coleção de fotos e abra o módulo Slideshow. Abra o painel Collections e escolha sua coleção. As imagens aparecem no Filmstrip.

- Vá diretamente ao módulo Slideshow sem quaisquer imagens selecionadas (ou colecionadas), use o Filmstrip para selecionar um grupo de imagens.

Eu prefiro o segundo método, pois qualquer tipo de coleção é uma entidade mais fácil de manter e modificar do que uma seleção de fotos temporária. Em seguida, certifique-se de que a opção Default esteja selecionada no Template Browser (**Figura 42a**).

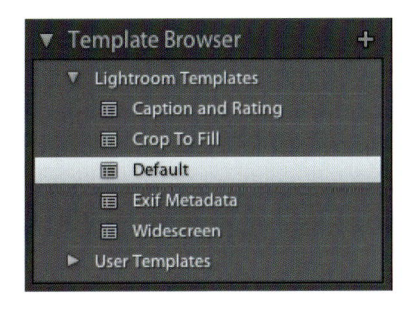

Figura 42a Uma vez que uma seleção ou uma coleção de imagens esteja ativa no módulo Slideshow, iniciar com o modelo Default fornece um "novo começo" para a criação de apresentações de slides.

Opções de apresentação de slides

Para começar a personalizar o layout de apresentação de slides, abra o painel Options e desmarque Zoom to Fill Frame. Deixar essa opção selecionada vai preencher todo o quadro da apresentação de slides, ampliando a visualização de cada imagem para se ajustar. Isso frequentemente causa cortes indesejados, em especial no caso de fotos que utilizam a orientação vertical.

Em seguida, clique na opção Stroke Border, escolha uma largura entre 2 e 5 pixels e mude a cor do traço para cinza-claro ou branco. Isso vai contrastar bem com o fundo escuro do modelo Default. Por fim, desmarque Cast Shadow, pois vai ser difícil, se não impossível, ver uma sombra projetada contra um fundo escuro. Os resultados aparecem na **Figura 42b**.

Figura 42b As opções de apresentação de slides garantem que suas fotos não sejam cortadas desnecessariamente e podem criam pontos de contraste entre a foto e o fundo.

Layout da apresentação de slides

O painel Layout do módulo Slideshow controla apenas as margens. Basta mover um dos controles deslizantes para a esquerda a fim de diminuir um pouco o valor da margem, a fim de que se possa utilizar uma parte maior do espaço disponível. Como os valores são vinculados por padrão, mover um controle deslizante deslocará todos eles por uma quantidade igual. Para desvinculá-los, desative o widget Link All. Os resultados do layout são mostrados na **Figura 42c**.

Figura 42c Os controles de layout da apresentação de slides modificam apenas os valores de margem.

Informações adicionais de apresentação de slides

O painel Overlays controla vários efeitos visuais e informações que podem ser incluídos em cada slide durante a execução.

1. Desmarque a opção Identity Plate.

   Identity Plate é um recurso que permite adicionar um emblema ou um pequeno texto tipo marca d'água em sua apresentação de slides. As principais diferenças entre as lâminas de identidade e as marcas d'água é que as primeiras ficam em cima do espaço vazio na apresentação de slides (e não na foto em si) e são automaticamente ancoradas na parte superior esquerda da tela de desenho. Contudo, como há um controle limitado sobre a aparência e o posicionamento das lâminas de identidade, eu utilizo marcas d'água quando quero que os observadores vejam meus direitos autorais ou o nome da empresa.

2. Clique na opção Watermarking para ativar a marca d'água. Pode-se usar o menu pop-up para escolher configurações predefinidas personalizadas (consulte a Dica 41).

3. Desative Ratings Stars e Text Overlays. A menos que um cliente peça para ver informações específicas com as imagens, adicionar entrada visual irrelevante em uma apresentação de slides vai tirar a atenção das fotografias. As configurações do painel Overlays aparecem na **Figura 42d**.

Adobe Digital Imaging How-Tos

Escolhendo cores

Por todo o livro, você vai notar referências a *"caixas de cor"* ou *"transições de cor"*. Basicamente, eles são pequenos quadrados ou retângulos que exibem uma só cor e, quando você clica neles, abre um dos selecionadores de cor da Adobe. Cada um vai ser diferente, dependendo do aplicativo que estiver sendo usado, mas todos têm o mesmo objetivo: proporcionar um modo de escolher uma cor para o efeito ou estilo designado.

Figura 42d Limitar os "extras visuais" a apenas uma marca d'água simples (ou a uma lâmina de identidade, se preferir) pode ajudar a manter os observadores atentos às fotografias.

Fundo da apresentação de slides

O painel Backdrop (**Figura 42e**) permite criar diferentes tipos de contraste visual entre sua fotografia (o primeiro plano) e o fundo.

Figura 42e O painel Backdrop fornece ferramentas úteis para criar contraste entre a fotografia e o fundo. O item Color Wash cria um efeito de gradiente sutil.

Capítulo 3: Dicas de saída do Lightroom 3

1. Certifique-se de que as opções de imagem de fundo (*background image*) e de cor de fundo estejam desmarcadas e de que a opção Color Wash esteja selecionada.

   A *lavagem de cores* (*color wash*) cria um pano de fundo em degradê para sua fotografia, o qual pode dar um toque de estilo na apresentação sem tirar a atenção da foto. O modo mais fácil de vê-lo é clicando na caixa ou transições de cores (diretamente oposto à opção Color Wash) e selecionar um matiz de luz cinza com a ferramenta Eyedropper.

2. Se quiser adicionar um tom cinza ao degradê, arraste o controle deslizante de saturação (localizado acima da palavra "HEX") ligeiramente para cima, para ver uma barra de cores e, mais uma vez, escolha o valor de matiz e tom com a ferramenta Eyedropper (**Figura 42f**). Aqui foi escolhido um leve tom violeta-azulado para criar uma tonalidade colorida sutil.

Figura 42f A opção Color Wash permite escolher um tom de cinza ou um matiz colorido para personalizar a aparência do fundo em gradiente.

3. Use os controles de Angle para ajustar o ângulo do degradê. Para criar um degradê sutil de cima para baixo com o tom ou matiz escolhido como base, configure esse valor como –90.

4. Use o controle deslizante de Opacity para fazer o degradê desaparecer gradualmente, misturando-se com o fundo preto padrão. O degradê final aparece na **Figura 42g**.

As cores podem atrapalhar

De modo geral, é bom evitar o uso de uma cor saturada, pois áreas de cor intensa próximas a uma foto podem alterar a percepção das cores dessa foto.

Figura 42g Fundo em degradê podem acrescentar um componente de estilo e contraste.

Títulos de apresentação de slides

Para criar uma tela de introdução e uma de conclusão, selecione as opções Intro Screen e End Screen. Isso ativa os controles de Identity Plate no painel (**Figura 42h**).

Figura 42h O Lightroom fornece controles de Identity Plate para criar uma tela de introdução e uma de conclusão para apresentações de slides.

As duas lâminas de identidade são editadas com poucos passos.

1. Clique e mantenha o botão do mouse pressionado no pequeno triângulo mostrado na visualização de Identity Plate e escolha Edit no menu pop-up. Isso abre o Identity Plate Editor (**Figura 42i**). Assim como o Watermark Editor, discutido anteriormente no capítulo, o Identity Plate Editor define se a lâmina usa texto ou elementos gráficos. O editor fornece controles de fonte básicos, como tipo de fonte, tamanho e cor (**Figura 42j**). Se o texto for cortado, você pode aumentar o tamanho da caixa de diálogo.

Aviso

Selecione ou exclua o texto padrão antes de alterar configurações de fonte.

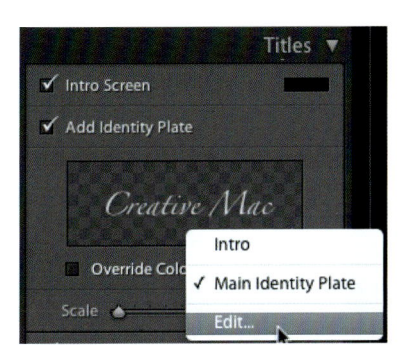

Figura 42i A lâmina de identidade padrão pode ser personalizada escolhendo-se Edit no menu pop-up de Identity Plate Preview.

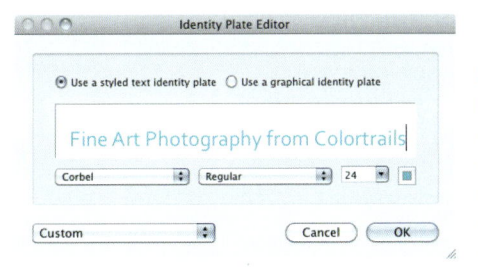

Figura 42j O Identity Plate Editor permite criar lâminas de texto diretamente ou adicionar lâminas gráficas a partir de sua unidade de disco rígido.

2. Para salvar uma nova lâmina com uma configuração predefinida, use o menu pop-up Custom mostrado na Figura 42j, escolha Save As e dê um nome para a lâmina.

3. Clique em OK para adicionar a nova lâmina à apresentação de slides e visualizá-la.

4. Arraste o controle deslizante de Scale para a direita a fim de aumentar o tamanho do texto (**Figura 42k**).

Figura 42k Lâminas de identidade personalizadas para introduções e conclusões são facilmente criadas.

5. Para mudar a cor do texto da introdução ou da conclusão sem reabrir o Identity Plate Editor, clique na opção Override Color.

6. Clique na caixa de cores para visualizar a lâmina e selecionar uma nova cor (**Figura 42l**).

Figura 42l A cor do texto da lâmina de identidade na introdução ou na conclusão pode ser sobreposta utilizando-se o controle Override Color.

43 Duração e transições de slide

O painel Playback fornece várias opções para personalizar ainda mais as apresentações de slides, incluindo um controle simples que permite escolher um arquivo de música em sua unidade de disco rígido para ser usado como trilha sonora, assim como opções para exibir fotos em ordem aleatória e a repetição ou não de uma apresentação terminada. Contudo, as opções de reprodução mais importantes (e aquelas que também afetam a aparência da apresentação de slides) são os controles de Slide Duration (**Figura 43**).

Figura 43 Os controles de Slide Duration permitem configurar rapidamente o tempo da exibição de cada slide (incluindo a duração da transição) e também a opção de definir uma cor como parte da transição padrão.

Controle de Slides – Define quanto tempo, em segundos, cada fotografia aparece integralmente (sem levar em consideração a transição entre as fotos).

Controle de Fades – Define quanto tempo, em segundos, demora para que uma foto se "misture" na seguinte como parte da transição.

Opção Color – Define a cor de fundo mostrada no ponto central em cada transição de slide.

44 Exporte apresentações de slides como vídeo

Uma novidade do Lightroom 3 é a capacidade de criar um arquivo de vídeo autossuficiente a partir de uma apresentação de slides, permitindo o fácil compartilhamento de apresentações de slides online e em outros lugares. Depois de personalizar e testar uma apresentação de slides por meio da reprodução, exporte-a clicando no botão Export Video, na parte inferior do grupo de painéis à esquerda.

Essa ação abre uma caixa de diálogo de sistema contendo um único menu pop-up para se escolher o tamanho do vídeo, chamado Video Preset. À medida que você escolhe cada opção de tamanho, uma descrição de seu propósito aparece abaixo do menu pop-up (**Figura 44**). Para exportar, escolha um nome de arquivo, o local de salvamento e a resolução de vídeo e, em seguida, clique em Export para criar arquivos MP4 que podem ser incorporados em sites ou gravados em DVD.

Figura 44 Exportar apresentações de slides a partir do Lightroom 3 é um processo muito simples e intuitivo.

45 Cópias de contato rápidas

O recurso Contact Sheet do Lightroom 3 está localizado no módulo Print. Assim como na apresentação de slides, a preparação para criar uma cópia de contato é simples:

1. Crie uma coleção de fotos para sua cópia. Quando essas imagens são selecionadas a partir do painel Collections no módulo Print, elas aparecem no Filmstrip. Assim como nas apresentações de slides, também é possível usar seleções manuais a partir do módulo Library ou usar o Filmstrip e seu menu pop-up no módulo Print, semelhante aos passos descritos na Dica 42. Abra o módulo Print.

2. Certifique-se de que a opção Single Image/Contact Sheet esteja selecionada no painel Layout Style (ela deve estar ativa por padrão).

3. Abra o painel Template Browser e escolha 4×5 Contact Sheet ou 5×8 Contact Sheet como ponto de partida. Os nomes de modelo se referem ao número de colunas e linhas a serem impressas em uma única folha de papel.

Painel Layout

O painel Layout fornece opções para garantir que todas as miniaturas ou "células" da cópia de contato sejam dimensionadas e espaçadas de modo a utilizar ao máximo o tamanho do papel, ao passo que também garante que as miniaturas sejam grandes o bastante para serem avaliadas após a impressão (**Figura 45a**).

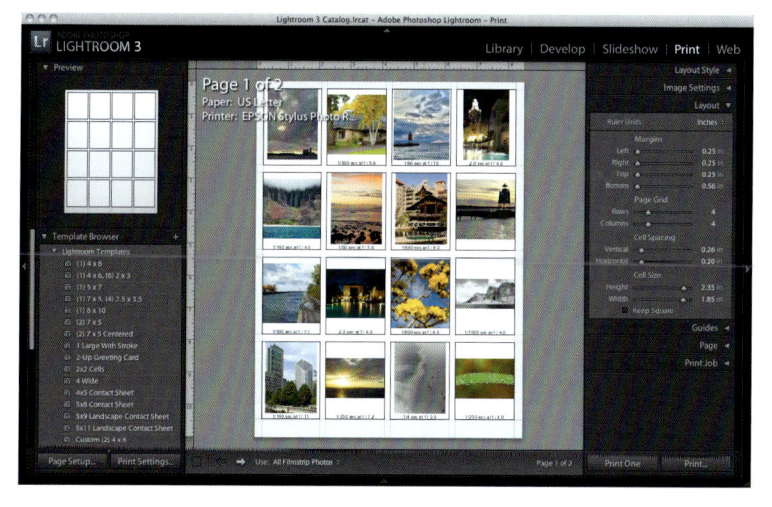

Figura 45a O painel Layout é um bom lugar para começar a personalizar uma cópia de contato.

Mantenha simples

A não ser nos casos em que você esteja preparando cópias de contato para terceiros (situações nas quais pode não estar claro de quem são as fotos ou quem as tirou), normalmente é suficiente manter as marcas extras e informações em um mínimo e usar apenas a opção Photo Info.

Margins – Use esses controles para definir a quantidade de espaço deixado entre a margem do papel e as margens externas das miniaturas. Se quiser maximizar o espaço disponível, deixe-os nas configurações padrão.

Page Grid – Lance mão desses dois controles deslizantes para definir o número de linhas e colunas a serem impressas. Quanto mais linhas e colunas, menor será cada miniatura impressa. Geralmente, considero o arranjo 4×4 (16 fotos) um bom compromisso entre a quantidade de imagens e o tamanho da miniatura.

Cell Spacing – Utilize esses controles para determinar a quantidade de espaço vazio deixado entre as células em miniatura. Eles trabalham acoplados com os controles deslizantes de Cell Size – alterar um conjunto de valores vai ter impacto no outro. Se já estiver ativada, experimente desmarcar a opção Keep Square sob Cell Size e configurar um valor de Cell Spacing em torno de 20 polegadas. Isso deve maximizar o tamanho de fotos com orientação vertical, ao passo que mantém o espaçamento visual entre as miniaturas.

Painel Page

O painel Page fornece diversas opções para definir marcas de página, cores e informações que vão ser impressas junto com as miniaturas. As opções incluem Page Background Color, Identity Plate, Watermarking, Page Numbering, Page Info, Crop Marks e Photo Info (**Figura 45b**).

Figura 45b O painel Page permite aplicar dados de direitos de cópia e outras informações úteis na cópia de contato.

Capítulo 3: Dicas de saída do Lightroom 3

Para utilizar a opção Photo Info, clique na caixa de seleção Photo Info e escolha um tipo de informação no menu pop-up. Neste exemplo, Exposure info foi escolhida e está refletida debaixo de cada foto. Também é possível ajustar o tamanho da fonte.

Painel Print Job

Quando uma cópia de contato estiver pronta para ser impressa, o painel Print Job é a parada final antes de se definir as opções de Page Setup e as configurações de impressão. A primeira coisa que você talvez queira fazer é desativar a opção Draft Mode Printing. Isso permite configurar opções para Print Resolution, Print Sharpening, Media Type, Bit Depth e Color Management (**Figura 45c**).

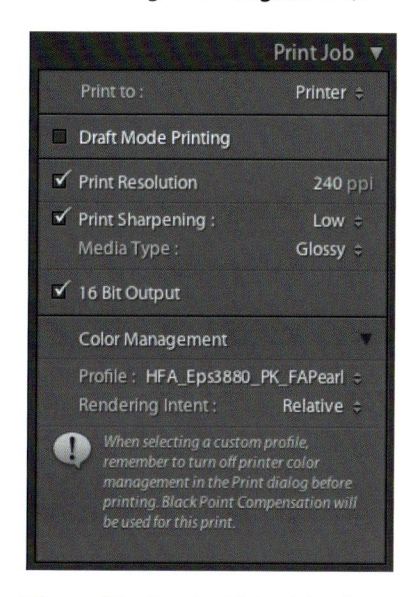

Figura 45c O painel Print Job oferece várias opções para otimizar a qualidade da impressão.

Print Resolution – Deve ter como padrão a resolução nativa de suas imagens. Por exemplo, a resolução nativa de todas as minhas Nikon DSLRs é 240ppi (pixels por polegada). De modo geral, deve-se deixar a configuração padrão intacta, a não ser que existam instruções especiais no manual de sua impressora ou de outra fonte para alterá-la para uma configuração mais adequada, baseada na própria impressora.

Configurações da impressora

Quando usar um perfil de cor personalizado, certifique-se de desativar a opção de gerenciamento de cores no software do driver de sua impressora.

Print Sharpening – Aplica nitidez extra no final de qualquer fluxo de trabalho de fotografia digital para melhorar o contraste local na saída impressa. O controle Low ou Standard deve bastar para a maioria das imagens. Se ainda não conseguir uma saída nítida com essas configurações, talvez você queira reavaliar as configurações de Capture Sharpening no painel Detail, assim como a quantidade de redução de ruído de luminosidade. Esses valores podem afetar a nitidez da impressão.

Media Type – Define se você vai imprimir em papel fosco ou brilhante. Para tipos "intermediários", como acabamentos perolados ou semigloss, escolha a opção Glossy.

16-bit Output – Ajuda a manter detalhes coloridos e tonais sutis na impressão de arquivos nativos ou arquivos DNG. Embora nem sempre se possa notar a diferença, não causa dano algum deixar essa opção selecionada para imagens maiores do que 8 bits, supondo que sua impressora suporte dados de 16 bits. Para imagens JPEG, pode-se deixar essa opção desmarcada seguramente e não ter qualquer prejuízo na qualidade. Observe que escolher essa opção tende a aumentar um pouco o tempo de impressão.

Color Management – Permite definir um perfil de cor e intenção de renderização, de acordo com o driver de sua impressora. Escolha um perfil que seja específico não somente para sua impressora, mas para o papel que estiver usando (em geral eles podem ser baixados dos sites do fabricante do papel).

Rendering Intent – Possibilita escolher o estilo de renderização Perceptual ou Relative (Colorimetric). O padrão (Perceptual) com frequência produz resultados satisfatórios para a maioria das imagens. Se encontrar alterações de cor ligeiramente perceptíveis ou outras anomalias, experimente a opção Relative e compare os dois resultados impressos.

46 Pacotes de fotos personalizados

Os pacotes de fotos são uma maneira conveniente para os fotógrafos criarem várias impressões de diferentes tamanhos em uma única folha de papel. Para criar um pacote de impressão personalizado, escolha novamente sua coleção de imagens e clique em Custom Package no painel Layout Style.

Começar com uma tela de desenho vazia (**Figura 46a**) oferece a maioria das opções. Portanto, se a tela de desenho não estiver vazia, clique em qualquer uma das caixas para selecioná-las e destacá-las e, em seguida, pressione a tecla Delete para removê-las.

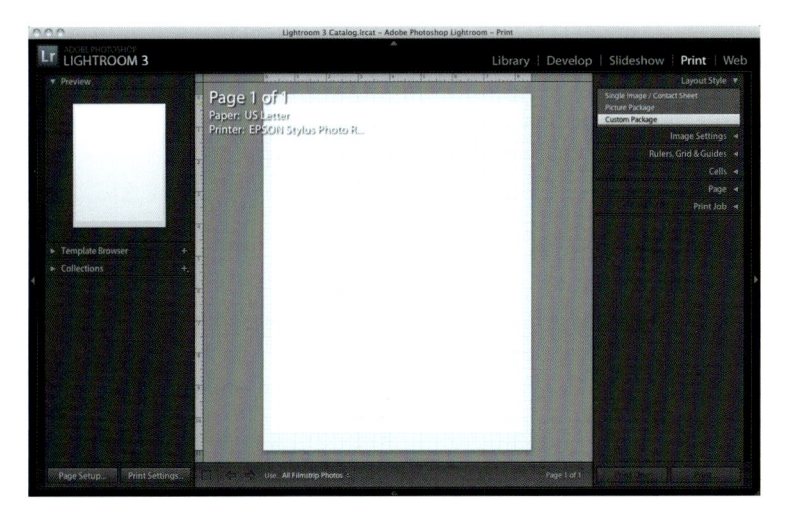

Figura 46a Inicie seu pacote de fotos personalizado com uma tela de desenho vazia para ter o máximo de opções possível ao começar a adicionar células.

Painel Rulers, Grid & Guides

Para configurar um layout personalizado para um pacote de fotos rapidamente, abra o painel Rulers, Grid & Guides e certifique-se de que a opção Grid Snap esteja configurada como Grid. Isso garante que, quando as células de imagem forem movidas, elas se prendam à linha de grade mais próxima, tornando o alinhamento muito mais rápido. As configurações desse painel aparecem na **Figura 46b**.

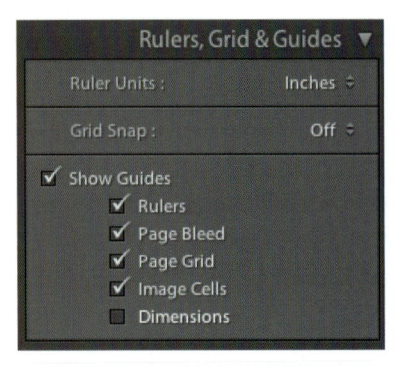

Figura 46b Prender em guias e na grade pode ajudar a organizar um pacote de fotos personalizado rapidamente.

Painel Cells

Ao se criar pacotes de fotos personalizados, a maior parte da personalização e do trabalho é feita no painel Cells. Você pode considerar as células como espaços reservados para uma imagem. O painel Cells fornece vários controles para adicionar células de imagem de diferentes tamanhos na tela de desenho.

1. Adicione quatro ou cinco células de imagem de tamanho padrão, clicando nos botões correspondentes aos tamanhos desejados (**Figura 46c**).

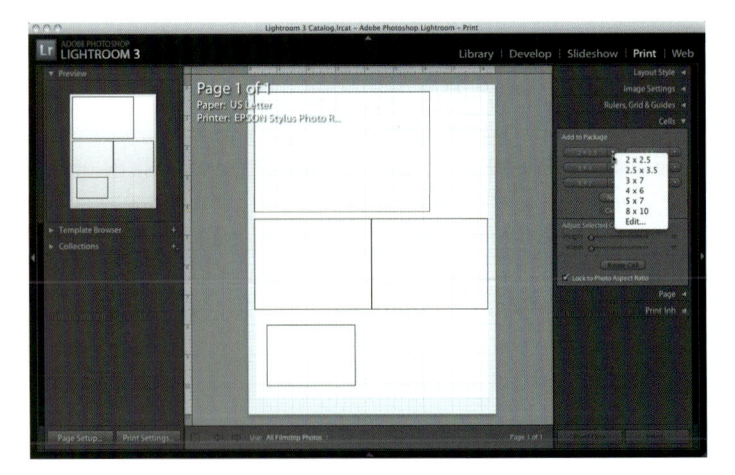

Figura 46c Clique nos botões de célula para adicionar novas células no layout.

Observe que cada botão de célula tem dois segmentos (destacados em bege aqui, para delinear cada um – esses controles não estão presentes no Lightroom). Clique no lado esquerdo de cada botão de célula para adicionar uma célula desse tamanho [5x7 ▼] ou clique no lado direito para escolher um novo tamanho ou definir um tamanho personalizado [5x7 ▼].

Após acrescentar as primeiras células, ajuste sua orientação e posição antes de adicionar outras. Se você tentar acrescentar mais células do que a folha pode conter em suas orientações e posições padrão, o Lightroom vai adicionar uma nova página em seu pacote de fotos personalizado (mais informações sobre isso em breve).

2. Gire uma célula clicando nela uma vez para selecioná-la e, em seguida, clicando no botão Rotate Cell [Rotate Cell]. Isso gira a célula por 180 graus.

3. Mova uma célula arrastando-a até o local desejado; use a grade como ajuda para alinhar as margens das células (**Figura 46d**).

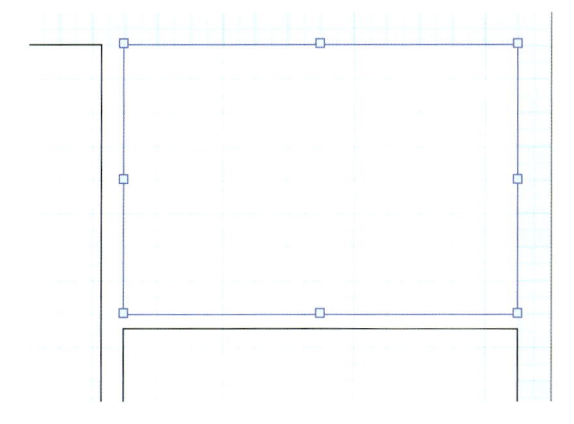

Figura 46d Gire e mova células de imagem para maximizar o espaço disponível no layout.

4. Redimensione uma célula selecionando-a, mantendo a tecla Shift pressionada (isso vai manter suas proporções) e então arrastando um canto da célula para redimensioná-la (**Figura 46e**). Esse procedimento pode ser útil caso haja um ajuste apertado entre as células e a margem da página.

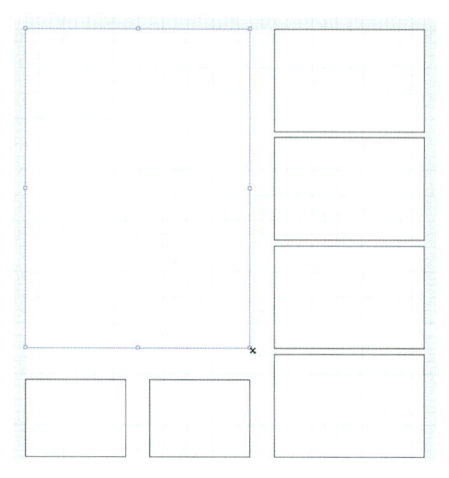

Figura 46e Redimensione células de imagem enquanto mantém suas proporções ao alinhá-las e espaçá-las, para que as impressões do pacote pronto possam ser cortadas sem eliminar partes das fotos.

5. Para acrescentar mais uma página e iniciar um novo layout personalizado, clique no botão New Page.

   Vai aparecer uma nova página ao lado da original (**Figura 46f**).

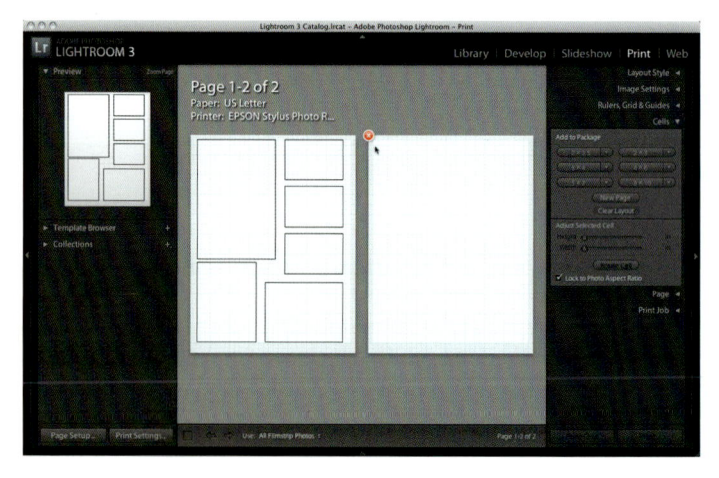

Figura 46f Várias páginas podem ser adicionadas nos layouts de pacotes personalizados.

Lembre-se de que a aparência final da folha do pacote impresso não é realmente importante. O que importa mais é a eficiência com que o layout personalizado permite cortar as impressões sem desperdício de papel. Preste atenção às margens de suas fotos; alinhe-as quando possível. A **Figura 46g** mostra um layout personalizado com várias margens de célula alinhadas e a orientação da página definida como Landscape usando-se o botão Page Setup **Page Setup...**, localizado na parte inferior do grupo de painéis da esquerda.

6. Clique no botão Clear Layout **Clear Layout** para começar de novo. Às vezes, o Lightroom acrescenta mais uma página quando a última célula adicionada é um pouco grande demais para caber. Se isso acontecer, pode-se arrastar a nova célula para a página original e clicar no **x** vermelho da nova página, para excluí-la.

7. O último passo é soltar as fotografias em suas respectivas células. Para isso, basta arrastá-las uma por vez do Filmstrip para a célula (**Figura 46g**).

Lembre-se de combinar a orientação das fotos com a orientação das células para não cortar as fotos nem causar rotação de célula indesejada. O Lightroom corta e gira as fotos automaticamente para encaixar aquelas cuja orientação não corresponde à da célula em que são inseridas.

Figura 46g Preencha as células de imagem arrastando e soltando fotos individuais diretamente do Filmstrip.

47 Galerias Airtight para a Web

O módulo Web do Lightroom vem com três tipos de galerias para a Web que podem ser construídas para uma coleção de fotos: galerias Airtight Interactive, galerias Flash e galerias HTML. Esta dica vai abordar brevemente os três tipos de galerias Airtight Interactive, as quais utilizam uma combinação de HTML e JavaScript para proporcionar elegância e interatividade extra no design de uma galeria.

Para configurar qualquer uma das galerias para a Web, abra o módulo Web, clique no tipo de galeria que deseja criar no painel Layout Style e escolha uma coleção de fotos no painel Collections.

Airtight AutoViewer

O modelo de galeria Airtight AutoViewer cria uma página Web em que suas fotos podem rolar (por meio de reprodução automática ou de cliques manuais), sem exigir a barra de rolagem do navegador. Pode-se considerar o fundo da página como um "cenário" contendo uma apresentação contínua de suas fotos, como em um filmstrip. Quando se clica, uma nova foto entra a partir da direita e desaparece à esquerda, à medida que você clica e vê novas fotos (**Figura 47a**).

Figura 47a A galeria Airtight AutoViewer utiliza HTML e JavaScript para criar um "cenário" simulado em que uma apresentação do tipo filmstrip se move pela tela.

Opções de formatação para a galeria Airtight AutoViewer permitem personalizar as cores de fundo e de borda, ajustar o preenchimento entre as imagens, aplicar informações de rótulo, modificar as dimensões (margem longa) e a qualidade (JPEG) e determinar se vão ser aplicadas marcas d'água ou nitidez de tela nas fotos (**Figura 47b**).

Uma palavra sobre galerias HTML

Como não oferecem o mesmo nível de estilização e interatividade das galerias Airtight e Flash existentes no Lightroom 3, as galerias HTML não são abordadas neste livro. Contudo, elas são uma opção viável, especialmente se quiser que os mecanismos de busca possam descobrir sua galeria e qualquer cópia ou informação relevante que possa adicionar.

Capítulo 3: Dicas de saída do Lightroom 3

Figura 47b As opções de formatação para a galeria Airtight AutoViewer são relativamente escassas e simples, concentrando-se principalmente nas bordas e nas opções de preenchimento.

Airtight PostcardViewer

O modelo de galeria Airtight PostcardViewer também utiliza truques de script para criar uma pilha de "cartões postais" simulados dispostos na página Web, de forma muito parecida a como slides são dispostos em uma caixa de luz (**Figura 47c**).

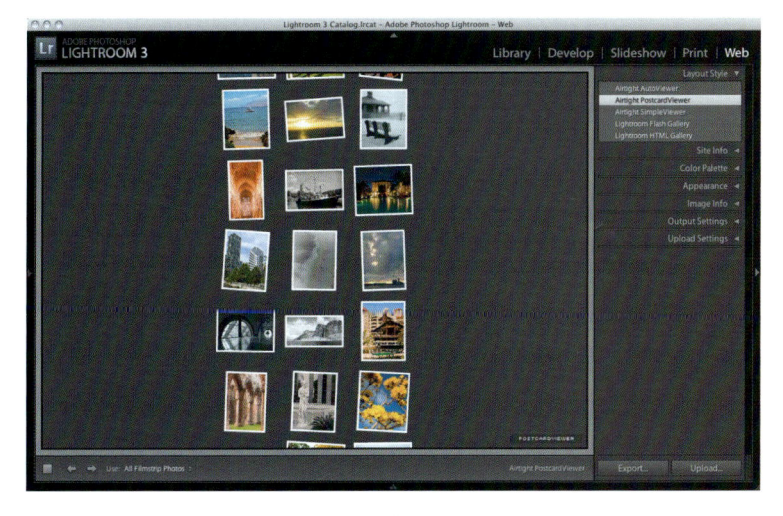

Figura 47c A galeria Airtight PostcardViewer.

Recalculando visualizações

Sempre que você modifica uma das configurações nos painéis Color Palette, Appearance, Image Info ou Output Settings, o Lightroom recalcula a aparência da galeria inteira. Isso pode levar de vários segundos a um minuto ou dois, dependendo de seu hardware, e vale para todas as galerias do módulo Web.

Adobe Digital Imaging How-Tos

Basta clicar em uma foto e o visualizador a amplia (**Figura 47d**). Clique novamente na miniatura ou em um espaço vazio para retornar.

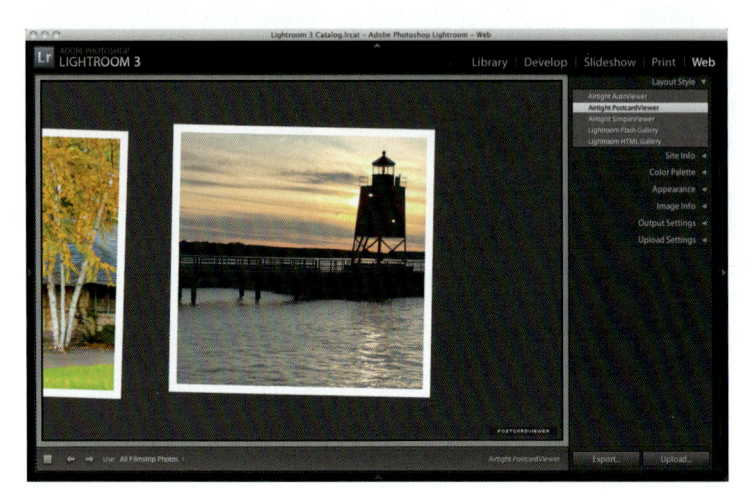

Figura 47d Para "ampliar" uma foto em uma galeria Airtight Postcard-Viewer, clique em uma imagem; para afastar, clique na imagem uma segunda vez ou clique em uma área vazia.

Quando formatar uma galeria Airtight PostcardViewer, use o painel Appearance para definir o número de colunas de imagem, assim como para controlar o tamanho das miniaturas e das fotos ampliadas (**Figura 47e**).

Figura 47e Use o painel Appearance do Airtight PostcardViewer para garantir que o máximo de miniaturas possível fiquem visíveis na página.

Assim como na galeria Airtight AutoViewer, pode-se usar os painéis Image Info e Output Settings para aplicar informações, como legendas e configurações, tamanho da imagem (margem longa) e qualidade (JPEG).

Airtight SimpleViewer

O modelo de galeria Airtight SimpleViewer é mais parecido com um formato de galeria HTML tradicional, com uma grade de pequenas miniaturas colocadas ao lado de uma visualização grande da foto atual (ou ativa). Basta clicar em qualquer miniatura para obter uma visualização maior dessa imagem. A principal vantagem desse modelo é a utilização de um espaço muito pequeno para transmitir um volume de informações relativamente grande sobre suas fotos (**Figura 47f**).

Carregando
Para todas as galerias do módulo Web, você precisa fornecer suas próprias informações de FTP ou login (por meio do painel Upload Settings), para que o Lightroom 3 mova os arquivos de sua unidade de disco local para o local de seu servidor. Use o menu pop-up FTP Server para abrir a caixa de diálogo Configure FTP

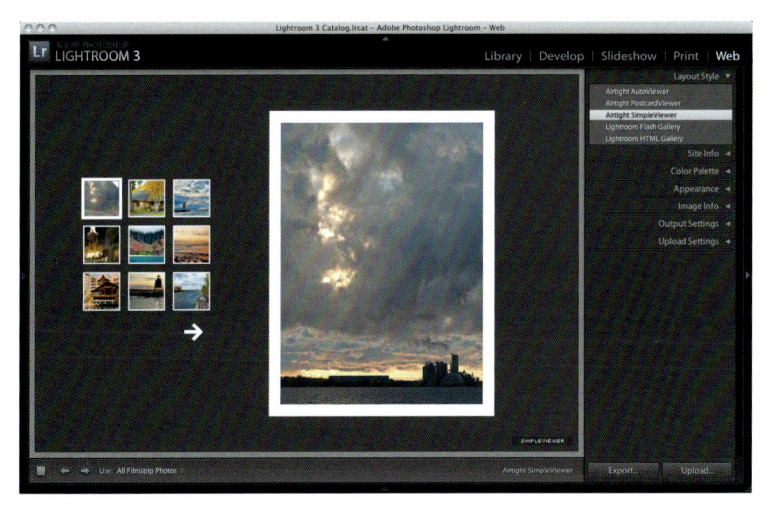

Figura 47f A galeria SimpleViewer parece uma galeria HTML tradicional, usando uma combinação de miniaturas e uma visualização grande para se ver as fotografias.

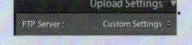

As opções de formatação para personalizar o layout da galeria Airtight SimpleViewer são semelhantes àquelas utilizadas nas outras galerias Airtight. As principais preocupações são garantir que a visualização grande seja suficiente para ajudar as pessoas a avaliar a imagem e definir o número de miniaturas (controlando o número de linhas e colunas no painel Appearance), para que o conteúdo do "cenário" seja visualmente equilibrado (**Figura 47g**). Ajustar as configurações de Photo Borders e Padding também pode ajudar a alinhar um pouco as coisas.

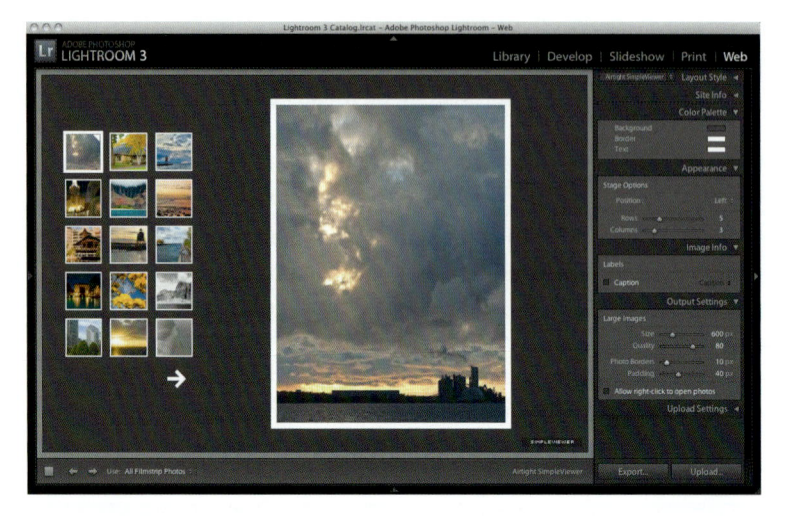

Figura 47g Os controles de formatação mais importantes da galeria Airtight SimpleViewer são as configurações de Size, Photo Borders e Padding (painel Output Settings) e as opções de Stage (painel Appearance). Elas ajudam a equilibrar a aparência da página.

48 Galeria Flash do Lightroom

Para quem não conhece o Flash, trata-se de uma tecnologia da Adobe projetada para adicionar mídia elaborada e interatividade na Web e em aplicativos Web. Isso o torna muito adequado para galerias de fotos. Para começar a usar galerias Flash no Lightroom, clique na opção Lightroom Flash Gallery do painel Layout Style. Esse procedimento abre o modelo para a Web Flash Gallery (padrão) no painel Templates. O modelo padrão utiliza um layout estilo filmstrip que inclui uma lista rolante de miniaturas, uma área de visualização grande, um cabeçalho de página e controles simples para ver as fotos (**Figura 48a**).

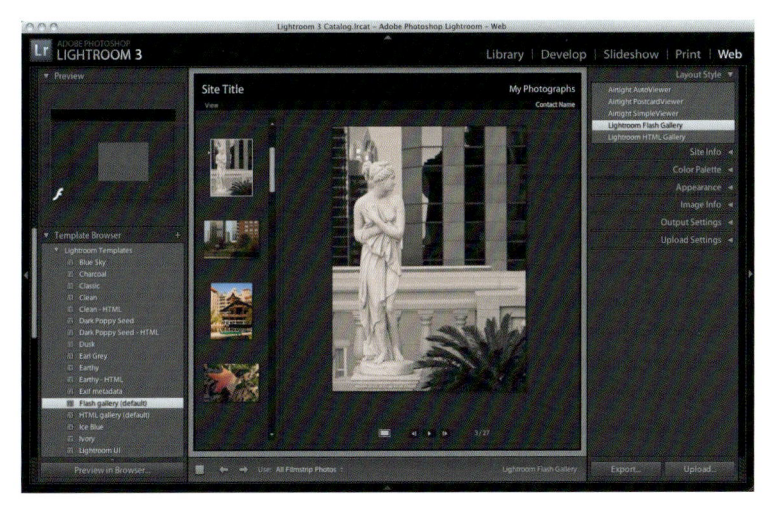

Figura 48a O modelo Flash Gallery padrão fornece um design de filmstrip e visualização simples que pode ser personalizado com a aparência desejada.

Existem mais modelos Flash que podem ser acessados no painel Template Browser. Certifique-se de que o painel Preview também esteja aberto e coloque o cursor sobre o nome de cada modelo no navegador para ver se é um design baseado em Flash ou em HTML. Todo modelo baseado em Flash exibe o logotipo do Flash no canto inferior esquerdo (**Figura 48b**).

Logotipo do Flash

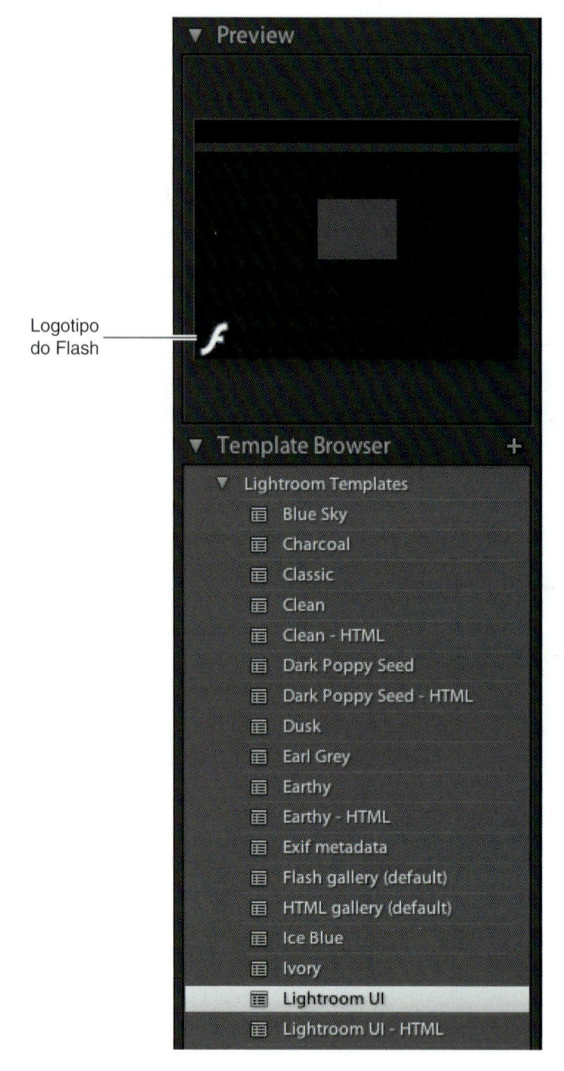

Figura 48b Use os painéis Template Browser e Preview para examinar os diferentes modelos Flash. Os designs baseados em Flash exibem o logotipo do Flash na parte inferior do painel Preview.

Para os casos em que dois modelos utilizam o mesmo nome, mas um tem o sufixo "– HTML", você pode supor que seu "gêmeo" usa tecnologia Flash. Para o restante dos modelos, você deve usar a visualização para ter certeza.

Galerias rolantes

Conforme mencionado, o modelo Flash padrão utiliza um layout estilo filmstrip, com miniaturas que rolam para baixo no lado esquerdo da página. Contudo, existem outras variações sobre esse tema, como o modelo "Lightroom UI", que emprega matizes cinza-escuro, uma visualização de foto maior e uma faixa de miniaturas na parte inferior da tela (**Figura 48c**)

Figura 48c O modelo Lightroom UI usa Flash para criar um layout que lembra a interface de usuário do Lightroom.

Assim como as galerias Airtight, as galerias Flash também têm várias opções de formatação, mas existem mais controles por painel. Também semelhante às galerias Airtight, quando se altera qualquer uma dessas configurações, o Lightroom recalcula a aparência do layout dinamicamente, de modo que as mudanças podem levar alguns segundos para aparecer.

Painel Site Info – Fornece opções para adicionar um título para a página Web, informações sobre a coleção e sobre as fotos que estão sendo utilizadas e informações de contato do fotógrafo (**Figura 48d**).

Figura 48d O painel Site Info contém opções para adicionar várias informações úteis em sua galeria Flash.

Painel Color Palette – Disponibiliza várias opções para modificar as cores de um modelo Flash, incluindo: três níveis de texto, cores de menu e cabeçalho, cores de fundo e de borda da página, e cores de controladores (como botões, barras de ferramentas, etc.). Essas opções aparecem na **Figura 48e**.

Figura 48e O painel Color Palette permite personalizar as cores da galeria.

Painel Appearance – Define o tamanho da visualização principal ou da imagem grande e das imagens em miniatura, e também adiciona uma lâmina de identidade, se necessário. Aqui, o tamanho das miniaturas foi ampliado para Large (**Figura 48f**). Também existe um controle Layout que altera o layout das miniaturas, discutido na seção "Galerias paginadas".

Figura 48f O painel Appearance é frequentemente usado para especificar o tamanho da visualização da imagem e das miniaturas da galeria Flash.

Painel Image Info – Fornece opções para mostrar dois rótulos debaixo de cada visualização grande. Esses rótulos podem exibir um dos seguintes valores: Caption (aplicado no painel Metadata do módulo Library), Custom Text, Date, Equipment, Exposure, File Name, Sequence ou Title.

Painel Output Settings – Permite definir a qualidade (JPEG) das miniaturas e da visualização, incluir metadados de direitos de cópia ou todos os metadados de cada arquivo, aplicar marcas d'água de texto ou gráficas na imagem grande, e aplicar nitidez de saída.

Galerias paginadas

Outro tipo de modelo Flash disponível no Lightroom 3 utiliza o que são chamados de layouts paginados. Em vez de as miniaturas ficarem em uma faixa rolante na margem esquerda ou inferior da página, elas são agrupadas em linhas e colunas, exatamente como no layout do Airtight SimpleViewer. Para ver um exemplo de layout paginado, dois métodos podem ser empregados:

Layouts apenas para apresentações de slides

Em geral, eu não uso a opção Slideshow Only (encontrada no menu pop-up Layout) para galerias Flash, pois ela não dá aos observadores uma chance de examinar as miniaturas e escolher fotos individualmente. Até o Airtight AutoViewer permite visualizar as imagens anteriores e seguintes da "apresentação", enquanto os layouts Slideshow exibem apenas a imagem principal e alguns poucos controles. Trata-se de uma questão de preferência pessoal; outros preferem a simplicidade e o design limpo das apresentações de slides.

- Pegue um layout rolante como o modelo Lightroom UI descrito anteriormente e, no painel Appearance, use o menu pop-up Layout e escolha Paginated. Isso produz uma grade de miniaturas ao lado da visualização de imagem grande enquanto mantém o restante da aparência "Lightroom UI" (**Figura 48g**).

Figura 48g Você pode organizar as miniaturas em qualquer galeria Flash de modo a operar como uma grade, usando o menu pop-up Layout no painel Appearance; basta escolher a opção Paginated.

- Usando o painel Templates Browser, coloque o cursor sobre os diferentes layouts e escolha um dos modelos disponíveis: Blue Sky, Clean, Earthy, Stationary ou Taxi.

Todas as mesmas opções de formatação descritas na seção Scrolling Galleries se aplicam às galerias paginadas. A principal diferença a ser lembrada é o fato de o número de páginas de miniatura (vistas no lado esquerdo do layout) ser definido pelo número de imagens presentes na coleção e pela configuração de Thumbnail Images no painel Appearance.

49 Compartilhe fotos no Flickr

Para quem não conhece, Flickr.com é um site pertencente ao Yahoo! que fornece uma variedade de métodos para carregar, modificar e compartilhar suas fotos digitais. A assinatura em uma conta é gratuita e, embora não seja o único site desse tipo, o Flickr é muito popular e fácil de usar. Esta dica vai mostrar os novos recursos do Lightroom 3 que se integram ao Flickr com perfeição, para que você possa carregar arquivos diretamente a partir do módulo Library.

Para começar a usar o Flickr no Lightroom 3, abra o painel Publish Services (no módulo Library – grupo de painéis da esquerda) e clique no botão Flickr Set Up. Essa ação abre o Lightroom Publishing Manager, que apresenta uma série de opções do Flickr a serem configuradas (**Figura 49a**).

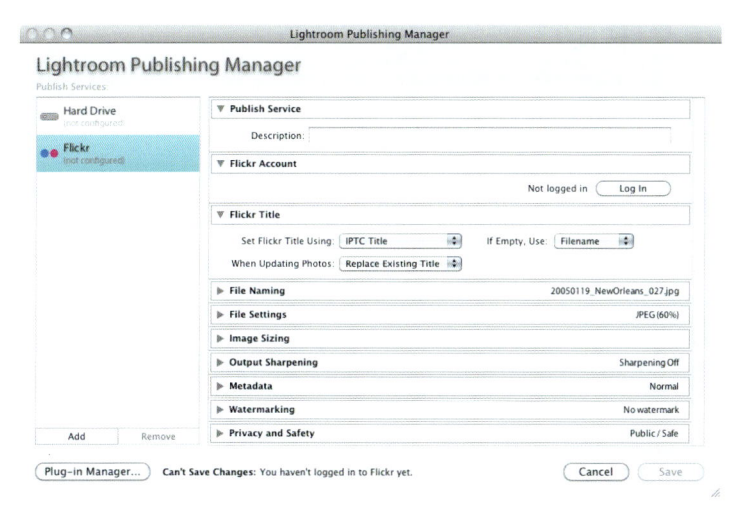

Figura 49a O Lightroom Publishing Manager fornece todas as configurações necessárias para acessar sua conta no Flickr e carregar uma seleção de arquivos a partir do módulo Library.

Os passos a seguir demonstram como o processo do Flickr funciona no Lightroom. O único pré-requisito é ter uma conta no Flickr.com e acessá-la a partir do computador que esteja executando o Lightroom.

1. Dê um nome ao Flickr Publish Service, preenchendo o campo Publish Service Description (**Figura 49b**). Esse nome vai aparecer subsequentemente em Publisher Services Manager List (lado esquerdo) e no botão Flickr do painel Publish Services; esse pormenor vai ser ilustrado no processo em um outro momento.

Adobe Digital Imaging How-Tos

Figura 49b Comece dando um nome para o módulo de serviço de publicação do Flickr.

2. Faça login em sua conta no Flickr clicando no botão Log In e, em seguida, no botão Authorize, quando o Lightroom exibir a caixa de diálogo de confirmação (**Figura 49c**).

Figura 49c Confirme que o Lightroom está autorizado a fazer login no Flickr.

3. Isso abre seu navegador Web, conecta-o no Flickr e exibe uma tela de autorização secundária – dessa vez confirmando ao Flickr que o Lightroom tem permissão para acessar sua conta. Escolha a segunda opção (à direita) para confirmar o acesso à conta (**Figura 49d**).

Figura 49d Autorize o Flickr a interagir com sua copia de Lightroom.

4. Vai aparecer uma última tela de confirmação. Clique em OK, I'll Authorize It. O Flickr vai confirmar a conexão com o Lightroom (**Figura 49e**).

Capítulo 3: Dicas de saída do Lightroom 3

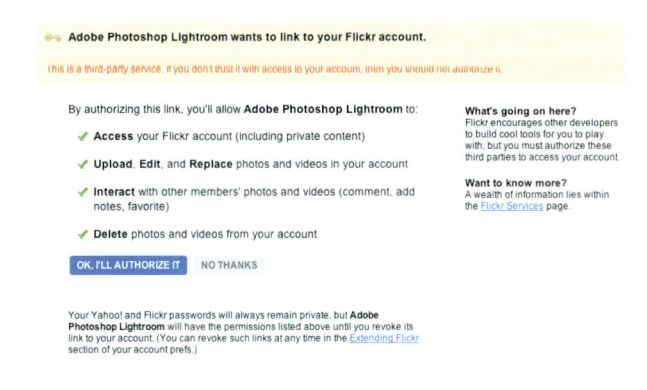

Figura 49e Talvez você nunca tenha tido tantas telas de confirmação como no Flickr.

5. Volte para o Lightroom; você vai revisitar sua página no Flickr posteriormente no processo. Vai aparecer uma nova caixa de diálogo. Clique no botão Done. Isso exibe uma mudança de status nas configurações de Flickr Account, mostrando que você agora está conectado no Flickr (**Figura 49f**).

Figura 49f De volta ao Lightroom, clicar em Done permite que você prossiga com as configurações de arquivo e com o processo de exportação.

6. Os controles de Flickr Title possibilitam definir um título ou nome para cada imagem na página do próprio Flickr. As opções são: usar o nome de arquivo atual da foto, usar o titulo encontrado nos metadados IPTC, não usar título algum e determinar se ele vai ser substituído caso um arquivo seja atualizado no Lightroom (**Figura 49g**).

Figura 49g Os títulos de imagem exibidos no Flickr.com podem ser definidos no Lightroom.

7. Sob File Naming, clique na opção Rename To para personalizar os nomes dos arquivos que vão ser carregados. Se você usa nomes de arquivo no estilo data e assunto para os originais em sua unidade de disco rígido (como 05252009_NewYorkCity.dng), essa opção é útil, pois permite criar nomes mais adequados para a saída na Web. Eu acho a opção Custom Name – Sequence do menu pop-up muito útil (**Figura 49h**).

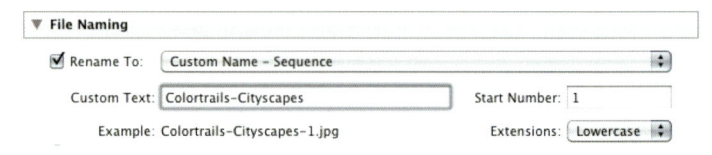

Figura 49h Dar aos seus arquivos nomes mais adequados à Web pode ser importante.

8. Sob File Settings, escolha a configuração de qualidade do formato JPEG. Valores entre 60 e 80 normalmente produzem o melhor compromisso entre arquivos pequenos e boa qualidade (**Figura 49i**). Caso tenha em mente um limite de tamanho claro, marque a caixa de seleção Limit File Size To e digite o valor (em Kilobytes).

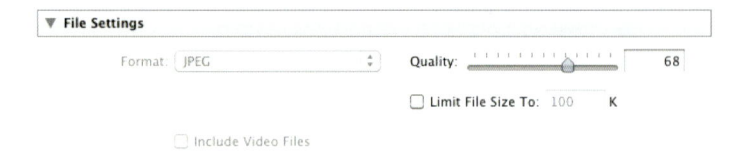

Figura 49i Configure a qualidade do formato JPEG para o tamanho e a aparência de suas fotos.

9. Use os controles de Image Sizing para definir as dimensões de suas fotos. Em geral, os fotógrafos escolhem a opção Long Edge e definem um valor como 640 ou 800 pixels (**Figura 49j**), pois isso é adequado ao Flickr.

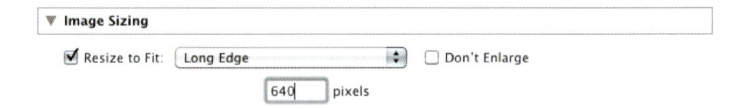

Figura 49j Redimensione suas imagens de modo que caibam dentro dos limites do pequeno layout do Flickr.

Capítulo 3: Dicas de saída do Lightroom 3

10. Se quiser tornar suas imagens mais nítidas quando exibidas online, abra os controles de Output Sharpening, marque a caixa de seleção Sharpen For e, em seguida, escolha a opção Screen e um valor para Amount (**Figura 49k**).

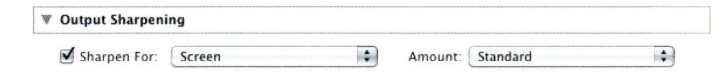

Figura 49k Opções de nitidez estão disponíveis, se necessário.

11. Se for o caso, opte por incluir apenas os metadados básicos da imagem e/ou uma marca d'água em suas imagens publicadas no Flickr (**Figura 49l**).

Figura 49l Os metadados de cada imagem podem ser minimizados e é possível aplicar uma configuração de marca d'água predefinida.

12. Escolha suas opções de compartilhamento e segurança no Flickr (**Figura 49m**).

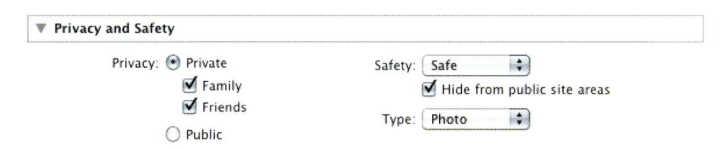

Figura 49m Configure suas opções de compartilhamento e segurança antes de carregar as fotos, para que, depois de carregadas, apenas as pessoas que você permitir possam vê-las.

13. Clique em Save. Isso cria seu Flickr Photostream (um modo de exibição em que é possível arrastar arquivos do modo de exibição Grid ou do Filmstrip) no painel Publish Services. Clique em seu Photostream (**Figura 49n**). Ele vai estar vazio por padrão.

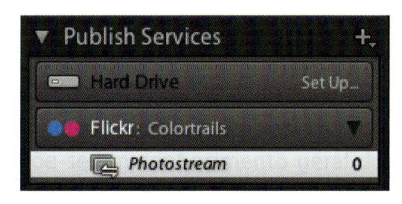

Figura 49n Uma vez salvas as configurações de publicação no Flickr, você pode clicar em seu Photostream. (É como uma versão de coleção do Flickr.) Por padrão, ele vai estar vazio.

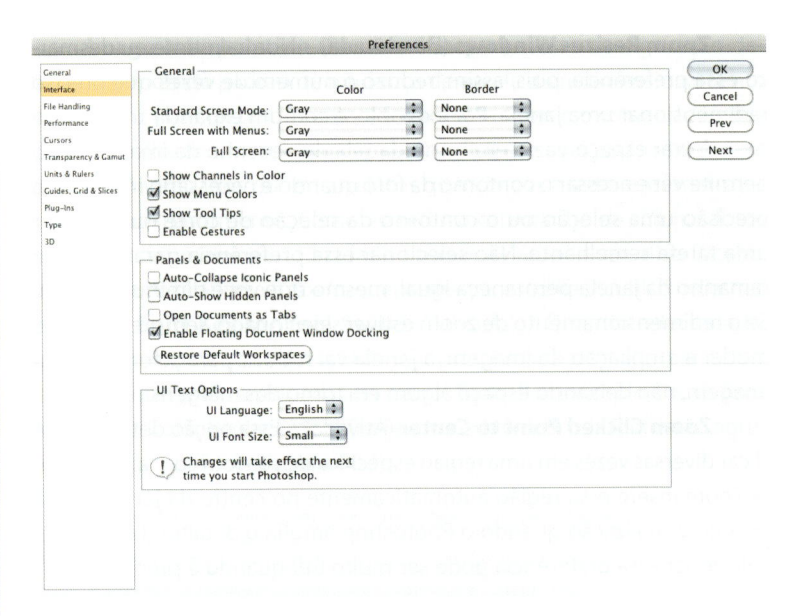

Figura 50e As preferências de Interface do Photoshop podem ser uma parte importante da organização de seu fluxo de trabalho.

Cores e bordas de Screen Mode (Configure todas as cores como Gray e todas as bordas como None ou Line.) – Isso garante uniformidade ao ver as fotos em janelas expandidas e nos modos de tela cheia, pois o fundo vai ser cinza-neutro e não haverá sombras projetadas atrapalhando em torno das margens de sua imagem.

Show Tool Tips (Ativada) – Selecionar essa opção garante que, ao se colocar o mouse sobre um ícone de ferramenta ou outro recurso em que se pode clicar no Photoshop, apareça uma pequena dica de ferramenta após alguns segundos.

Auto-Collapse Iconic Panels (Desativada) – Quando essa configuração está selecionada, se você abrir um painel a partir de seu ícone ancorado e então clicar em outro lugar na foto ou na interface de usuário, os painéis de ícones se fecharão. Por isso, pode ser útil deixar essa preferência desmarcada para que, ao fazer ajustes, você possa ver as alterações no painel. Para usuários de laptop com espaço de tela limitado, deixar essa configuração selecionada pode economizar espaço.

Open Documents as Tabs (Desativada) – A menos que prefira que todos os documentos que abrir compartilhem uma janela comum por padrão (como as guias compartilham uma única janela em muitos navegadores Web), provavelmente vai deixar essa configuração desativada; ela é específica do Photoshop CS4 e CS5.

Enable Floating Document Window Docking (Ativada) – A combinação de selecionar essa opçao e desmarcar a opção Open Documents as Tabs oferece o melhor dos dois mundos – a capacidade de ancorar janelas em conjunto quando for necessário, mas, por padrão, abrir todas as imagens em uma janela separada (**Figura 50f**). Para aprender mais sobre o trabalho com documentos com guias, consulte a Dica 58. Essa configuração é específica do Photoshop CS4 e CS5.

Figura 50f Desmarcar Open Documents as Tabs, combinado com a permissão para que janelas flutuantes sejam ancoradas manualmente, fornece mais flexibilidade do que sempre abrir as imagens como guias dentro de uma janela aberta ou nunca utilizar documentos com guias.

Preferências de File Handling

Para abrir as preferências de File Handling, clique no tópico File Handling da caixa de diálogo Preferences (**Figura 50g**).

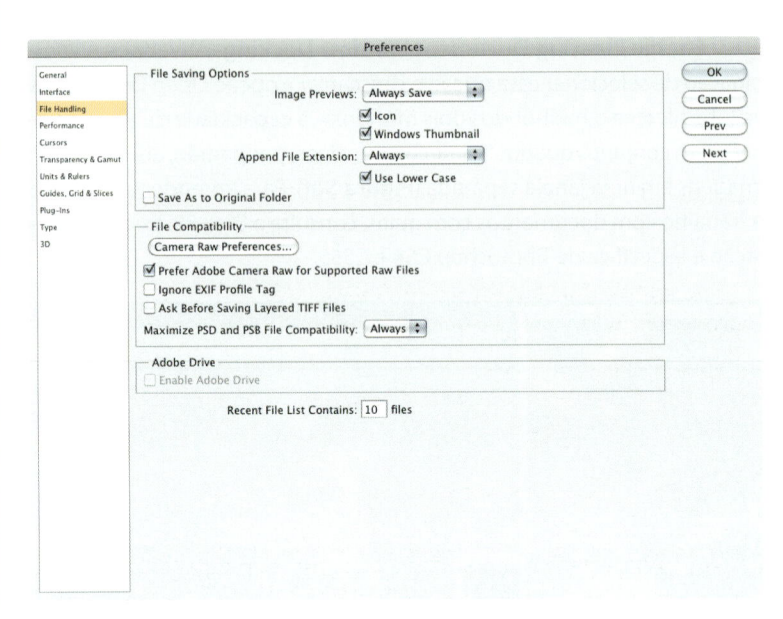

Figura 50g As preferências de File Handling ajudam a garantir que o Photoshop tenha o comportamento desejado ao se salvar ou abrir certos formatos de arquivo.

Image Previews (Always Save) – Escolher essa configuração no menu pop-up assegura que a visualização de um JPEG sempre seja salva com seus arquivos para que você possa examiná-los em outros aplicativos, como o Finder do Mac OS.

Append File Extension (Always Save) – Selecionar essa configuração no menu pop-up garante que você sempre possa ver as extensões de seus arquivos de imediato e identificar o formato do arquivo.

Save As to Original Folder (Desativada) – Essa opção é novidade do Photoshop CS5 e permite que a última pasta na qual você salvou seja configurada como local padrão, em vez da mesma pasta de onde as imagens foram abertas. Por exemplo, você pode armazenar todos os arquivos nativos de uma seção de fotografia em uma pasta. Desativar essa preferência antes de abrir o próximo arquivo nativo dessa pasta significa que, quando você terminar de usar o arquivo e estiver pronto para salvá-lo no Photoshop, o aplicativo vai usar como padrão a última pasta em que você salvou em vez da pasta que contém todos os seus arquivos nativos.

Prefer Adobe Camera Raw for Supported Raw Files (Ativada) – Quando selecionada, essa configuração garante que o ACR sempre abra os tipos de arquivo nativo suportados e arquivos DNG quando você clicar duas vezes neles, em vez de abri-los em um aplicativo de outro fornecedor.

Ask Before Saving Layered TIFF Files (Desativada) – Como TIFF e PSD são os dois formatos mais populares para edição de imagens e como frequentemente é necessário utilizar camadas, desmarcar essa opção pode evitar o incômodo de fechar uma caixa de diálogo sempre que se salva um arquivo TIFF em camadas. Talvez você queira deixar essa opção selecionada para publicar fluxos de trabalho em que alguns aplicativos não suportam dados TIFF em camadas.

Maximize PSD and PSB File Compatibility (Ativada) – Quando selecionada, essa opção garante que o Lightroom reconheça e exiba arquivos que foram editados e salvos no Photoshop CS5.

Preferências de Performance

Para abrir as preferências de Performance do Photoshop CS5, clique no tópico Performance da caixa de diálogo Preferences. Essas preferências são particularmente importantes para maximizar o desempenho do Photoshop com base no hardware de seu computador. Além de ser um aplicativo de 64 bits, a maneira de o Photoshop manipular configurações de cache evoluiu bastante, de modo que vale a pena dar uma olhada em algumas configurações típicas, neste caso para um computador com 8GB de memória RAM instalada e um disco de rascunho dedicado (**Figura 50h**).

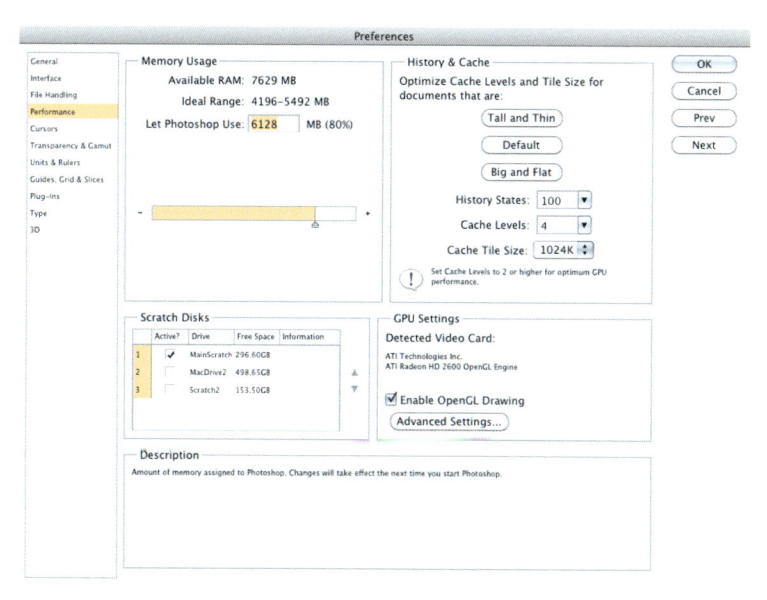

Figura 50h Preferências de Performance do Photoshop CS5.

Sobre 64 bits

O importante a ser lembrado sobre os recursos de 64 bits do Photoshop é que agora é possível alocar para o aplicativo quantidades muito maiores de memória RAM do que antes. Basicamente, as únicas limitações são a quantidade de memória RAM que seu computador pode usar e quantos aplicativos precisarão compartilhar essa memória de maneira simultânea com o Photoshop.

Ajuda para preferências de Performance

Se você colocar o mouse sobre qualquer um dos controles da área de preferências de Performance, vai ver na área Description uma descrição do que a função faz.

Memory Usage – Essa configuração depende do sistema. O valor de RAM a ser escolhido vai depender da quantidade de memória instalada. Quanto mais você puder alocar (ao passo que deixa pelo menos de 1 a 2GB para outros aplicativos que possam utilizar a memória RAM simultaneamente), melhor. Aqui, foram designados pouco mais de 6GB de memória RAM. Isso é importante, pois significa que a maioria dos arquivos e das operações pode ser executada por completo na memória RAM, acelerando as coisas.

Scratch Disks – Esse valor depende do sistema. Se possível, escolha um disco interno formatado e completamente vazio. Como alternativa, você pode escolher uma unidade externa (de preferência rápida) que esteja vazia, se houver uma disponível. Pode considerar isso como um "bloco de rascunho" do Photoshop, onde ele pode gravar e armazenar informações de modo temporário enquanto está calculando soluções para as edições que estão sendo feitas. Ter um disco de rascunho dedicado pode melhorar muito o desempenho do Photoshop.

History & Cache – Esses valores dependem do fluxo de trabalho. Se você cria documentos com dimensões menores, mas com muitas camadas, com frequência, clique no botão Tall and Thin. Se você cria arquivos com dimensões grandes, mas com apenas algumas camadas, clique no botão Big and Flat. Para todos os outros usos, clicar no botão Default deve dar bons resultados.

51 Defina configurações de cor

Uma parte vital na configuração do Photoshop é garantir que o espaço de trabalho RGB (a ser discutido em breve) corresponda ao espaço de trabalho utilizado nas configurações de exportação do Lightroom (Dica 37) e às opções de fluxo de trabalho do ACR (Dica 40). Para definir como o Photoshop manipula as cores de suas fotos, escolha Edit > Color Settings ou então pressione Shift-Command-K (Mac OS) ou Shift-Control-K (Windows) a fim de abrir a caixa de diálogo Color Settings (**Figura 51**). Para exibir todas as opções, clique no botão More Options.

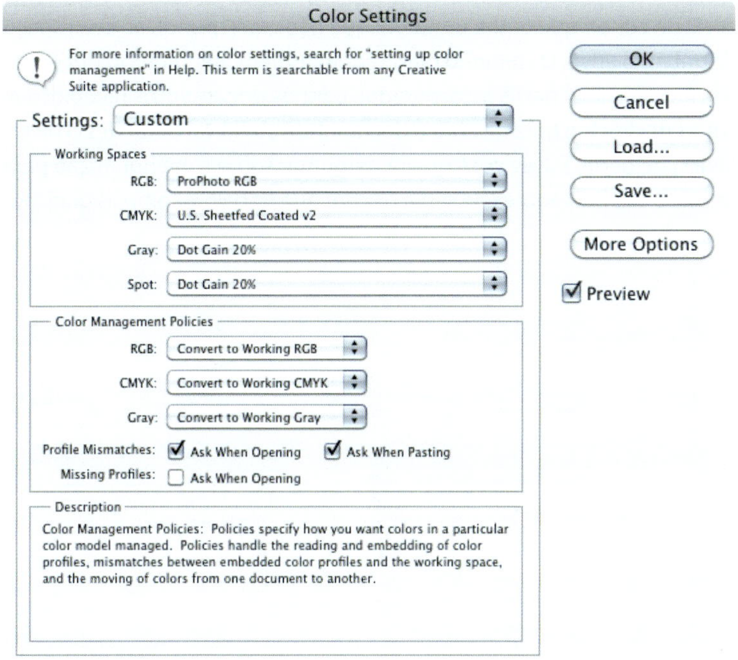

ICC Color Profiles

Aplicativos como o Photoshop, o ACR e o Lightroom usam arquivos de sistema chamados ICC Color Profiles (perfis de cor ICC) para definir o intervalo de trabalho de matizes, tons e tonalidades de cor que vão estar disponíveis ao se editar determinado arquivo.

ProPhoto RGB, Adobe RGB (1998) e *sRGB IEC61966-2.1* são exemplos de espaços de cor que podem ser usados com o Photoshop para atender um fluxo de trabalho em particular e que são definidos pelos ICC Color Profiles que utilizam os mesmos nomes.

ICC significa International Color Consortium. Mais informações sobre ICC e sobre gerenciamento de cores podem ser encontradas no endereço http://www.color.org/.

Figura 51 Na caixa de diálogo Color Settings do Photoshop CS5 é possível definir os espaços de trabalho (ou espaços de cor) para cada tipo de fluxo de trabalho que possa ser utilizado.

Settings – Esse menu pop-up permite selecionar uma configuração predefinida contendo ajustes específicos para todos os espaços de trabalho (cor) ou quaisquer configurações predefinidas personalizadas que tenham sido salvas. A Figura 51 mostra uma configuração predefinida personalizada que utiliza o mesmo espaço de trabalho RGB do Lightroom. Para criar uma configuração predefinida, escolha seus ajustes, clique no botão Save, dê um nome para a configuração, se necessário forneça uma descrição e clique em OK.

Working Spaces (RGB Working Space) – Com referência à configuração descrita nas Dicas 37 e/ou 40, na maioria dos casos você desejará escolher ProPhoto RGB ou Adobe RGB (1998) para esse ajuste. Use este último para fluxos de trabalho em que vá compartilhar seus arquivos com outras pessoas.

Color Management Policies – Embora o gerenciamento de cores seja um assunto sobre o qual um livro inteiro poderia ser escrito, as principais preocupações aqui são garantir que o Photoshop siga os comportamentos desejados ao encontrar um arquivo que não tenha qualquer perfil de cor ou que tenha um perfil que não corresponda ao seu espaço de trabalho ativo. O caminho mais seguro (porém mais demorado) é preservar quaisquer perfis incorporados para os documentos recebidos e, então, decidir (na hora de abrir o documento) como vai tratar dessa divergência de perfil. Talvez você queira perguntar sobre a melhor opção para seu caso aos provedores de serviços com que trabalha, como as gráficas.

52 Simplifique os menus

Uma das personalizações mais úteis que podem ser feitas na interface de usuário do Photoshop é simplificar os atalhos de teclado. Os menus do Photoshop vêm com dezenas de comandos, ajustes e funções para edição de imagens, mas é raro um usuário precisar de todos eles regularmente. Para "reavivá-los" a qualquer momento seria necessário examinar o menu inteiro.

Personalizando o menu principal

Para personalizar o menu principal do Photoshop, escolha Edit > Menus. Essa ação abre a caixa de diálogo Keyboard Shortcuts and Menus (**Figura 52a**). Aqui são mostradas as opções de personalização de menu para o Photoshop CS5 Extended; no Photoshop CS5 Standard não existem os menus Analysis e 3D.

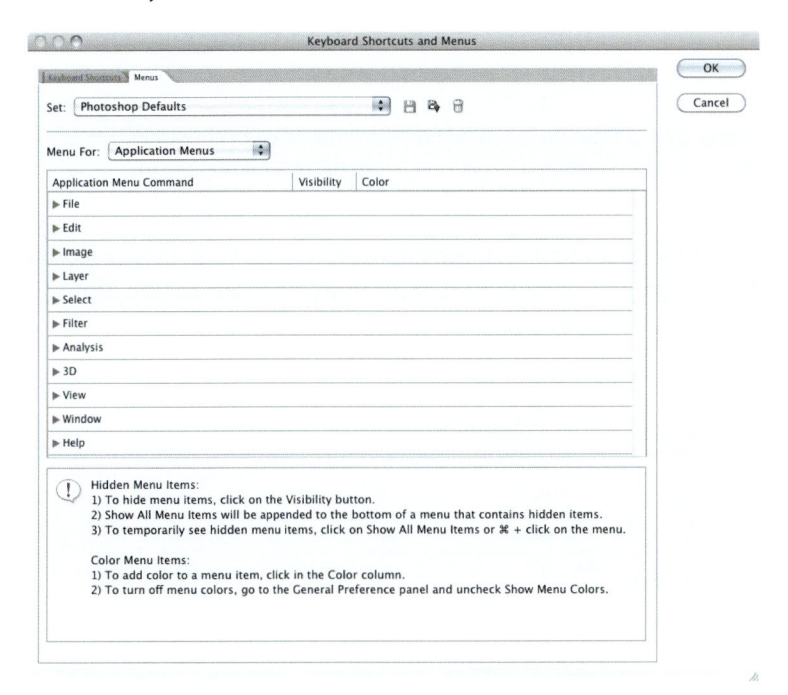

Figura 52a A caixa de diálogo Keyboard Shortcuts and Menus do Photoshop fornece opções para agilizar seu fluxo de trabalho.

Para personalizar seus menus, clique no triângulo de abertura ao lado da palavra "File" (isso representa o menu File) ou de qualquer menu com que queira começar. Uma vez identificado, clique no ícone de globo ocular ao lado de cada item que não deseja exibir no menu (**Figura 52b**).

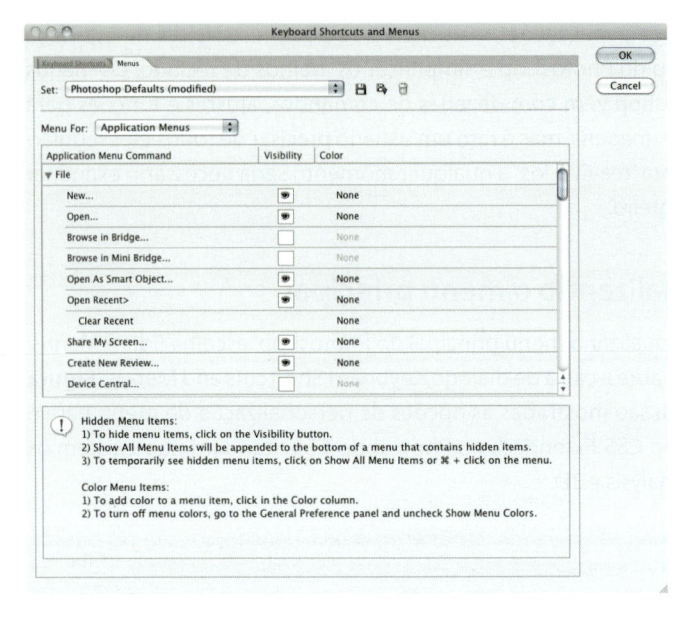

Figura 52b Clique no ícone de olho ao lado de cada comando ou função que você quer ocultar no menu que está sendo personalizado.

Aqui, foram ocultos os comandos Browse in Bridge, Browse in Mini Bridge e Device Central. O menu resultante é mostrado ao lado do menu File padrão na **Figura 52c**.

Figura 52c Remover apenas alguns comandos ou funções pode tornar um menu mais fácil de usar.

A **Figura 52d** mostra mais dois menus que foram simplificados. Por exemplo, os comandos Check Spelling e Find and Replace Text foram ocultos dentro do menu Edit, assim como o comando Define Pattern. No menu Image, foram ocultos Calculations, Variables, Apply Data Set e Trap.

Trazendo de volta os padrões do menu

Para exibir todos os itens padrão de um menu, depois de o ter personalizado, abra o menu, vá até a parte inferior e escolha Show All Menu Items.

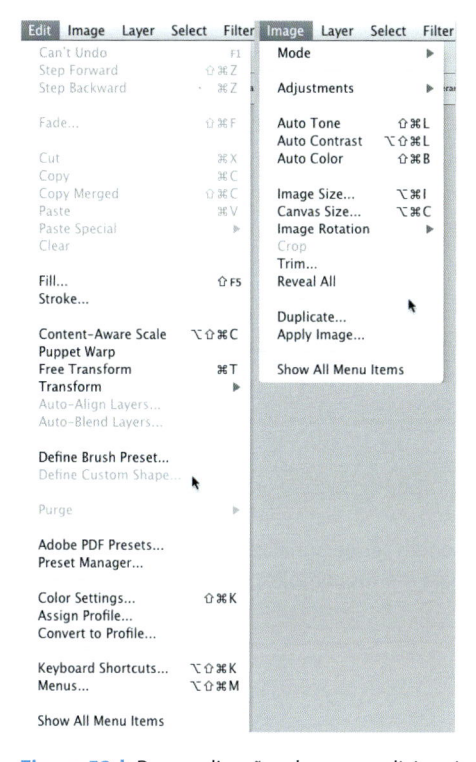

Figura 52d Personalizações de menu adicionais podem acelerar ainda mais seu fluxo de trabalho. Quando terminar, todas as alterações podem ser salvas como uma configuração predefinida.

Quando tiver terminado de personalizar todos os menus, clique no botão Save Set: [Photoshop Defaults (modified)], dê um nome para sua configuração predefinida de menu personalizado e clique em OK. À medida que fizer mais alterações, você pode salvar novamente usando o mesmo nome, apenas clicando outra vez no botão Save.

Personalizando menus de painel

Se quiser personalizar o menu pop-up de um painel específico (por exemplo, o menu pop-up do painel Layers), é possível abrindo o menu pop-up Menu For Menu For: [Panel Menus] e escolhendo Panel Menus. Lá, você pode rolar pela lista, localizar o painel e seguir os mesmos passos de remoção de itens e salvar as alterações como parte de sua configuração predefinida (**Figura 52e**).

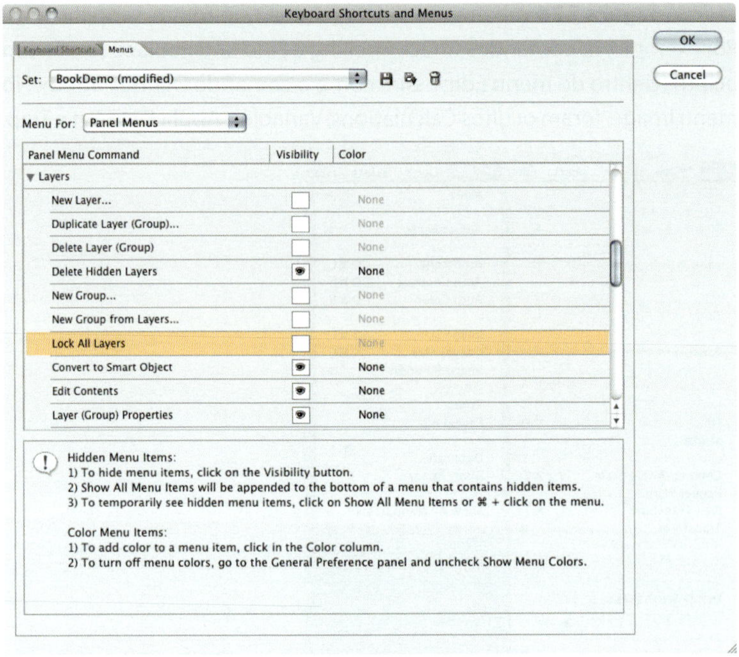

Figura 52e Menus de painel podem ser personalizados como o menu principal. Isso pode ser muito útil para menus complexos como o menu pop-up do painel Layers.

53 Atalhos de teclado personalizados

Uma vez personalizados os menus do Photoshop de acordo com seu fluxo de trabalho, a caixa de diálogo Keyboard Shortcuts and Menus (**Figura 53a**) pode ser utilizada para personalizar seus atalhos de teclado. Para começar, clique na guia Keyboard Shortcuts. Se a caixa de diálogo Keyboard Shortcuts and Menus não estiver aberta, acesse-a escolhendo Edit > Keyboard Shortcuts.

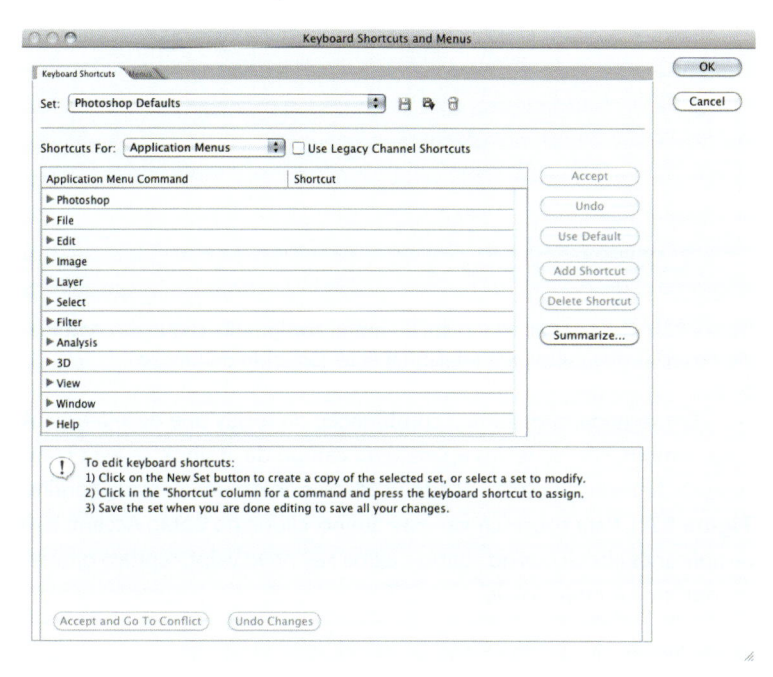

Figura 53a Os atalhos de teclado do Photoshop são personalizados na mesma caixa de diálogo que os itens de menu.

Personalizando atalhos para o menu principal

Decida primeiro qual atalho deseja modificar e, em seguida, abra a lista do menu que contém esse atalho. Por exemplo, se quiser personalizar os comandos Step Backward e Step Forward, abra a lista de Edit. A partir dali, você pode atribuir um atalho pressionando a combinação de teclas desejada (**Figura 53b**).

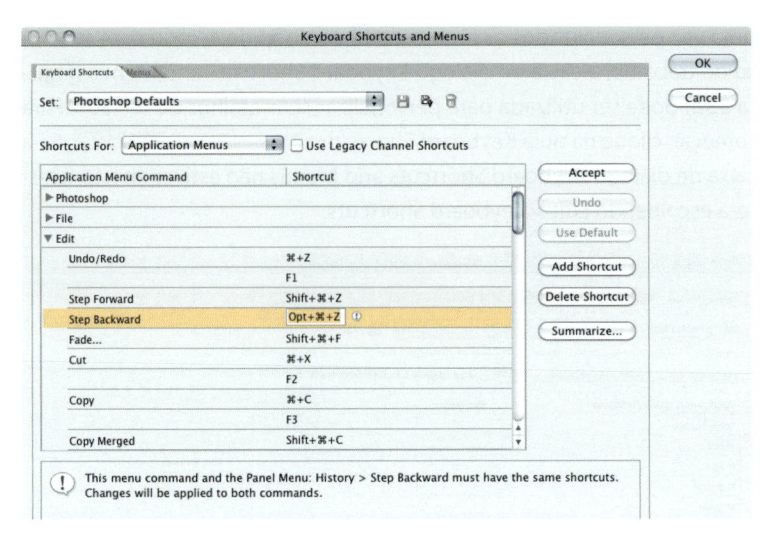

Figura 53b Uma vez aberta a lista do menu apropriado, clique na combinação de teclas do atalho para selecionar esse comando ou função.

Em seguida, pressione a combinação de teclas que deseja usar. A nova combinação de teclas aparece no campo de atalhos; se essa combinação de teclas já estiver sendo usada, é exibido um aviso de conflito (**Figura 53c**). Para sobrescrever esse atalho, clique no botão Accept. Isso vai aplicar as alterações no atalho e exibir seu novo valor; repita o processo conforme for necessário.

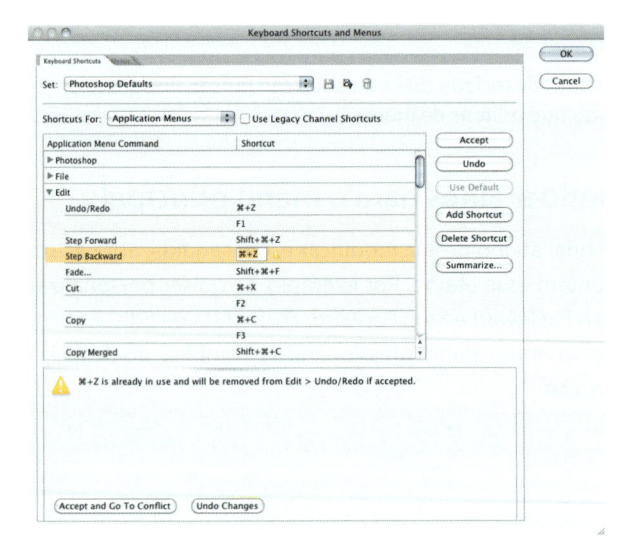

Figura 53c Clique em Accept para descartar qualquer aviso que possa aparecer.

Para aceitar o novo atalho e pular para o item de menu que utilizava esse atalho anteriormente, a fim de configurar uma nova combinação de teclas, você também pode clicar em Accept and Go to Conflict (Accept and Go To Conflict). Uma combinação de teclas inserida pode ser desfeita clicando-se em Undo. Depois de personalizar seus atalhos, você pode salvá-los como um conjunto que aparece no menu pop-up. Clique no botão Save, dê um nome ao conjunto e, em seguida, clique em Save.

Personalizando atalhos do painel Tools

Por padrão, a maioria das ferramentas do painel Tools do Photoshop tem atalhos de uma letra. Se precisar adaptar um atalho, atribuindo-o a uma nova ferramenta, abra o menu pop-up Shortcuts e escolha Tools (**Figura 53d**).

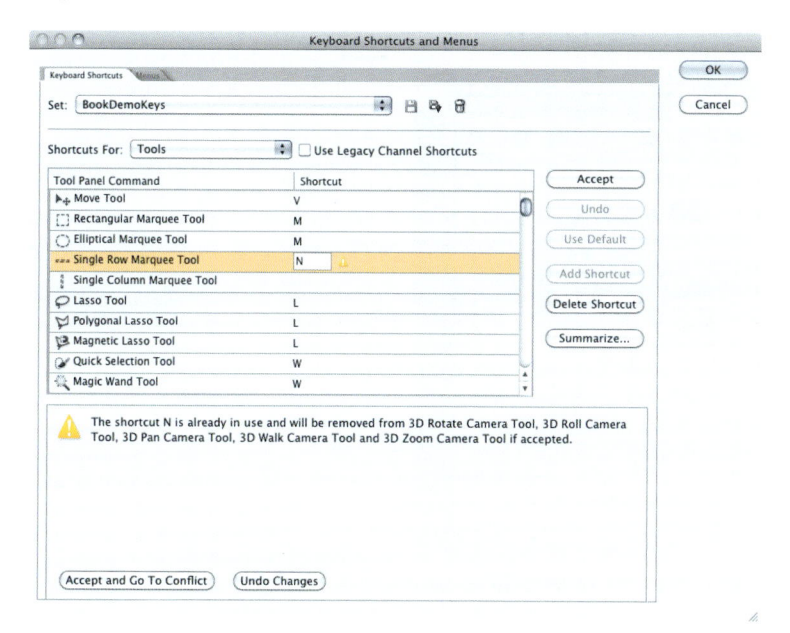

Figura 53d É possível personalizar os atalhos do painel Tools.

Personalize os atalhos usando os mesmos passos mencionados anteriormente, mas saiba que não é possível usar o mesmo atalho para ferramentas que não estão agrupadas. Por exemplo, por padrão, a ferramenta Count utiliza o atalho I. Se você atribuísse o atalho C para essa ferramenta, esse atalho não estaria disponível para seu grupo padrão (Crop, Slice e Slice Select).

54 Use o Mini Bridge

Você provavelmente sabe que o Bridge é um navegador de arquivos avançado (com acesso ao ACR para arquivos nativos), projetado para aplicar vários atributos em arquivos a fim de que possam ser classificados, ordenados e pesquisados. As principais diferenças entre o Lightroom e o Bridge são a interface de usuário do Bridge e a capacidade deste de manipular muitos tipos de arquivo.

Uma limitação é que pode ser ineficiente alternar frequentemente entre o Photoshop e o Bridge para encontrar os arquivos necessários. Esse inconveniente foi resolvido no Photoshop CS5 com o novo painel Mini Bridge. O Mini Bridge é uma extensão do Bridge CS5 que utiliza um painel para fornecer rápido acesso aos recursos básicos de navegação e classificação de arquivos. Por padrão, ao abrir o Photoshop deve-se ver a área de trabalho Essentials; o Mini Bridge faz parte dessa área de trabalho. Para abrir o Mini Bridge (**Figura 54a**), clique no painel de ícones que mostra uma pasta com as letras "Mb".

Figura 54a Quando abrir o Mini Bridge pela primeira vez, você vai ter a opção de começar a localizar arquivos do Bridge CS5 imediatamente ou configurar as preferências do Mini Bridge (Settings).

Se você clica no botão Browse Files, o Bridge CS5 é ativado em segundo plano e, alguns segundos depois, a interface de usuário do Mini Bridge aparece, com opções para examinar suas fotografias. Talvez seja preciso arrastar as margens do painel para fora, a fim de que se possa ver os controles e as opções de forma mais clara (**Figura 54b**).

Figura 54b O Mini Bridge fornece seus próprios painéis (ou *pods*) para navegar em pastas, rolar pelas miniaturas e visualizar arquivos individuais.

Pod Navigation

O principal meio para se escolher pastas e séries de imagens no Mini Bridge é o pod Navigation, localizado próximo à parte superior esquerda do painel. Esse pod funciona como um visualizador dividido e exibe quatro tipos de fontes de imagem: Favorites, Recent Folders, Recent Files e Collections. Quando se clica em uma opção, o Mini Bridge exibe o conteúdo no lado direito do modo de exibição (**Figura 54c**).

Quando você solta a tecla R, a ferramenta de pincel permanece ativa, de modo que é possível continuar a mascarar ou pintar (**Figura 55b**). Continue esse processo iterativamente até concluir suas edições. Quando tiver terminado de mascarar ou pintar, pressione a tecla Escape a fim de retornar a visualização da imagem para sua orientação normal.

Figura 55b Depois que a visualização da imagem foi girada temporariamente, torna-se muito mais fácil acompanhar quaisquer contornos complexos com um traço.

56 Técnicas de movimento panorâmico e zoom

Ao se trabalhar no Photoshop é importante encontrar rapidamente e examinar detalhes bastante ampliados, especialmente com os arquivos DSLR de alta resolução atuais. Isso pode ser feito com duas técnicas diferentes que utilizam a ferramenta Hand e a ferramenta Zoom com a nova opção Scrubby Zoom.

Movimento panorâmico manual

Movimento panorâmico, ou *panning*, refere-se à capacidade de rolar por partes de um documento sem a necessidade de usar as barras de rolagem. Primeiramente, aproxime para uma ampliação entre 50 e 200%, dependendo do nível de detalhe que precise ver. Quando tiver ampliado, mantenha a barra de espaço pressionada (isso ativa a ferramenta Hand temporariamente) e, em seguida, arraste o documento para movê-lo de um lado para outro. Se tiver selecionado a preferência Flick Pan (consulte a Figura 50a), pode "mover" sua caneta eletrônica rapidamente para fazer o documento rolar também rapidamente, como uma folha de papel sendo deslizada em um tampo de mesa.

Scrubby Zoom

O Photoshop CS5 tem uma nova maneira de ampliar diretamente os detalhes que se deseja ver. Se você pressionar Z para ativar a ferramenta Zoom, vai notar uma configuração Scrubby Zoom na barra Options (**Figura 56**). Se selecionar essa opção, pode colocar a ferramenta Zoom sobre um detalhe específico da imagem que deseja ver com bastante ampliação e, então, arrastar para a direita. Isso funciona como um recurso de zoom e movimento panorâmico com um só passo.

Movimento panorâmico e zoom online

Se você visitar a home page deste livro em Peachpit.com, vai encontrar um vídeo que fornece uma "visão ao vivo" do funcionamento de Hand Panning e Scrubby Zoom.

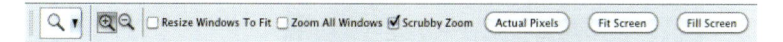

Figura 56 A nova opção Scrubby Zoom permite focalizar partes específicas de sua imagem com mais rapidez, combinando movimentos de zoom e movimento panorâmico. Isso permite pular de um ponto a outro sem um movimento panorâmico manual do documento, seguido de uma ampliação.

57 Use os selecionadores de cor HUD

O Photoshop CS5 tem dois novos selecionadores de cor HUD (ou Heads Up Display) que permitem escolher cores de maneira dinâmica, em vez de acessar visualmente e clicar em pequenas amostras de cor pelo painel Tools.

Faixa de matizes

A Faixa de Matizes (Hue Strip) se parece e funciona de forma muito semelhante à caixa de diálogo Color Picker padrão, mas sem os vários campos de texto. Existe uma faixa ao longo do lado direito para se escolher o matiz e uma barra de cores quadrada à esquerda que possibilita selecionar uma tonalidade ou nuança específica para esse matiz.

1. Para ativar o novo selecionador de cor (o Photoshop usa a configuração Hue Strip por padrão), selecione uma das ferramentas baseadas em pincel, como Clone Stamp, a ferramenta Dodge ou Mixer Brush, e coloque o cursor sobre o documento.

2. Para o Mac OS, mantenha Command-Alt-Control pressionadas e clique na tela de desenho do documento; para o Windows, pressione Shift-Alt e clique com o botão direito do mouse na tela de desenho e o novo selecionador de cor aparecerá sobre seu cursor (**Figura 57a**).

Figura 57a O novo selecionador de cor Hue Strip do Photoshop CS5 oferece a capacidade de selecionar tonalidades ou nuanças específicas de determinado matiz, diretamente sobre o cursor.

3. Solte os atalhos de teclado, mas mantenha o botão do mouse pressionado – o HUD vai permanecer no lugar, de modo que é possível

Capítulo 4: Aperfeiçoando imagens no Photoshop CS5

mover o cursor na barra de cores para escolher uma tonalidade ou nuança específica do matiz ativo (**Figura 57b**).

Figura 57b A faixa de matizes permite alterar o intervalo de matizes antes de se escolher um tom ou uma nuança em particular da cor com base nesse matiz.

4. Para mudar o valor do matiz, coloque o mouse sobre a faixa de matizes, mova o controle deslizante (por exemplo, para mudar de matizes vermelhos para matizes laranja) e, em seguida, volte para a faixa a fim de escolher o tom da cor ou a nuança relacionada (**Figura 57c**).

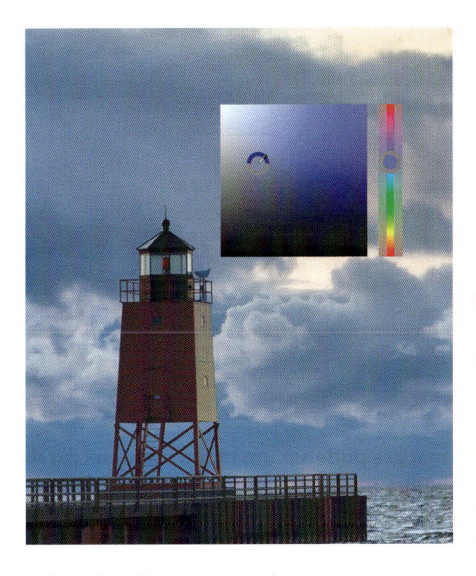

Figura 57c Após configurar o intervalo de matizes, recoloque o selecionador no lado da faixa do HUD e escolha a variação antes de soltar o botão do mouse e continuar com suas edições.

5. Solte o botão do mouse (ou pegue a caneta eletrônica) para começar a trabalhar.

59 Exiba informações de arquivo

Se estiver trabalhando no Standard Screen Mode (onde cada arquivo tem sua própria janela), existe um truque simples para exibir informações importantes sobre o documento dinamicamente. Para isso, coloque o cursor na parte inferior do documento e o mantenha clicado no pequeno triângulo próximo ao lado esquerdo da janela.

Essa ação abre um pequeno menu de opções, cujas informações podem ser vistas imediatamente à esquerda do próprio menu (**Figura 59**). Algumas das opções mais relevantes para fluxos de trabalho de fotografia incluem:

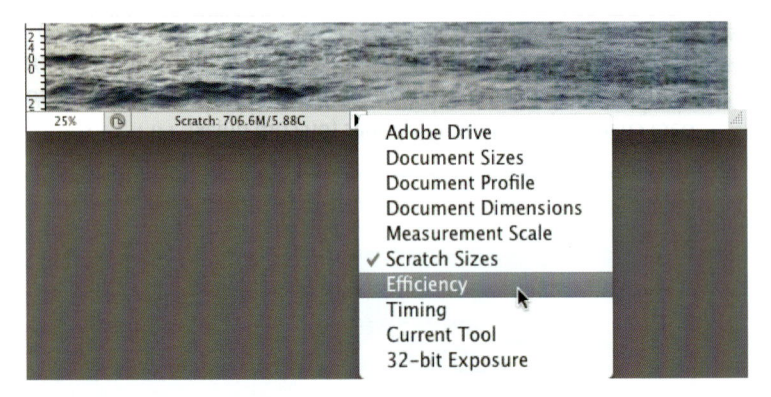

Figura 59 Pode ser muito útil exibir algumas informações sobre o documento na barra de status, em especial ao se avaliar a utilização de recursos ou o desempenho.

- **Document Profile** – Essa opção exibe o perfil de cor ICC com que o documento está marcado, assim como os bits por canal.

- **Document Dimensions** – Essa opção exibe a largura e a altura (ou resolução) do documento, assim como os pixels por polegada (ou ppi), usando as unidades atuais da régua.

- **Scratch Sizes** – Essa configuração exibe a quantidade de memória RAM que está sendo utilizada por todas as imagens correntemente abertas (à esquerda), comparada com a quantidade total de memória RAM disponível para todas as imagens (à direita).

- **Efficiency** – Essa configuração exibe a porcentagem de tempo despendido na execução de uma operação, em vez de ler ou gravar no disco de rascunho. Se o valor estiver abaixo de 100%, o Photoshop está usando o disco de rascunho e, portanto, operando mais lentamente. De modo ideal, se você tem memória RAM suficiente alocada, pode evitar essa situação para muitos fluxos de trabalho.

Acesso à régua

As unidades da régua podem ser acessadas clicando-se em Command-R (Mac OS) ou Control-R (Windows) e dando-se um clique com o botão direito do mouse na régua para mudar as unidades (por exemplo, de polegadas para centímetros).

60 Modifique metadados IPTC

Para acessar informações IPTC no Photoshop, escolha File > File Info a fim de abrir a caixa de diálogo File Info. Por padrão, ela deve abrir no painel Description, o qual dá acesso a campos de informação básica, como Document Title, Author e Copyright Notice (**Figura 60a**). Para adicionar ou alterar informações, basta clicar nos campos individuais e digitar o valor. Observe que esse design de caixa de diálogo foi introduzido no Photoshop CS4.

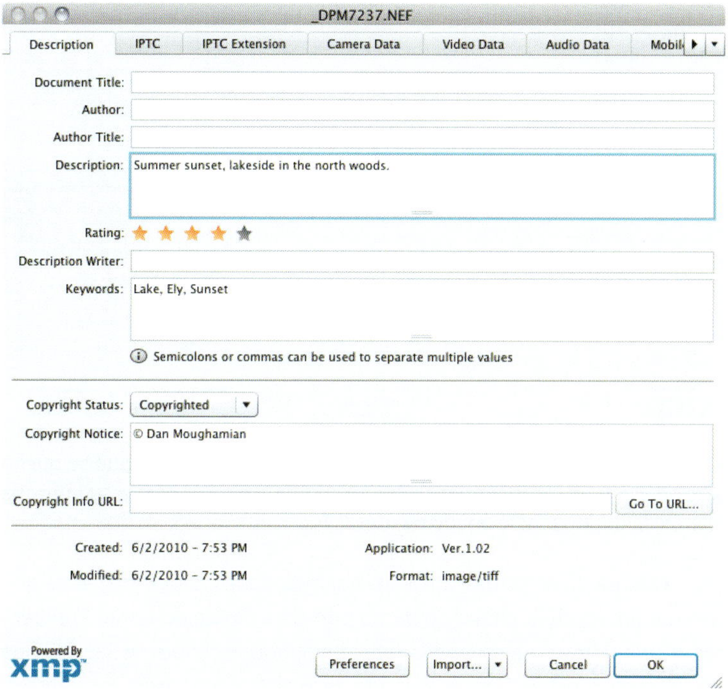

Figura 60a A caixa de diálogo File Info.

Clicar nas guias IPTC ou IPTC Extension fornece um conjunto de valores de metadados muito mais ricos que podem ser providenciados para sua fotografia, se aplicável, incluindo vários que não couberam na **Figura 60b**. Algumas das informações da guia Description são reaproveitadas, pois as duas guias compartilham alguns campos comuns.

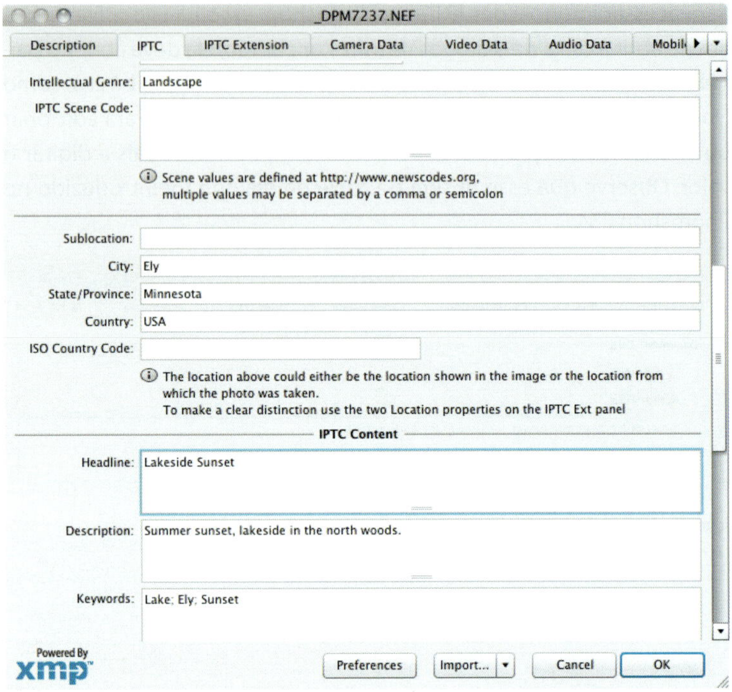

Figura 60b Praticamente qualquer tipo de informação IPTC que se queira adicionar em um arquivo para referência de terceiros e para a sua própria referência pode ser adicionado na guia IPTC.

Quando tiver terminado de aplicar metadados, clique em OK; se quiser criar um modelo, clique no menu pop-up à direita do botão Preferences, dê um nome para seu modelo de metadados e clique em Save. Clique em OK para concluir. Depois, quando você abrir novos arquivos e a caixa de diálogo File Info, seu modelo vai ser exibido no mesmo menu pop-up.

61 Endireite horizontes com a ferramenta Ruler

O Photoshop CS5 tem um ótimo truque que permite definir uma linha de horizonte e cortar a imagem rapidamente em três passos.

1. Pressione Shift-I até que a ferramenta Ruler seja selecionada.
2. Clique em um lado do horizonte ou de um objeto nivelado na cena e arraste uma linha até o outro lado (**Figura 61a**).

Figura 61a A ferramenta Ruler do Photoshop CS5 pode ser utilizada para endireitar fotos.

3. Clique no botão Straighten na barra Options. O Photoshop gira e corta a imagem automaticamente (**Figura 61b**).

Figura 61b Quando o horizonte estiver definido, clique no botão Straighten para girar e cortar a imagem em um único passo.

Seleções, máscaras e transformações

Esta seção fornece várias dicas para se trabalhar com diferentes tipos de edições de transformação, fluxos de trabalho de seleção e mascaramento, e Smart Objects. A ideia não é tanto abordar os fundamentos de como são esses processos, mas sim demonstrar como se trabalha com eles de forma mais eficaz.

62 Use máscaras Color Range

O comando Color Range é uma das melhores maneiras de fazer seleções complexas. Usar cor como base para uma seleção muitas vezes pode ser mais eficiente do que tentar contornar o tema com a ferramenta Lasso ou com a ferramenta Pen. Para este exemplo, foi aplicada na imagem uma camada de ajuste em preto e branco, mas o objetivo é limitar seu efeito às áreas atrás da árvore (**Figura 62a**).

Figura 62a O comando Color Range é uma boa escolha para se criar máscaras de camada.

1. Selecione a máscara no painel Layers, abra o painel Masks e clique no botão Color Range para apresentar a caixa de diálogo Color Range.

2. Frequentemente, a maneira mais eficiente de avaliar o progresso é usar a opção Image para a visualização da caixa de diálogo e configurar Selection Preview como Black Matte ou como White Matte (**Figura 62b**).

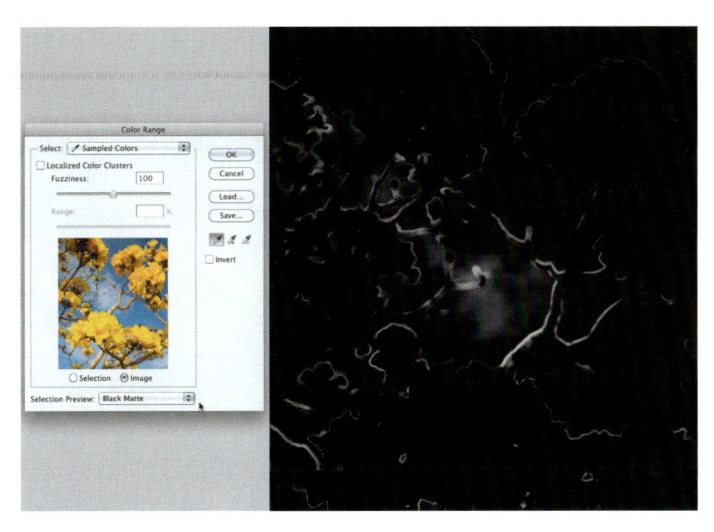

Capítulo 4: Aperfeiçoando imagens no Photoshop CS5

Figura 62b Configure a visualização da caixa de diálogo como Image e Selection Preview (que aparece no documento) com uma das opções de fosco.

3. Ative Localized Color Clusters e certifique-se de que o conta-gotas padrão esteja selecionado . Em seguida, mantenha a tecla Shift pressionada e arraste o cursor pelas partes da imagem que deseja selecionar. Faça várias passagens para garantir que a seleção inicial seja a mais precisa possível.

   Na **Figura 62c**, os troncos e as flores da árvore são quase preto-puro na visualização do documento, indicando que foram mascarados.

(continua na próxima página)

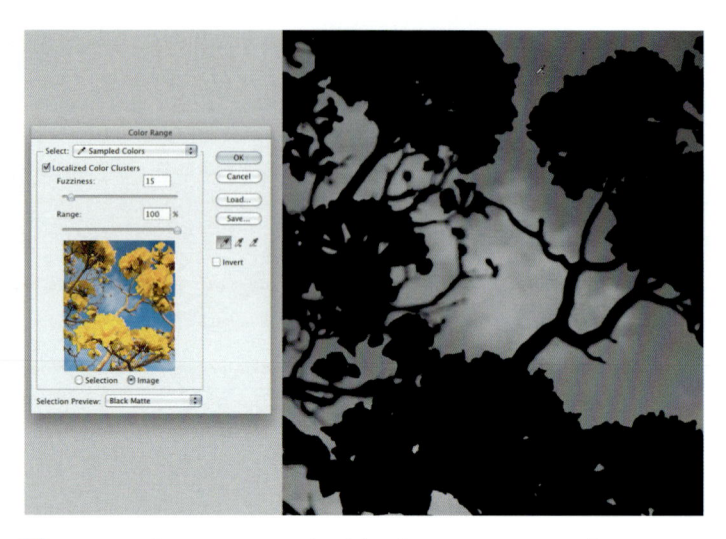

Figura 62c Os conta-gotas de Color Range permitem selecionar ou anular a seleção de parte da imagem para inclusão na máscara.

4. Clique em OK para ver a máscara de camada final e o efeito final (**Figura 62d**).

Figura 62d O ajuste da imagem mascarada final.

63 Converta caminhos em seleções

Os caminhos, ou *paths*, de Bezier podem ser usados para criar seleções altamente detalhadas e precisas. Quando você tiver criado e fechado seu caminho e a ferramenta Pen ainda estiver ativa, clique com o botão direito do mouse no caminho e escolha Make Selection para convertê-lo em uma seleção.

Essa ação abre a caixa de diálogo Make Selection (**Figura 63a**), em que é possível optar por adicionar um valor de suavidade/Feather (em pixels) e também criar uma seleção com antialiasing (recomendado na maioria dos casos em que se estão fazendo retoques). A seleção final aparece na **Figura 63b**.

Figura 63a O comando Make Selection permite definir os parâmetros de sua seleção baseada em caminho para garantir que ele tenha contornos suaves.

Figura 63b A seleção final que foi construída a partir do caminho.

64 Seleções híbridas com a ferramenta Lasso

Existem três ferramentas Lasso e tipos de seleção com a ferramenta Lasso que podem ser feitas, dependendo se o objeto a ser selecionado possui margens de formato orgânico, margens geométricas ou margens de alto contraste. Tradicionalmente, a ferramenta Lasso é utilizada para fazer seleções orgânicas de forma livre, enquanto a ferramenta Polygonal Lasso é usada para selecionar objetos com margens com limites definidos, como sinais de parada ou edificações. Contudo, às vezes você vai encontrar assuntos que têm tanto margens retas como curvas orgânicas.

Por sorte, existe um atalho que permite utilizar a ferramenta Lasso padrão ou a Polygonal Lasso durante o processo de seleção inteiro, em vez de ficar alternando entre elas. Para este exemplo, o contorno da estrutura arquitetônica da **Figura 64a** fornece margens retas e margens arredondadas, portanto, a ferramenta Polygonal Lasso foi o ponto de partida mais lógico.

Figura 64a Algumas imagens apresentam o desafio de selecionar áreas que contêm tanto contornos de margens retas (ou geométricos) como contornos arredondados (ou orgânicos). A ferramenta Lasso e a Polygonal Lasso podem lidar com os dois tipos com um único atalho.

1. Selecione a ferramenta Polygonal Lasso pressionando a tecla L ou Shift-L para circular pelo grupo de ferramentas Lasso, se necessário.

2. Comece a seleção clicando em um canto dentro de sua área de seleção e movendo-se ao longo de uma margem reta até chegar ao próximo canto. Clique uma segunda vez para ancorar o contorno de seleção poligonal no segundo canto. Continue ao longo dos contornos geométricos até chegar a um ponto onde exista uma margem curva.

3. Quando atingir uma área com margens arredondadas ou orgânicas, mantenha a tecla Alt pressionada e arraste em torno da margem no estilo mão livre, exatamente como faria com a ferramenta Lasso padrão. Repita esse processo quantas vezes for necessário para completar a seleção. O resultado final aparece na **Figura 64b**.

Figura 64b A área de seleção híbrida final da ferramenta Lasso.

65 Ajustes finos de seleção e de máscara com Smart Radius

Configurações de Adjust Edge

Eu geralmente evito usar os controles de Adjust Edge quando estou trabalhando com Smart Radius, pois eles tendem a prejudicar a precisão de um fluxo de trabalho de Smart Radius. Portanto, em algumas imagens talvez você ache útil usar as configurações de Edge Detection com as ferramentas Radius Refinement ou os controles de Adjust Edge, mas não ambos.

Um dos recursos mais poderosos do Photoshop é o comando Refine Edge. Ele proporciona a capacidade de pegar uma seleção ou máscara de camada e fazer um ajuste fino para que os contornos da margem correspondam mais precisamente aos limites de seu tema. O recurso Smart Radius foi adicionado no Photoshop CS5 para melhorar ainda mais a precisão das margens.

1. Depois de ter feito a seleção inicial (Color Range foi usado aqui), escolha Select > Refine Edge. Caso tenha feito uma máscara de camada, selecione a máscara. Abra o painel Masks e clique no botão Mask Edge. Os dois passos abrem a mesma caixa de diálogo para refinar seu trabalho na margem (**Figura 65a**). Como alternativa, você pode usar Command-Alt-R (Mac OS) ou Control-Alt-R (Windows).

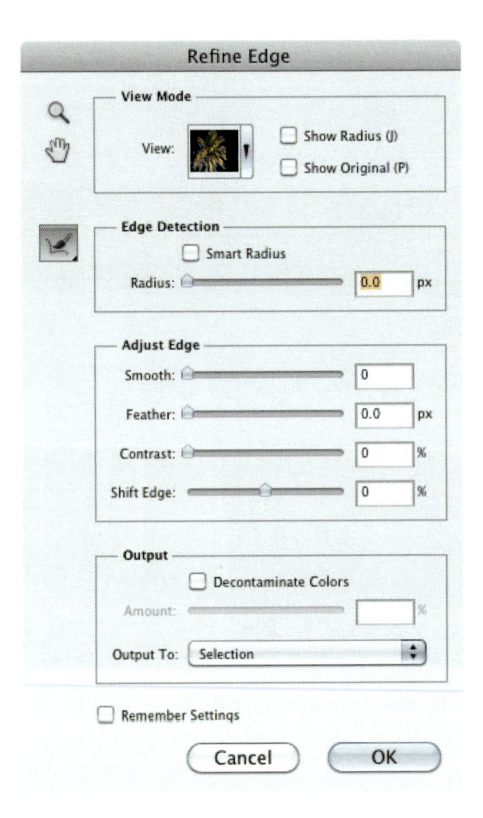

Figura 65a A caixa de diálogo Refine Edge fornece ferramentas poderosas para ajustar e refinar os mínimos detalhes da margem de seleção (ou margem de máscara).

2. Configure o menu pop-up View como On Black (B) ou como On White (W) para que os limites da seleção possam ser vistos claramente (**Figura 65b**). Se houver pixels pretos ou brancos na seleção ou no fundo, experimente Overlay (V).

Figura 65b Mudar o tipo de visualização de sua seleção pode ajudar a discernir se uma configuração ou alteração específica melhorou a seleção ou não.

3. Clique na caixa de seleção de Smart Radius e mova o controle deslizante para um valor entre 30 e 50. Aqui, foi escolhido um valor mais próximo a 80, pois era necessário revelar as pontas dos ramos da palmeira (**Figura 65c**).

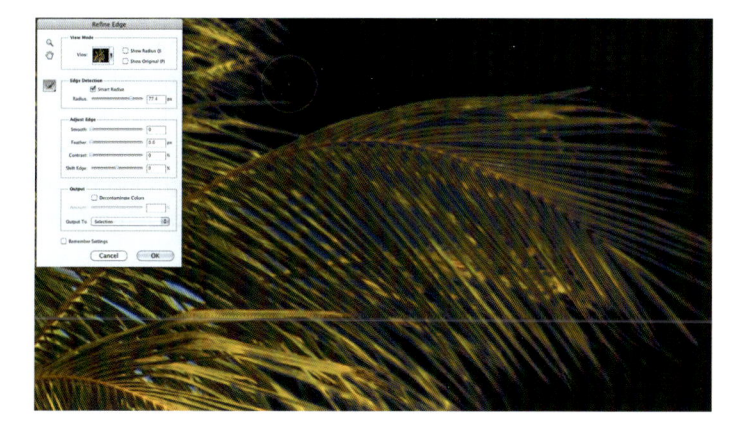

Figura 65c O uso inicial de Smart Radius para detectar margens de seleção pode causar uma melhoria imediata na qualidade da margem de seleção (ou na margem da máscara).

Atalhos de Refine Radius

Se não vir um cursor, pode pressionar a tecla E ou, se vir primeiro o cursor de sinal de subtração (–), pode pressionar Shift-E para exibir o pincel correto.

4. A ferramenta Refine Radius é selecionada por padrão na caixa de diálogo Refine Edge; se você colocar o mouse sobre a área da seleção, vai ver um cursor de pincel com um pequeno sinal de adição (+) no centro. Use esse pincel para fazer um traço largo sobre toda a área que está tentando refinar, incluindo quaisquer áreas de fundo extras (**Figura 65d**).

Figura 65d Use a ferramenta Refine Radius para pintar sobre as áreas que foram melhoradas pelo valor de Smart Radius, mas que ainda apresentam pequenos defeitos, como detalhes que estão sendo truncados ou com o fundo aparecendo.

5. Agora a seleção original deve ter uma margem mais precisa. Contudo, se verificar que o contorno está correto, mas alguns pixels estão sendo excluídos ao longo das margens externas de seu assunto, empurre o controle deslizante de Shift Edge (encontrado nos controles de Adjust Edge) para a direita a fim de incluir esses pixels excluídos ao longo de toda a margem de seleção. Como alternativa, se uma seleção for grande demais, você pode empurrar o controle deslizante de Shift Edge para a esquerda a fim de remover os pixels extras ao longo de toda a margem de seleção.

66 Remova invasões de cor de seleções e máscaras

Outra parte importante do refinamento de uma margem de seleção ou de máscara é a remoção de invasões de cor (também chamadas de contaminação de cor ao se trabalhar com telas verdes e outros planos de fundo de composição cromática). Essa tarefa também é realizada dentro da caixa de diálogo Refine Edge/Refine Mask. Tal capacidade é específica do Photoshop CS5.

Depois de ajustar a margem de sua seleção ou máscara com as ferramentas de Refine Radius, conforme descrito na Dica 65, marque a caixa de seleção Decontaminate Color e faça experiências com valores entre 20 e 60 no controle deslizante. O objetivo é manter os pequenos detalhes na seleção enquanto se removem as invasões de cor (**Figura 66**). Com alguns poucos ajustes, deve ser possível retirar a maior parte (se não todas) das cores indesejadas da margem de seleção ou de máscara.

Figura 66 Depois de fazer experiências com Smart Radius ou Refine Radius, deve-se conseguir incluir detalhes muito pequenos na seleção.

67 Crie texturas suaves: Clone e Patch

A utilização da ferramenta Patch para substituir texturas em áreas de alto-contraste pode produzir resultados imprecisos (**Figura 67a**). Uma maneira rápida de contornar esse problema é usar primeiro a ferramenta Clone Stamp.

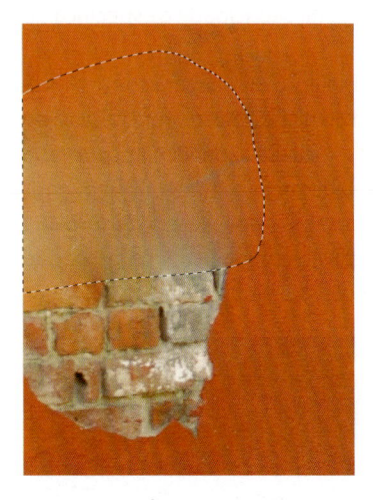

Figura 67a Áreas de correção com áreas de alto-contraste podem produzir resultados imprecisos.

1. Selecione a ferramenta Clone Stamp (pressione S ou Shift-S para circular pelo grupo de ferramentas) e defina uma origem na área de textura ao redor. Faça uma cópia da área de alto-contraste. Não se preocupe se a aparência da textura ou a cor resultante não "corresponder" precisamente. O que mais importa é minimizar o contraste entre as áreas de origem e destino e criar alguma textura ou padrão na área a ser corrigida.

2. Selecione a ferramenta Patch (J ou Shift-J para circular pelo grupo de ferramentas). Na barra Options, certifique-se de que o botão de seleção Source esteja selecionado.

3. Com a ferramenta Patch, desenhe uma seleção em torno da área de alto-contraste recentemente clonada e, em seguida, arraste a seleção para uma área que tenha a aparência desejada. Para áreas maiores, use duas ou três correções. O resultado final deve ser uma correção suave, de aparência orgânica (**Figura 67b**).

Figura 67b Após fazer uma cópia da área de alto-contraste, o uso da ferramenta Patch produz resultados muito mais suaves em muitos casos.

68 Melhore composições com Content-Aware Scale

Introduzido no Photoshop CS4, o comando Content-Aware Scale oferece uma maneira exclusiva de cortar sem modificar ou eliminar detalhes importantes. A **Figura 68a** mostra a cena da piscina.

Figura 68a Uma boa candidata para Content-Aware Scale.

1. Duplique a camada Background e chame a nova camada de Scale. Oculte a camada Background antes de passar para o próximo passo.

2. Usando a ferramenta Lasso (L), desenhe uma seleção em torno das áreas que gostaria de proteger com Content-Aware Scale enquanto muda a escala das áreas circundantes. Lembre-se de manter a tecla Shift pressionada quando tiver finalizado uma área de seleção e estiver indo para outra.

3. Abra o painel Channels e clique no botão Save Selection as Channel, na parte inferior do painel (segundo a partir da esquerda). Isso cria um novo canal alfa para proteger os detalhes importantes (**Figura 68b**).

Figura 68b Use o painel Channels para criar um novo canal alfa a partir de sua seleção.

4. Abra o painel Layers, clique na camada Scale e, em seguida, pressione Command-D (Mac OS) ou Control-D (Windows) para desmarcar suas áreas protegidas.

5. Escolha Edit > Content-Aware Scale. Observe o menu pop-up Protect na barra Options. Abra-o e escolha o canal alfa que você criou. Caso não tenha dado um nome explicitamente, ele será chamado Alpha 1, a menos que você esteja trabalhando em um arquivo com canais alfa criados em um momento anterior (**Figura 68c**).

Tratando da distorção

Se os detalhes na região em que a escala mudou se tornarem distorcidos, você pode tentar remediar esse resultado reduzindo o valor de Amount na barra Options.

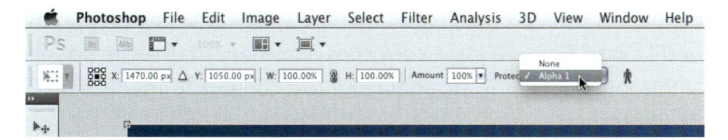

Figura 68c Antes de mudar a escala de sua imagem, selecione na barra Options o canal alfa recentemente criado usando o menu pop-up Protect.

6. Usando as alças de escala que estão centralizadas ao longo das margens da foto, empurre-as para dentro até que a imagem tenha o tamanho e a forma desejados.

7. Certifique-se de que nenhum dos outros detalhes em sua imagem tenha se distorcido demais e pressione Return ou Enter. Depois que a caixa de diálogo de progresso se fecha, você deve ver o resultado final, com transparência nas áreas cortadas (**Figura 68d**).

Figura 68d A imagem final com a escala alterada, com as duas áreas protegidas intactas.

69 Correções de lente automatizadas

Uma palavra sobre perfis

Criar um perfil específico para cada combinação de lente e câmera possível em uso pelos fotógrafos profissionais nos dias de hoje é um desafio enorme, mesmo para uma empresa com muitos recursos como a Adobe. Inicialmente, o Photoshop, o Lightroom e o ACR vinham com uma base sólida de perfis populares, mas o processo é contínuo. Quando não há qualquer correspondência de perfil exata para sua câmera e lente, é possível substituir por um perfil de câmera e lente similar e obter um resultado razoável, mas por enquanto esse é um processo aleatório.

Adobe Lens Profile Creator

Se quiser saber mais sobre como criar seus próprios perfis de câmera e lente, leia a respeito e baixe o Adobe Lens Profile Creator no endereço http://www.labs.adobe.com.

A Adobe também adicionou um novo tipo de processo de correção de lente no Lightroom 3, no ACR 6.1 e no Photoshop CS5. Essas correções são denominadas *correções de perfil* no Lightroom e no ACR, e *correções automáticas* no Photoshop CS5.

Basicamente, um gráfico especial é fotografado usando-se um procedimento rigoroso; no final, esse teste resulta em um perfil de câmera e lente que descreve, em termos digitais, os tipos de distorções criados por cada design de lente quando usado com uma câmera específica. Isso permite correções rápidas que em geral são bastante precisas para distorções mais pronunciadas, quando existe uma correspondência de perfil exata. Embora essas correções automatizadas sejam possíveis no Lightroom ou no ACR, até agora prefiro a conhecida interface de usuário do Photoshop.

1. Para acessar a correção automática, escolha Filter > Lens Correction na parte superior do menu. A guia Auto Correction deve estar selecionada por padrão (**Figura 69a**). Se quiser, você pode usar correção de lente como um Smart Filter, selecionando sua camada de imagem antecipadamente e escolhendo Filter > Convert to Smart Filter.

Figura 69a A janela do filtro Lens Correction do Photoshop CS5 exibindo os novos recursos de correção automática.

2. Para utilizar a correção cujo perfil foi traçado, escolha a marca de sua câmera no menu pop-up Camera Make e escolha um modelo de câmera e de lente nos menus pop-ups Camera Model e Lens Model, respectivamente.

Capítulo 4: Aperfeiçoando imagens no Photoshop CS5

3. Uma vez selecionado seu perfil, escolha quais tipos de correção gostaria de aplicar em sua imagem (**Figura 69b**). Geralmente recomendo deixar Geometric Distortion, Chromatic Aberration, Vignette e Auto Scale Image ativados.

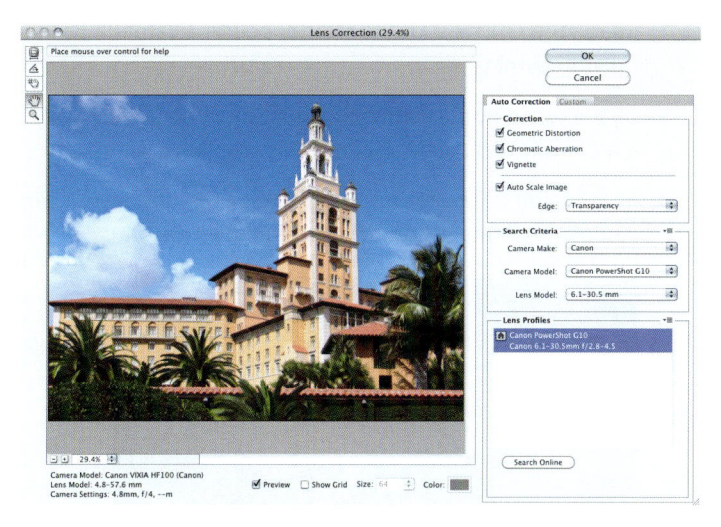

Figura 69b Depois de selecionado o perfil, escolha os tipos de distorção que gostaria de corrigir e se quer que o Photoshop mude a escala da imagem automaticamente para remover quaisquer áreas transparentes.

Isso é tudo! Se você tem um perfil correspondente ou algum que se aproxime bastante de sua combinação de câmera e lente, vai ver as correções em instantes. Clique em OK para aceitar as alterações.

70 Transformações de Smart Object

Desde o Photoshop CS4, existe a opção de usar comandos de transformação de imagens não destrutivos, integrando-os com camadas de Smart Object.

1. Para manter a integridade, duplique a camada Background de sua imagem e chame-a de Transform; oculte a camada Background quando terminar.

2. Clique com o botão direito do mouse na camada Transform e escolha Convert to Smart Object no menu contextual.

3. Escolha Edit > Transform > Distort. Aqui, Distort foi escolhido para ajudar a endireitar os cantos do prédio (**Figura 70a**).

Figura 70a Depois de criada uma camada Smart Object, pode-se acessar qualquer um dos comandos de transformação do menu Edit para iniciar as transformações não destrutivas.

4. Use as alças de arrastamento da imagem para fazer suas edições de transformação (**Figura 70b**). Quando terminar, deixe as alças ativas e volte ao menu Edit para executar mais comandos de transformação.

Ajudas visuais

Ao se trabalhar com os comandos de transformação, particularmente em fluxos de trabalho destinados a endireitar objetos na cena, pode ser interessante usar uma grade. Para exibir a grade do Photoshop, pressione Command-' (Mac OS) ou Control-' (Windows). O espaçamento e as preferências da grade podem ser definidos nas preferências de Guides, Grid & Slices.

Figura 70b Cada comando de transformação fornece alças para arrastar partes do documento em uma direção específica; várias transformações podem ser feitas por sessão.

5. Quando terminar, pressione Return (Mac OS) ou Enter (Windows) a fim de aplicar suas edições de transformação. Isso pode levar algum tempo.

A melhor parte é que, se você achar que precisa voltar e modificar suas transformações originais, pode fazer isso retornando ao menu Edit e executando mais uma vez o(s) comando(s) utilizado(s) originalmente. A imagem corrigida e cortada final aparece na **Figura 70c**.

Figura 70c Transformações e distorções de imagem não destrutivas agora são possíveis com camadas de Smart Object.

71 Corte em perspectiva

Muitas pessoas não percebem que a ferramenta Crop do Photoshop também é um tipo de ferramenta de transformação, permitindo corrigir pequenas distorções horizontais e verticais como parte do fluxo de trabalho do Photoshop. Para corrigir uma distorção vertical (como a ilusão de que um prédio ou outra estrutura parece estar "caindo para trás" em relação ao observador), use estes passos:

1. Selecione a ferramenta Crop, pressionando a tecla C ou Shift-C.
2. Arraste o contorno de seleção de corte pela imagem inteira.
3. Certifique-se de que as caixas de seleção Crop Shield e Perspective estejam marcadas e sua opacidade seja um valor relativamente alto ☑ Shield Color: ▇ Opacity: 83% ☑ Perspective .
4. Usando um dos pontos de canto conectados à margem do contorno de seleção, arraste para dentro até que a margem do contorno e a margem do assunto estejam razoavelmente paralelas (**Figura 71a**).

Figura 71a Use as margens do contorno de seleção de corte para manter um relacionamento mais ou menos paralelo com as margens inclinadas.

5. Repita os passos 4 e 5 com outras margens distorcidas da cena e, em seguida, arraste-as de volta para a margem da cena (**Figura 71b**).

Figura 71b Depois de feitos os ajustes de perspectiva, arraste as margens do contorno de seleção de corte de volta para a margem do quadro.

6. Clique em Return (Mac OS) ou Enter (Windows) para aceitar o corte em perspectiva. O resultado final aparece na **Figura 71c**.

Figura 71c Os resultados finais de um rápido corte em perspectiva podem fazer uma diferença significativa na qualidade de uma fotografia.

72 HDR Pro: dicas de exposição

Antes mesmo de se chegar ao estágio de usar Merge to HDR Pro, existem vários processos fotográficos a considerar ao se preparar para fotografar uma cena para saída em HDR:

- Use o recurso de exposição com bracketing da sua DSLR. A câmera pode mudar a velocidade do obturador de forma progressiva e fotografar várias imagens muito mais rápido do que qualquer fotógrafo. Para obter mais informações sobre bracketing, consulte o manual de sua câmera.

    Normalmente, as fotos HDR são capturadas como uma série de 3, 5 ou 7 exposições. Para a maioria dos cenários, 5 exposições devem funcionar bem e impedir que seu cartão de memória fique cheio rápido demais. Para cenas com diferenças apenas moderadas entre os tons mais claros e os meios-tons, 3 exposições devem funcionar. Para cenas mais escuras com detalhes muito brilhantes, talvez sejam necessárias 7 exposições.

- *Não* mude o valor de abertura de uma foto para outra em determinada série de exposições com bracketing. Se fizer isso, a qualidade final do arquivo HDR mesclado vai ser prejudicada, devido à nitidez discordante e, possivelmente, a artefatos. Em alguns casos, o Photoshop também pode ter dificuldade de alinhar as fotos com precisão.

    Use o modo Aperture Priority e sua visualização de profundidade de campo para encontrar o nível certo de nitidez para cada cena e combine essa configuração para cada conjunto de exposições com bracketing que fizer dessa cena.

- Se sua DSLR suportar isso, use o modo de *fotograma completo* ou de medição de *matriz*, em que a câmera considera todos os elementos da cena ao determinar os valores de exposição. Lembre-se de que não é preciso se preocupar com a exposição de uma área pequena na cena, pois são boas as chances de que pelo menos em uma de suas fotos com bracketing essa área seja exposta corretamente.

- Se possível, use um tripé ou uma lente que suporte redução de vibração. Mesmo uma ligeira falta de clareza de uma foto para a seguinte pode causar problemas ao se mesclar as fotografias em uma exposição HDR.

Fluxos de trabalho de várias exposições

Esta seção inclui cinco dicas que se concentram em dois dos fluxos de trabalho mais poderosos (e, francamente, surpreendentes) do Photoshop CS5: Merge to HDR Pro e Photomerge. Cada um permite fazer várias exposições e combinar os arquivos em uma única foto. Com Merge to HDR Pro, a Adobe criou os ingredientes de uma solução de ponta para fotografia High Dynamic Range. Para funcionar de maneira eficiente, ela exige bastante poder de hardware, mas vale qualquer espera envolvida. Photomerge se destina a ajudar na criação de imagens panorâmicas belas e contínuas em muito pouco tempo e faz esse trabalho extremamente bem.

73 HDR Pro: criando o arquivo

- Se estiver tirando fotos no formato nativo, consulte a Dica 36 para saber das coisas a serem lembradas ao se fazer o pré-processamento desses arquivos no Lightroom ou no ACR.

Quando as exposições com bracketing estiverem feitas importadas para seu computador e pré-processadas (temperatura da cor, redução de ruído, aberração cromática, etc.), é hora de mesclá-las. Escolha File > Automate > Merge to HDR Pro para ativar a caixa de diálogo Merge to HDR Pro. Esse recurso foi significativamente aprimorado no Photoshop CS5.

Escolha as opções apropriadas com base em como tiver organizado as exposições com bracketing em sua unidade de disco rígido. Clique no botão Browse para abrir a caixa de diálogo de arquivos de seu sistema para que você possa localizar e selecionar suas fotos com bracketing. Quando elas forem abertas, os nomes de arquivo vão aparecer na caixa de diálogo (**Figura 73**).

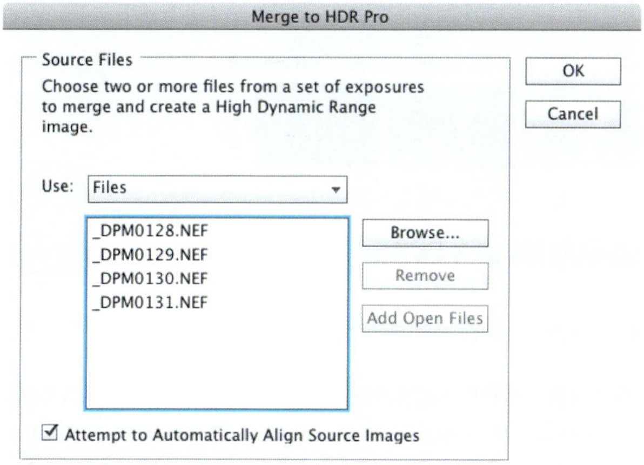

Figura 73 A caixa de diálogo Merge to HDR Pro facilita o processo de reunir os arquivos e alinhá-los quando o Photoshop mesclá-los.

Como último passo, escolha a opção Attempt to Automatically Align Source Images. Isso pode ajudar em particular as fotos com apoio manual, quando a câmera pode ter se movido ligeiramente de uma exposição para a seguinte.

Algumas palavras sobre HDR

A maioria dos fotógrafos conhece bem as limitações das câmeras modernas. Frequentemente, encontramos cenas com alta faixa dinâmica que nos obriga a "expor para as altas-luzes" ou a "expor para as sombras", dependendo de nosso objetivo. Mas, quando fazemos isso, algo costuma ser deixado para trás pela câmera – detalhes são perdidos nas outras partes da cena. Os fluxos de trabalho HDR (High Dynamic Range) tentam resolver esse problema usando uma série de exposições (cada uma capturando uma parte diferente da gama cromática da cena) para criar uma única imagem altamente detalhada exibindo a "exposição correta" de todas as áreas da cena.

74 HDR Pro: mapeamento de tons

Após o processamento das exposições originais, a interface de usuário do Merge to HDR Pro aparece em uma janela modal (**Figura 74a**).

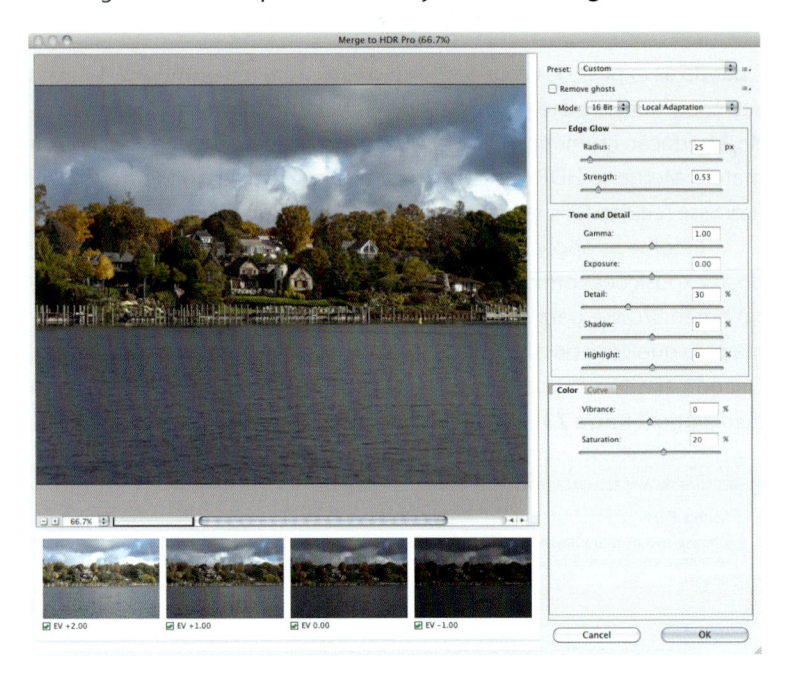

Figura 74a A janela do Merge to HDR Pro.

Modo Tone Mapping

Por padrão, o Merge to HDR Pro exibe opções e controles para um fluxo de trabalho ou *modo* Local Adaptation de 16 bits. Como essa combinação oferece os recursos mais poderosos para definir a aparência de uma imagem HDR e como fornece uma transição fácil para um processo de edição de 16 bits, esse é o modo que recomendo.

Também existem opções para saída de 8 e 32 bits e três opções de conversão adicionais para os modos de 8 e 16 bits: Equalize Histogram (uma "média" automática dos dados), Exposure & Gamma (utiliza um controle deslizante de Gamma para definir o ponto de branco e um controle deslizante de Exposure para manipular o brilho) e Highlight Compression ("média" automática que tenta evitar que as altas-luzes sejam cortadas, normalmente resultando em imagens de aparência mais suave).

Remove Ghosts

O próximo passo é decidir se a opção Remove Ghosts (localizada logo acima do menu pop-up Mode) ☐ Remove ghosts Mode: 16 Bit é necessária. Para HDR, *fantasmas* se referem a um efeito borrado leve que pode ocorrer quando o Photoshop tenta ajustar áreas do quadro que contêm um assunto cuja posição muda de uma exposição para a seguinte. Folhas sopradas pelo vento, água fluindo diante da câmera e nuvens passageiras são cenários que podem produzir fantasmas. A **Figura 74b** mostra detalhes sutis de onda adicionados à superfície do lago, que estavam indistintos anteriormente.

Fantasmas: imagem de base

É possível escolher qual exposição vai servir de base para a correção de fantasmas. Basta clicar em uma miniatura para escolhê-la como imagem de base.

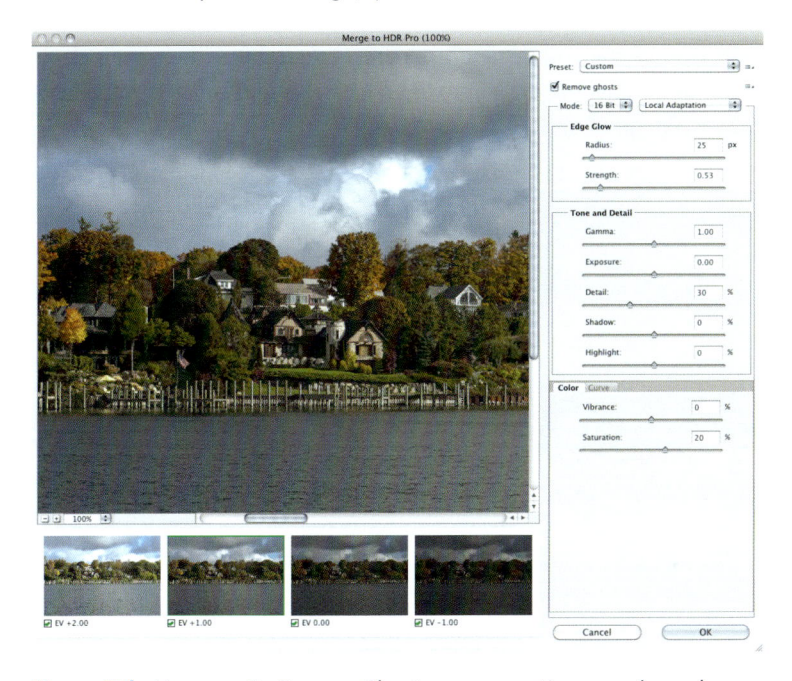

Figura 74b Use a opção Remove Ghosts para garantir que as áreas do quadro com assuntos em movimento não fiquem borradas.

Tone & Detail

Os controles de Tone & Detail são análogos aos dos painel Basic do Lightroom ou do ACR (Dica 25) e têm propósito semelhante.

Gamma – Esse controle deslizante ajuda a estabelecer o equilíbrio tonal global da cena e frequentemente é útil – quando usado em combinação com os controles deslizantes de Exposure e Highlight – para manter detalhes muito brilhantes, sem torná-los branco-puro. Se o valor do controle deslizante é diminuído (arrastando-se para a direita), os tons brilhantes se tornam mais escuros, enquanto os tons mais escuros se tornam mais claros; o contraste diminui. Se o valor do controle deslizante é aumentado (arrastando-se para a esquerda), as áreas mais claras se tornam brilhantes, enquanto as áreas mais escuras ficam ainda mais escuras. Em geral, ajustes pequenos são melhores (**Figura 74c**).

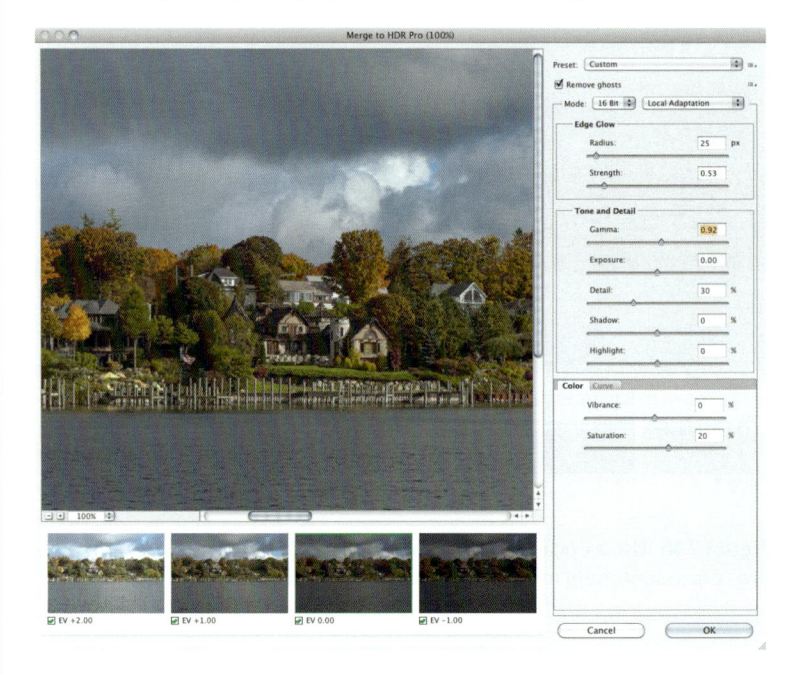

Figura 74c Uma pequena diminuição no valor de Gamma pode ajudar a restaurar detalhes nas altas-luzes extremamente claros ou sombras cortadas.

Removendo exposições

Se você verificar que duas exposições em suas miniaturas são muito parecidas ou encontrar uma que não parece acrescentar qualquer detalhe nas áreas de altas-luzes ou sombra, pode removê-la do processo HDR clicando na pequena caixa de seleção ao lado de seu valor de exposição. Quando isso é feito, o Merge to HDR Pro atualiza a visualização para que você possa ter certeza de que a exposição é desnecessária.

Capítulo 4: Aperfeiçoando imagens no Photoshop CS5

Exposure – Arraste esse controle deslizante para a direita a fim de aumentar o brilho da cena global. A **Figura 74d** mostra a cena ligeiramente mais clara, enquanto leva as nuvens brancas para perto do ponto de corte (isso vai ser manipulado pelo controle deslizante de Highlights).

Recupere detalhes

Muitas vezes, se você configurar o brilho desejado e as áreas mais claras forem cortadas, pode recuperar o detalhe com o controle deslizante de Highlights.

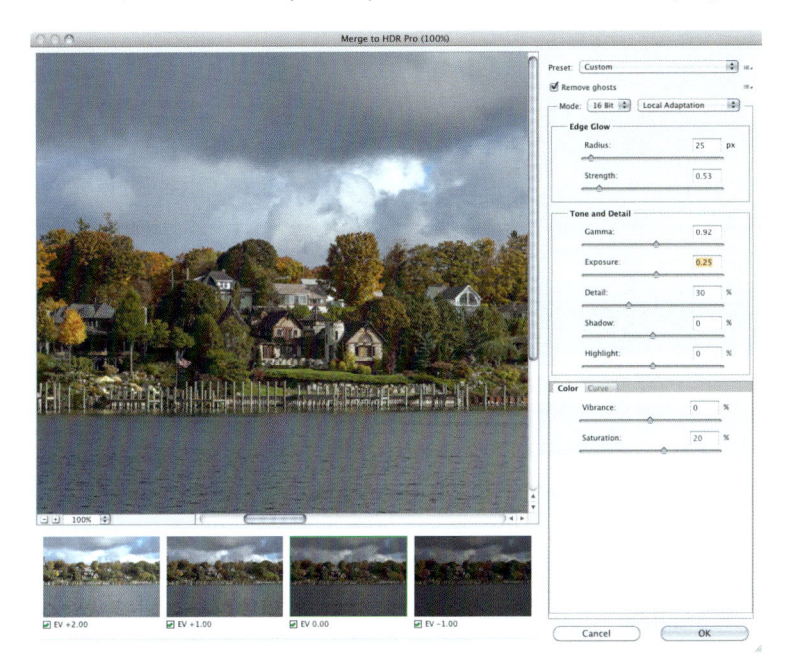

Figura 74d O controle deslizante de Exposure é utilizado para definir o brilho global da cena.

Detail – Esse controle deslizante fornece a mesma funcionalidade do controle deslizante de Clarity no painel Basic do Lightroom e do ACR. Arraste o controle deslizante para a direita a fim de aumentar o detalhe aparente e a nitidez. Se estiver trabalhando em um assunto (como um retrato) que exige detalhe de textura mais suave, arraste o controle deslizante para a esquerda (**Figura 74e**).

Adobe Digital Imaging How-Tos

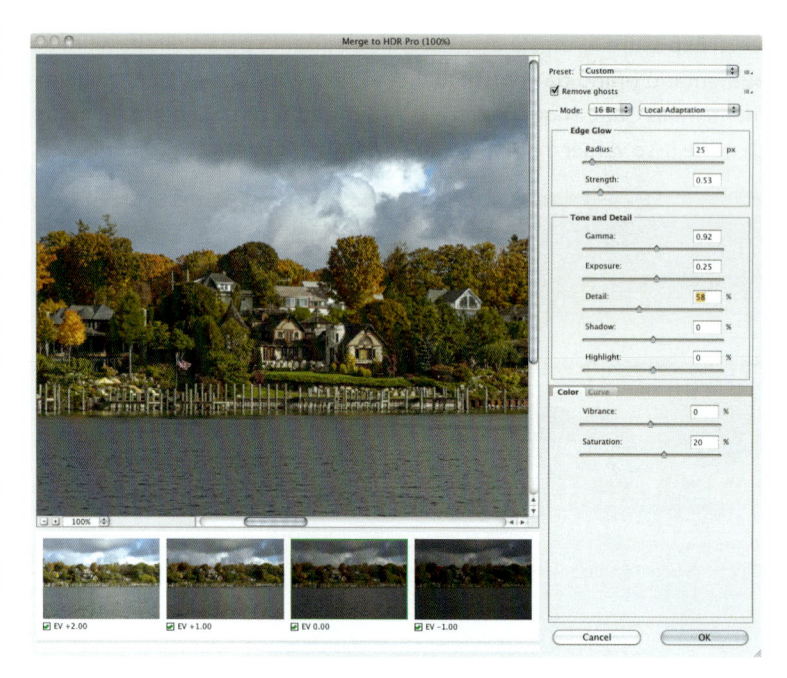

Figura 74e Use o controle deslizante de Detail para melhorar a nitidez observada na imagem, particularmente nas áreas de meio-tom.

Shadow – Esse controle deslizante pode ajudar a restaurar detalhes nas áreas mais escuras da imagem sem diminuir o contraste.
Highlight – Esse controle deslizante permite recuperar detalhes em áreas muito claras sem diminuir o contraste (**Figura 74f**).

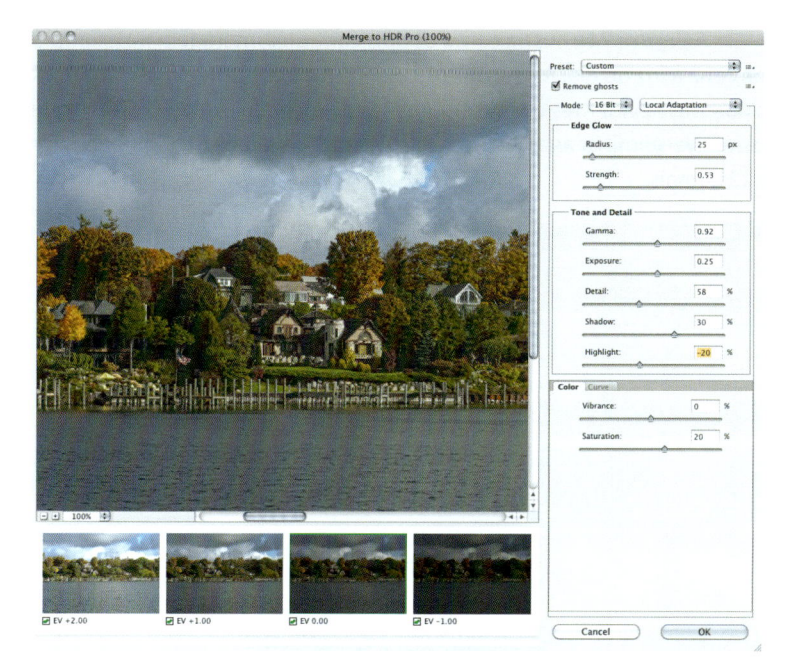

Figura 74f O controle deslizante de Highlight recupera detalhes nas áreas muito claras da cena sem diminuir o contraste.

Edge Glow

Talvez você tenha notado que muitas fotografias HDR postadas online e exibidas em outros lugares têm uma qualidade quase ilustrativa. Para os objetivos deste livro, o enfoque vai ser em manter as coisas com a aparência mais autêntica possível. Os controles de Edge Glow permitem alcançar esse resultado.

Radius – Esse controle deslizante regula o tamanho do efeito glow em torno de margens de alto-contraste.

Strength – Esse controle deslizante determina o quanto o efeito glow é pronunciado. O uso dos controles deslizantes de Radius e Strength exige algumas experiências para se ter uma ideia de como cada configuração interage com a outra.

A **Figura 74g** ilustra como os dois controles interagem no exemplo da cena à luz do dia. As nuvens são o enfoque aqui, pois elas mostram os sinais mais evidentes das configurações de glow utilizadas. Observe que é possível eliminar as altas-luzes se sua combinação de configurações for alta demais.

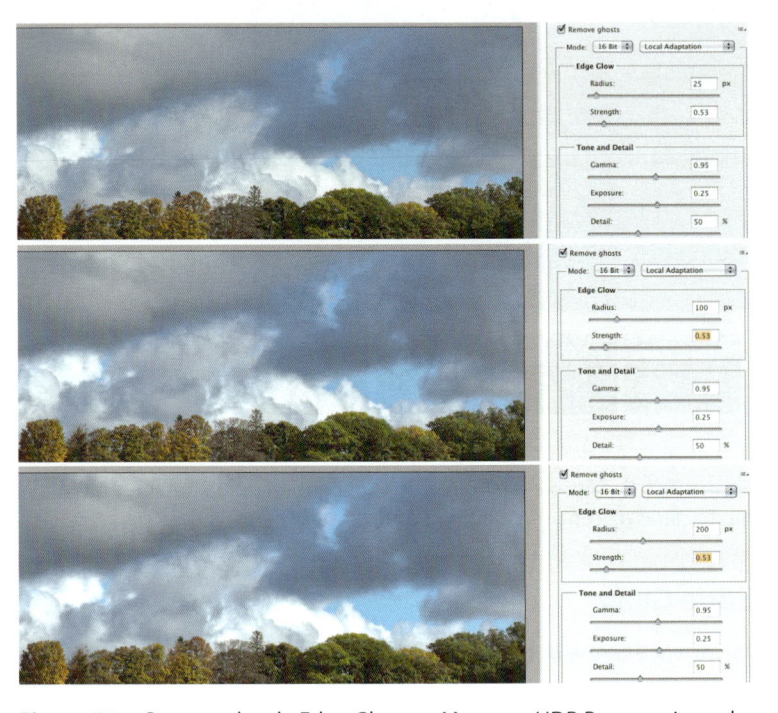

Figura 74g Os controles de Edge Glow no Merge to HDR Pro permitem definir se as áreas de contraste mais alto assumem uma aparência mais realista ou mais surrealista.

75 HDR Pro: cores e curvas

O último passo no aperfeiçoamento de sua foto HDR é melhorar os valores de cor globais e ajustar o contraste global.

Painel Color – Esse painel utiliza os controles de Vibrance e Saturation que funcionam sob os mesmos princípios daqueles encontrados no painel Basic do Lightroom. Normalmente, é melhor fazer ajustes menores com o controle deslizante de Saturation e, então, usar o controle deslizante de Vibrance para finalizar a edição (**Figura 75a**).

Lendo a curva/histograma

Histogramas são representações abstratas de todos os dados tonais de sua imagem. A margem esquerda do histograma representa tons pretos-puros (100% cinza) e a margem direita, os tons brancos-puros (0% cinza). A área central representa os meios-tons (o meio exato representa tons 50% cinzas). "Picos" grandes indicam que uma proporção relativamente maior de tons de sua imagem fica nessa região. A Figura 75c indica que a maioria dos dados nessa imagem HDR se encontra nas áreas de meio-tom.

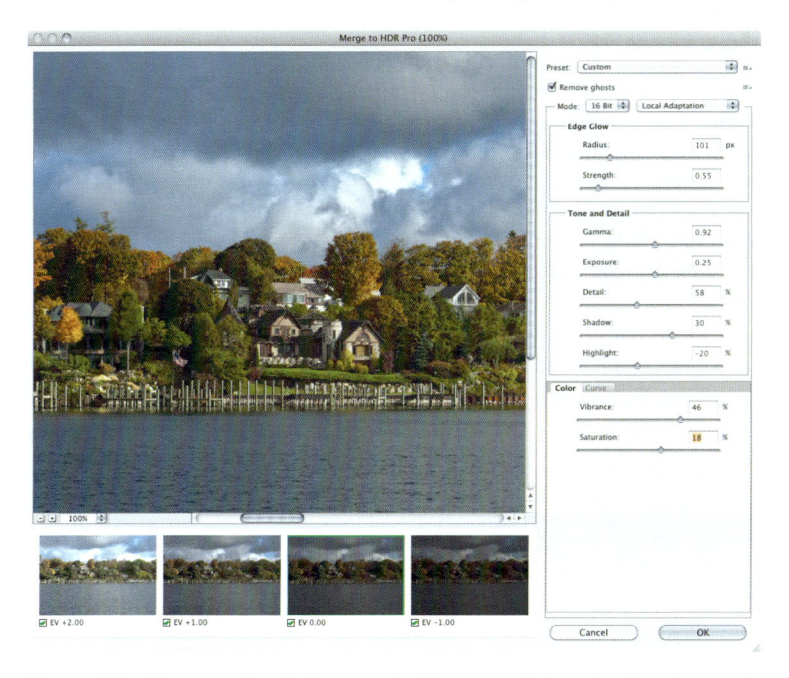

Figura 75a Os controles deslizantes de Vibrance e Saturation funcionam de comum acordo para aumentar a intensidade de cor geral de suas imagens.

Point Curves & Corner Points – À primeira vista, o painel Curves do Merge to HDR Pro parece um pouco trivial. Não existem controles de canal nem ferramentas Targeted Adjustment. Contudo, a opção Corner, na parte inferior do painel, faz toda a diferença em relação a um controlador de curvas padrão.

Para começar a usar a opção Curve, dê uma olhada em sua visualização de HDR e verifique se existem regiões localizadas que poderiam ser clareadas ou escurecidas isoladamente. Então, defina pontos ao longo da curva para dividir as regiões tonais (**Figura 75b**).

Ponteiros de curva

Basicamente, existem dois motivos para se definir um ponto na curva:
- Ajustar a curva e, portanto, o brilho dessa região tonal
- Ancorar a curva no lado oposto de seus ajustes para que esses tons não sejam afetados

Mais informações sobre Edge Glow

Mesmo que os controles de Edge Glow sejam tratados aqui depois dos controles de Tone e Detail, pode ser interessante voltar e verificar uma segunda vez, depois que você tiver aplicado sua curva de tons, pois isso tem forte efeito no contraste. Mova o controle deslizante de Radius um pouco para frente e para trás, certifique-se de ter alcançado a aparência desejada e, então, faça o mesmo com o controle deslizante de Strength.

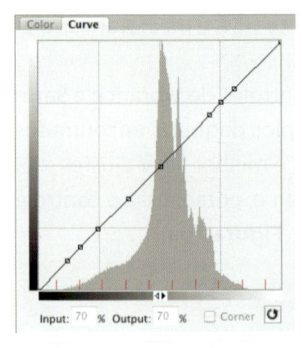

Figura 75b Configure os pontos da curva de modo a existir um ou mais pontos de controle nas áreas que você deseja modificar, assim como um ponto de controle para cada área, a fim de isolar as edições.

Para criar os *pontos de ancoragem*, selecione-os um por um e clique no botão Corner a cada vez. Quando tiver acabado, você pode começar a empurrar os outros pontos da curva para criar o contraste desejado. Arrastar um ponto para baixo escurece os tons; arrastar para cima os clareia (**Figura 75c**). Observe como os pontos de canto isolam as edições.

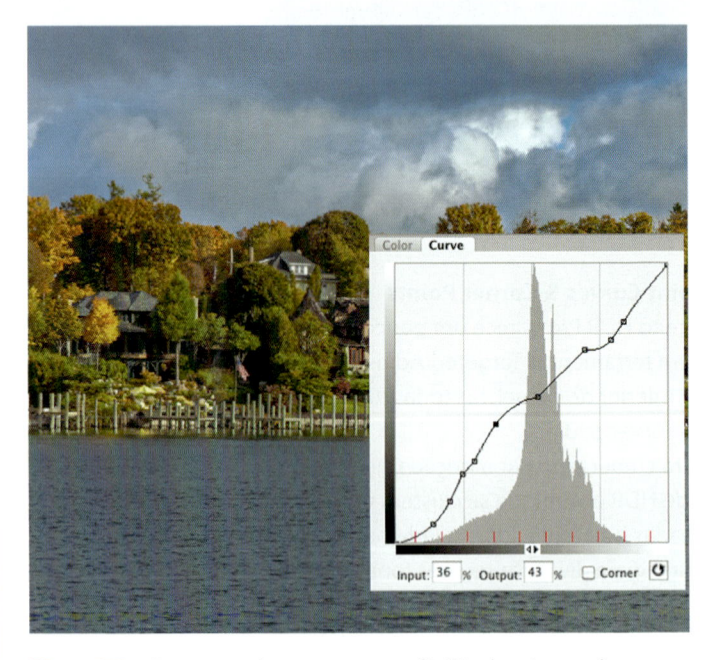

Figura 75c Os pontos de canto tornam fácil isolar ajustes de curva.

Quando conseguir a aparência desejada, clique em OK para finalizar a mesclagem do HDR. Em seguida, o Photoshop inicia o processamento dos dados em um arquivo de 16 bits.

76 Fotografias panorâmicas com Photomerge

Criar fotos panorâmicas é uma das coisas mais gratificantes que se pode fazer com o Photoshop. Assim como no HDR, seus olhos e sua mente tendem e captar mais informações quando você olha para "cena mais ampla" – uma linda vista na natureza, uma panorâmica urbana impressionante ou outras cenas abertas. Contudo, quando você tenta capturar essa mesma cena com uma lente grande-angular, algo "se perde na tradução" devido às distorções da perspectiva e a outros problemas. É possível resolver essas questões fazendo várias exposições sobrepostas de uma cena de grande abertura angular e usando o Photoshop para "costurá-las" perfeitamente.

Dicas para fotos panorâmicas

Assim como na fotografia HDR, existem algumas dicas a serem lembradas.

- Use o modo Aperture Priority em sua câmera. Escolha uma única abertura usando sua visualização de profundidade de campo e, à medida que mover a câmera para cada novo ângulo de visão, enfoque uma parte do quadro que esteja aproximadamente à mesma distância de cada ponto focal anterior.

- Use um tripé. É possível produzir excelentes resultados usando uma lente manual com tecnologia de redução de vibração, mas por que arriscar?

- Fotografe na orientação vertical e sobreponha por 20 a 30% cada quadro que você tirar. Certifique-se de que existam em cada sobreposição alguns detalhes óbvios que sejam compartilhados pela foto anterior, a fim de que o Photoshop possa entender a cena e costurá-la sem nenhuma duplicata ou características ausentes.

Criando uma fotografia panorâmica

Depois de ter feito exposições sobrepostas para sua panorâmica e ter importado e processado no Lightroom ou no ACR, escolha File > Automate > Photomerge. Essa ação abre a caixa de diálogo Photomerge, a qual contém as mesmas opções de Merge to HDR Pro para selecionar arquivos, além de várias opções adicionais, abordadas nas seções a seguir (**Figura 76a**).

Adobe Digital Imaging How-Tos

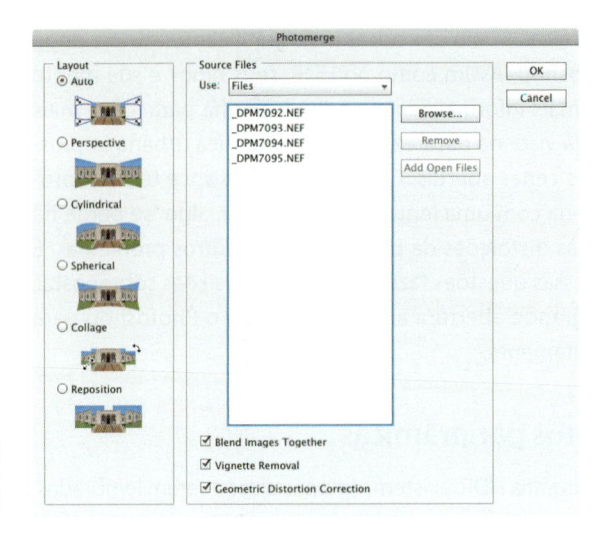

Figura 76a A caixa de diálogo Photomerge.

Layout

As opções desta seção definem os algoritmos ou métodos utilizados pelo Photoshop para costurar suas exposições.

   Auto – Esse método normalmente produz resultados muito bons e é a opção que escolho com mais frequência. O Photoshop avalia as imagens e opta por costurá-las usando layout Perspective, Cylindrical ou Spherical.

   Perspective – Esse método toma a imagem central como referência e utiliza uma combinação de transformações de escala, inclinação e rotação nos outros arquivos para criar uma extensão contínua.

   Cylindrical – Esse método serve para fotos panorâmicas de ângulo extremamente aberto que não podem ser processados com o método Perspective.

   Spherical – Esse método funciona de forma muito parecida com o Cylindrical, exceto por ser projetado para uso em panorâmicas de 360°.

   Collage – Esse método alinha as camadas e utiliza transformações de escala e rotação para combinar os detalhes.

   Reposition – Esse método alinha as camadas, mas não usa transformações para combinar os detalhes.

Opções de manipulação de arquivo-fonte

A caixa de diálogo Photomerge fornece ainda algumas opçoes importantes para manipular seus arquivos-fonte.

Blend Images Together – O Photoshop tenta "amenizar" as diferenças no tom e na cor para que não haja costuras. Deixe-a ativada para todas as fotos panorâmicas.

Vignette Removal – Essa opção corrige quaisquer margens ou cantos demasiadamente escuros ou claros, para que a exposição pareça uniforme na cena inteira. Eu tendo a deixá-la selecionada também.

Geometric Distortion Correction – Essa opção remove quaisquer distorções de barril ou de almofada evidentes na cena. Recomenda-se deixá-la ativada, a não ser que você já tenha tratado das distorções geométricas no Lightroom ou no ACR.

A panorâmica não cortada aparece na **Figura 76b**. Observe como o Photoshop utilizou as quatro exposições como camadas e mascarou as partes irrelevantes depois de aplicadas as várias transformações e misturas.

Figura 76b O Photomerge pode fazer um trabalho rápido com vistas panorâmicas e outros temas de grande abertura angular. Observe a ausência de costuras.

Panorâmicas HDR

Se for ambicioso, você pode criar uma exposição com bracketing de cada seção de sua cena. Então, faça o seguinte:

- Processe as fotos no Lightroom ou no ACR para reduzir o ruído e outros defeitos (consulte a Dica 36).
- Combine cada série de valores de exposição (EV) com Photomerge usando configurações idênticas (isto é, se houver uma série EV de −2, −1, 0, +1, +2, use Photomerge em todas as fotos −2EV, depois nas fotos −1EV e assim por diante).
- Combine no Merge to HDR Pro os panoramas em que Photomerge foi aplicado.

Dicas para retoque de retratos

O Photoshop contém muitas ferramentas e métodos diferentes para lidar com problemas comuns de retoque de retratos, como suavização de rugas, remoção de manchas, clareamento de linhas de sombra e nitidez de olhos. O Photoshop CS5 acrescenta duas novas possibilidades, incluindo uma opção Content-Aware para Spot Healing Brush e dando nova vida à ferramenta Sharpen. O conjunto de dicas a seguir não é completo, mas representa as técnicas que utilizo com mais frequência para uma "correção rápida e limpa" ao retocar retratos.

Nota: para essas edições, é recomendado usar uma mesa digitalizadora sensível à pressão e caneta eletrônica.

77 Detalhes de retrato com Spot Healing

Nesta imagem (**Figura 77a**), as rugas leves em torno dos olhos e a pele avermelhada no nariz precisam ser suavizadas. Essas tarefas são executadas com Spot Healing Brush (pressione J ou Shift-J para circular pelo grupo).

Figura 77a Rugas leves e pequenas descolorações de pele são facilmente tratadas no Photoshop. Aqui, a imagem sem retoques aparece com 200% de ampliação. Para se obter os melhores resultados, normalmente é aconselhável retocar com ampliação de 100 a 200%.

Quando o pincel estiver ativo, vá até a barra Options e, no menu pop-up Brush Picker, certifique-se de que o tamanho do pincel esteja de acordo com o diâmetro das rugas ou manchas que está tentando corrigir. Configurar o pincel com baixa a média maciez e pequeno espaçamento também pode ajudar. Por fim, escolha a opção Content-Aware para o tipo de tratamento e, em seguida, crie uma (ou mais) nova camada de retoque vazia e selecione Sample All Layers na barra Options (**Figura 77b**). Essa é uma nova opção de tratamento no Photoshop CS5.

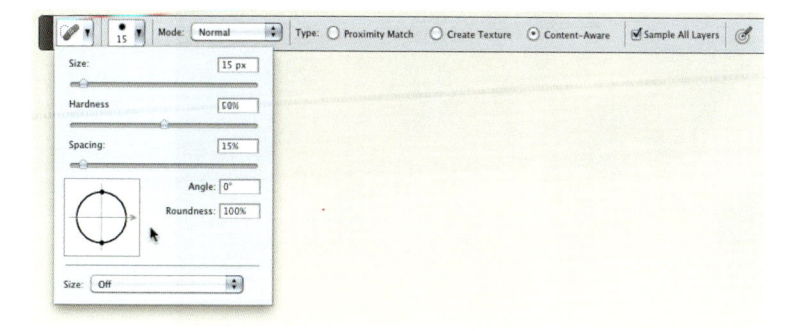

Figura 77b Configure o tipo (ou modo) de Spot Healing Brush como Content-Aware e, então, redimensione o pincel de modo que seja um pouco mais largo do que as rugas que está tentando remover.

Quando seu pincel estiver configurado corretamente, coloque o cursor perto do início de uma ruga e, então, com um único traço, siga a ruga até o fim e levante a caneta eletrônica. O Photoshop vai usar imediatamente a textura e a cor circundantes para fazer a correção (**Figura 77c**).

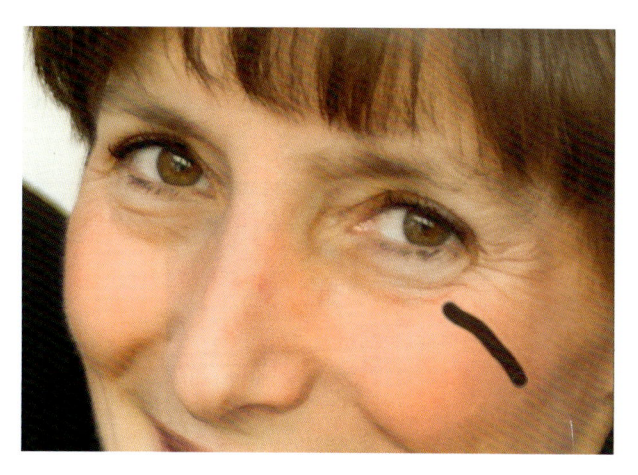

Figura 77c Uma passada rápida de Spot Healing Brush pode eliminar uma ruga completamente sem deixar vestígios.

Em seguida vem a mancha no nariz. Se você tentar corrigi-la com o modo Proximity Match padrão, vai ter um pequeno problema (**Figura 77d**). O Photoshop corrige a cor, mas cria uma área clara.

Figura 77d Embora o modo Proximity Match de Spot Healing Brush funcione bem para muitos usos, pode ter dificuldade com áreas de contraste relativamente alto.

Volte para o modo Content-Aware a fim de fazer a mesma correção. Não somente a mancha colorida é removida, como também os pixels substitutos se misturam muito bem na pele circundante (**Figura 77e**). Essa figura também mostra os resultados de várias passagens extras de remoção de rugas.

Figura 77e O uso do tipo de tratamento Content-Aware com Spot Healing Brush pode produzir resultados muito suaves e realistas rapidamente.

78 Correções sob os olhos

Outra tarefa de retoque comum é suavizar os efeitos de rugas ou círculos diretamente debaixo dos olhos. Mais uma vez, Spot Healing Brush é a arma escolhida, usando configurações semelhantes (e a mesma camada de retoque) às anteriores. Em vez de dar uma única passada ou pincelada como ao corrigir rugas, use Spot Healing Brush para preencher a área, tomando cuidado para não cobrir a pálpebra, se puder evitá-la (**Figura 78a**).

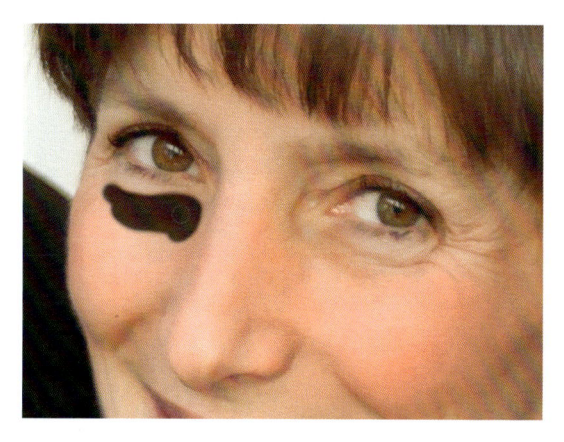

Figura 78a Usando Spot Healing Brush, pinte sobre a área debaixo do olho, tomando cuidado para não cobrir a pálpebra ou uma parte muito grande das áreas circundantes.

Quando levantar a caneta eletrônica, você vai obter um resultado de aparência bastante falsa (**Figura 78b**), mas não se preocupe, não terminamos ainda! A Dica 79 trata da parte do realismo.

Figura 78b Apenas na metade do caminho! Use Spot Healing Brush como primeiro passo na diminuição de círculos sob os olhos.

79 Mais realismo com o comando Fade

Continuando a Dica 78, escolha Edit > Fade Spot Healing Brush, o que abre a caixa de diálogo Fade (**Figura 79**). (Se houver outra coisa ao lado da palavra Fade, foi feita uma correção com outra ferramenta mais recentemente do que com Spot Healing Brush.)

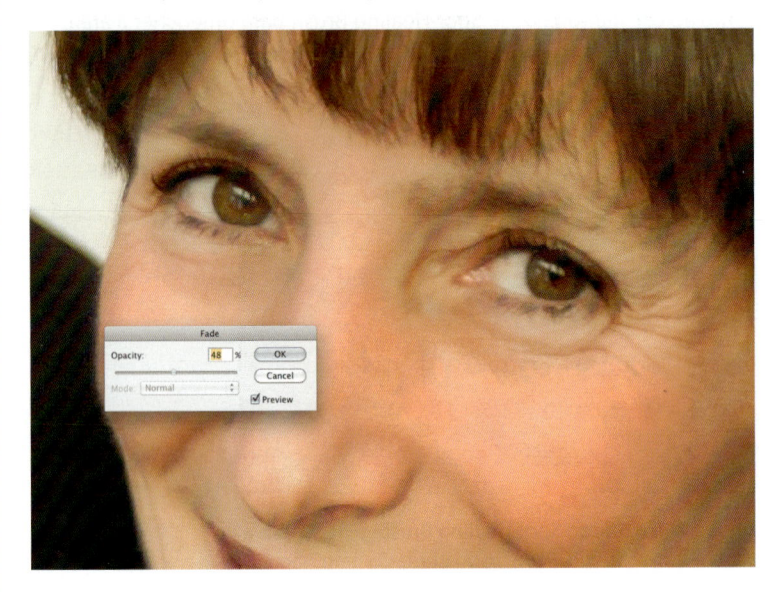

Figura 79 A caixa de diálogo do comando Fade utiliza um controle deslizante de porcentagem simples para ajudá-lo a "diminuir" a correção mais recente.

O objetivo do comando Fade aqui é "trazer de volta" a textura, o tom e a cor originais subjacentes à correção e – realmente – misturar os dois para que o efeito tenha uma aparência mais natural. Esse processo é feito com a redução do valor de Opacity, em geral algo entre 30 e 60%. O quanto usar em Fade é uma decisão um tanto subjetiva.

Nota

Não pode haver passos intermediários entre a correção que você está tentando fazer desaparecer de maneira gradual e o uso do comando Fade em si. É preciso utilizá-lo logo após o passo que está suavizando. Além disso, se em um outro momento você achar que é necessário um valor de Fade diferente, não poderá retroceder no histórico. Vai ser preciso refazer a correção uma segunda vez e usar Fade novamente.

80 Aprimoramentos em Sharpen

Durante muito tempo, a ferramenta Sharpen foi um pouco rejeitada quando se tratava de fazer retoques rápidos para melhorar detalhes como olhos ou outros componentes importantes de uma cena. Ela era considerada um instrumento muito grosseiro (ironicamente), com frequência deixando para trás artefatos ou outros resultados pouco apresentáveis. Isso não acontece mais! O Photoshop CS5 deu nova vida à ferramenta Sharpen, fornecendo uma configuração simples na barra Options, chamada Protect Detail (**Figura 80a**).

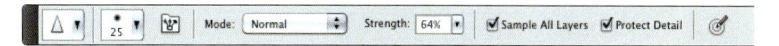

Figura 80a A opção Protect Detail é um novo acréscimo feito à ferramenta Sharpen, que mais uma vez se constitui em uma opção viável para rápidas correções de nitidez locais.

Quando você experimentar a ferramenta Sharpen com a opção Protect Detail ativa, vai ver uma diferença imediata na qualidade entre o antigo método de nitidez e o novo. Os detalhes são muito mais bem preservados e existem muito poucos artefatos, exceto ocasionalmente, com configurações de Strength muito altas. A **Figura 80b** é uma comparação lado a lado: a imagem da esquerda não tem nitidez; a do centro tem nitidez de 65% com a opção Protect Detail selecionada; e a da direita mostra uma nitidez de 65% sem nenhuma proteção de detalhe.

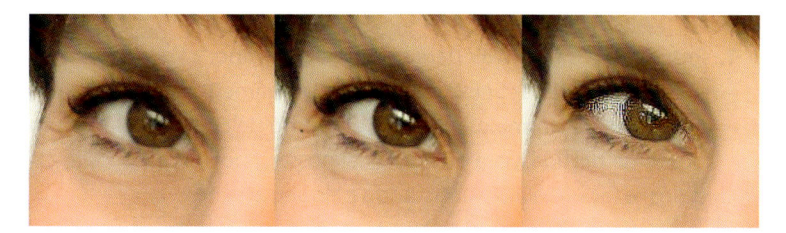

Figura 80b Agora são possíveis rápidas correções de nitidez local para pequenos detalhes, usando-se a ferramenta Sharpen e a opção Protect Details.

Fluxos de trabalho criativos

Mesmo havendo um componente de criatividade em muitos dos processos discutidos até aqui, existem vários recursos no Photoshop (os quais vamos abordar nas dicas 81 a 84) que levam a edição criativa mais além. Dois deles são novidades do Photoshop CS5.

A ferramenta Puppet Warp permite isolar assuntos específicos em uma cena e então curvá-los e distorcê-los de maneiras realistas ou divertidas. O comando Content-Aware Fill leva o preenchimento de lacunas para um novo patamar, permitindo preencher buracos transparentes causados por outras edições, na maioria dos casos com um grau de realismo extremamente alto. Por fim, embora o filtro Lens Blur não seja novidade no CS5, ele fornece um alto grau de precisão quando se trata de fazer efeitos de borrão realistas em suas fotos.

81 Camadas a partir de seleções

O primeiro passo no fluxo de trabalho com Puppet Warp é criar uma nova camada a partir de um objeto cuidadosamente selecionado na cena; em seguida, essa camada vai ser usada como parte do processo Puppet Warp. O processo de nova camada também oferece a oportunidade de criar um destino conveniente para o novo comando de preenchimento Content-Aware. Vamos dar uma olhada. A bandeira da **Figura 81a** vai servir como "fantoche" na Dica 83, mas por enquanto ela precisa ser selecionada.

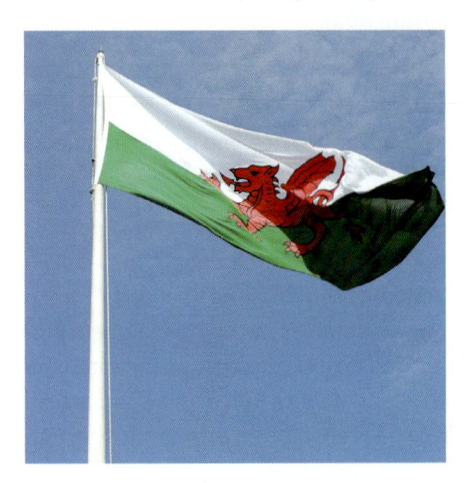

Figura 81a Essa bandeira vai servir de "fantoche", posteriormente, na Dica 83.

1. Pressione W ou Shift-W para circular pelo grupo, a fim de escolher a ferramenta Quick Select. Configure um diâmetro com que se sinta à vontade (normalmente algo em torno de 60 pixels é um bom ponto de partida, para que o pincel possa caber em espaços apertados) e faça a seleção arrastando pelo seu assunto.

2. Amplie a seleção para ter certeza de não perder quaisquer pontos ou fazer uma adição indevida. Se for necessário adicionar algo, dê pinceladas muito curtas sobre a área omitida. Se precisar remover algo, mantenha a tecla Alt pressionada e arraste uma pincelada curta sobre essa área (**Figura 81b**).

Figura 81b Para remover as seções incluídas erroneamente na seleção, mantenha a tecla Alt pressionada e dê pinceladas curtas sobre as áreas do fundo. Para aumentar uma seleção, basta dar pinceladas curtas adicionais (nenhuma tecla modificadora é necessária).

3. Clique no botão Refine Edge da barra Options. Para refinar sua seleção, use as técnicas de aprimoramento Smart Radius e Color, discutidas nas dicas 65 e 66.

4. Certifique-se de clicar duas vezes em sua camada de seleção, caso seja um fundo (para criar transparência atrás dele) e, em seguida, escolha Layer > New > Layer via Cut ou Shift-Command-J (Mac OS) ou Shift-Control-J (Windows). Esse procedimento recorta e cola o tema selecionado em uma nova camada, deixando-o no lugar. Quando a visibilidade da nova camada é desativada, o espaço transparente do original fica visível (**Figura 81c**).

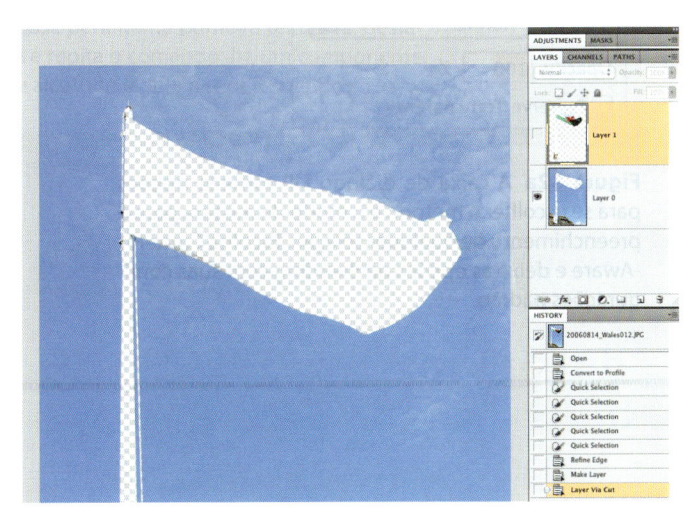

Figura 81c O comando New Layer Via Cut é uma boa maneira de isolar o tema do restante da imagem, preparando-o para um eventual fluxo de trabalho com Puppet Warp.

83 Seja criativo com Puppet Warp

Quando seu tema estiver isolado e você tiver preenchido o espaço transparente deixado por ele, você pode tentar ser um manipulador de fantoches digitais. Ative a visibilidade da nova camada criada na Dica 81; a imagem deve estar como quando você começou. Escolha Edit > Puppet Warp. Esse também é um recurso novo do Photoshop CS5. Vai aparecer uma grade especial sobre sua camada, fornecendo várias configurações na barra Options (**Figura 83a**).

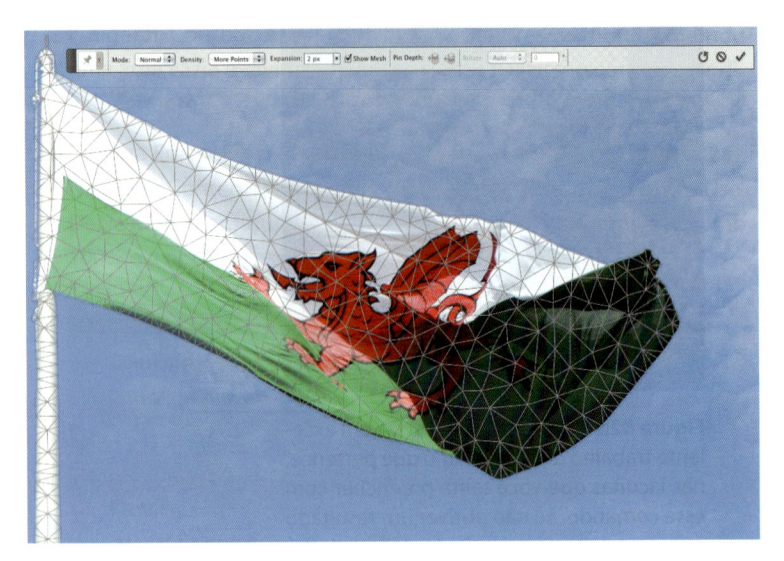

Figura 83a As opções de Puppet Warp.

Menu Mode

Existem três tipos de distorções diferentes que podem ser aplicadas pelo Photoshop: Rigid, Normal e Distort. Elas se referem à elasticidade utilizada em seu assunto ao distorcer. Em geral, Normal encontra um bom ponto de equilíbrio entre a qualidade da textura e a flexibilidade da distorção.

Menu Density

Densidade (Density) se refere ao número de triângulos que compõem a grade ou malha que cobre o assunto a ser distorcido. Quanto mais alta a densidade, mais suaves os resultados da distorção, mas maior o tempo de processamento. Com frequência, a densidade Normal funciona bem.

(Mesh) Expansion

Essa configuração expande ou contrai a margem externa da grade ou malha.

Pins e Pin Depth

Pinos (Pins) são os pequenos marcadores ao longo da camada de distorção utilizados pelo Photoshop para distorcer a imagem quando você clica neles e os arrasta.

Pins – Esse método permite empurrar, puxar, inclinar ou girar parte da malha e, portanto, a camada vinculada à malha. Para adicionar um pino, clique no ponto da malha onde deseja colocá-lo. Quando um pino está selecionado, ele exibe um ponto preto no meio; um pino selecionado também é conhecido como *pino ativo*.

Para mover parte da malha, clique em um pino e arraste. Para girar a malha, em vez de arrastá-la, selecione o pino e mantenha a tecla Alt pressionada. Aparece um pequeno círculo em torno do pino; arraste-o para girar. A **Figura 83b** mostra vários pinos colocados na malha, com o pino ativo sendo girado. Para excluir um pino, clique nele com o botão direito do mouse e escolha Delete Pin no menu contextual. Para excluir todos os pinos e começar de novo, clique no botão Remove All Pins da barra Options.

Figura 83b A capacidade de manipular pinos permite gerar a malha de camada distorcida.

Pin Depth – Essa configuração é útil quando você distorce parte da grade ou malha sobre si mesma (áreas sobrepostas controladas por outros pinos) e precisa revelar uma parte da malha que está oculta. Quando se clica nos botões Set Pin Forward (à esquerda) e Set Pin Backward (à direita) , diferentes áreas da malha sobreposta são "puxadas para cima".

Basicamente, as áreas sobrepostas são tratadas como camadas empilhadas. Clicar nos botões Set Pin Forward e Set Pin Backward revela diferentes partes da "pilha". O segredo é lembrar que não se está alterando a ordem dos pinos; em vez disso, você está mudando a parte das malhas sobrepostas que está "ligada" ao pino ativo e, portanto, a parte da malha que vai se mover quando esse pino for movido (**Figura 83c**).

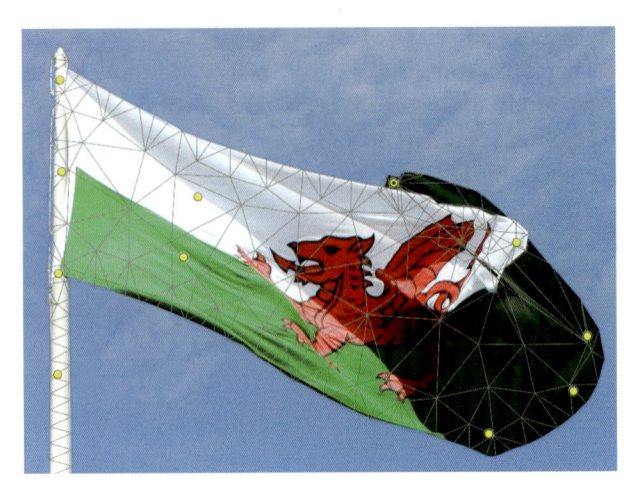

Figura 83c Use os botões Set Pin Forward e Set Pin Backward para mudar a parte de uma malha sobreposta que está ligada ao pino ativo.

Rotate

Essa configuração determina se um pino vai girar automaticamente com base no modo de distorção e outras configurações (Auto) ou se vai girar por um número fixo de graus (Fixed). Em geral, deixar essa configuração como Auto funciona bem. Se quiser utilizar Fixed, escolha essa opção no menu pop-up Rotate e, no campo de texto à direita, digite o número de graus.

A distorção concluída

A **Figura 83d** mostra o ajuste de distorção final com todas as configurações de malha e pinos visíveis; a **Figura 83e** ilustra a imagem final com as distorções aplicadas.

Figura 83d Distorções muito complexas podem ser feitas com o uso do modo Normal e densidade Mesh.

Figura 83e A bandeira distorcida final.

Mais informações sobre Puppet Warp

Como esse é um processo bastante complexo, você pode assistir a um vídeo com a ferramenta Puppet Warp em ação na página de produto deste livro, no site Peachpit.com.

84 Suavize o foco com o filtro Lens Blur

Muitas vezes, os fotógrafos podem se encontrar avaliando uma foto que consideram ter qualidades positivas, mas, por causa da abertura e das distâncias utilizadas, o fundo permanece focalizado demais (**Figura 84a**). Isso normalmente tem o efeito de tirar o olho do observador do ponto focal desejado. Nesse caso, nem tudo está perdido; o filtro Lens Blur se destina a aplicar um borrão de aparência autêntica em áreas específicas de uma imagem, ao passo que deixa as outras áreas intactas.

Figura 84a A foto deste banco abandonado é interessante, mas o fundo ficou definido demais, diminuindo a qualidade da imagem.

Setup

Decida quais partes da imagem precisam ser protegidas da alteração.

1. Faça uma seleção em torno dessa área. Como não é necessário contornar as margens do assunto de forma precisa, use a ferramenta Lasso (pressione L ou Shift L para circular pelo grupo) e faça um contorno relativamente suave em torno do assunto; evite criar qualquer cantos ásperos.

2. Use Refine Edge (Command-Alt-R para Mac OS ou Control-Alt-R para Windows) para adicionar vários pixels de difusão. Isso vai suavizar o contorno da seleção; talvez também seja necessário expandir um pouco a seleção (**Figura 84b**).

Figura 84b Use o comando Refine Edge para suavizar a transição da área de seleção; isso ajuda a evitar uma fronteira óbvia entre as áreas de foco e indistinção.

3. Crie um canal alfa para sua seleção.

4. Acesse o painel Layers e, antes de escolher Filter > Blur > Lens Blur, certifique-se de que sua camada de destino esteja selecionada. Isso abre a imagem na caixa de diálogo Lens Blur (**Figura 84c**).

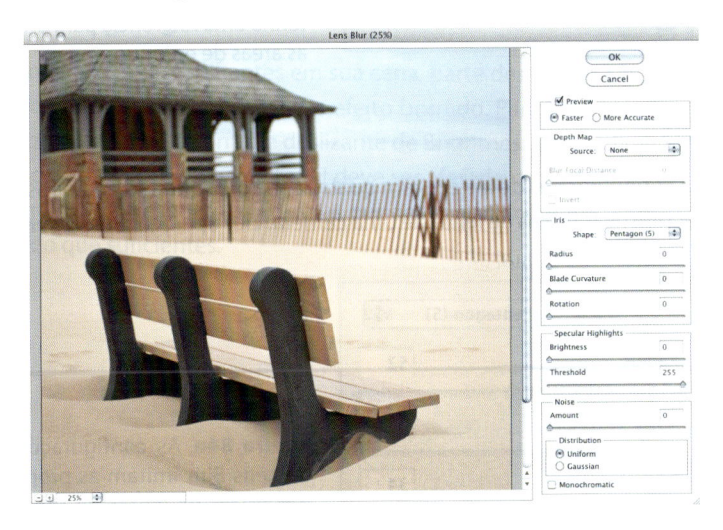

Figura 84c O filtro Lens Blur.

Pintando

Se você pretende fazer muita pintura de foto ou outros fluxos de trabalho de pintura criativos, pode configurar a área de trabalho do Photoshop para esse propósito. Clique no botão Painting na barra App.

Como alternativa, escolha Window > Workspace > Painting. Essa área de trabalho contém vários painéis úteis para fluxos de trabalho de pintura, incluindo o painel Brush, o painel Brush Presets, o painel Swatches, assim como muitos outros.

OpenGL

Vários dos novos recursos do Photoshop CS5 e CS5 Extended exigem uma GPU (ou placa gráfica) compatível com OpenGL para simular objetos tridimensionais. Bristle Brush Preview é um desses recursos. Escolha Help > Photoshop Help e procure "OpenGL" para saber mais sobre quais recursos utilizam essa tecnologia e quais placas gráficas são suportadas.

Quando você encontrar uma série de configurações de que goste, pode salvar as Bristle Tips como configurações predefinidas personalizadas usando o menu pop-up do painel Brush, escolhendo New Brush Preset, dando um nome para a configuração predefinida e clicando em OK na caixa de diálogo Brush Name.

Visualizando

O Photoshop CS5 fornece uma camada flutuante chamada Bristle Brush Preview (exige uma placa gráfica que suporte informações OpenGL), que fica sobre o documento ativo quando acionada. Ela pode ser ativada com um clique no ícone mais à esquerda na parte inferior do painel Brush. Daí em diante, você pode clicar em seu cabeçalho e arrastá-la a fim de mover a visualização para qualquer parte da janela. À medida que se move a caneta eletrônica de diferentes maneiras, a visualização fornece retorno em tempo real sobre o ângulo de inclinação do pincel, sobre a rotação cilíndrica (exige Wacom 6D Art Pen) e sobre a pressão que está sendo aplicada na ponta do pincel. Por padrão, Bristle Brush Preview mostra um pincel em escala de cinza, mas, se você mantiver a tecla Shift pressionada e clicar na camada, vai aparecer uma visualização tridimensional renderizada (**Figura 85b**).

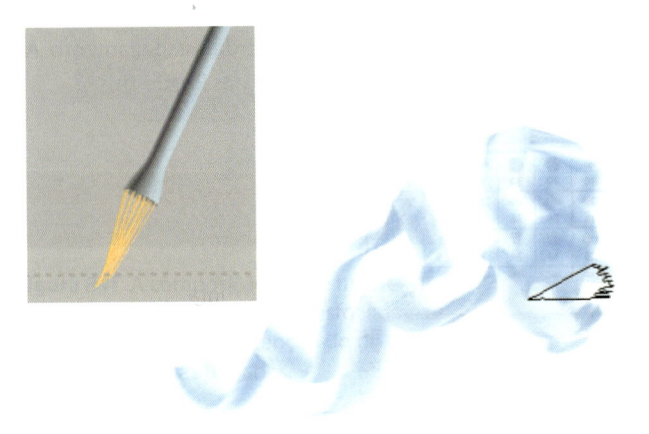

Figura 85b É possível visualizar as Bristle Tips à medida que se move a caneta eletrônica, como uma maneira de se acostumar com a ferramenta e fornecer retorno visual.

Experimentando

A melhor maneira de conhecer cada Bristle Tip e cada configuração é ativando Bristle Brush Preview e experimentando-as em algumas fotos. Observe o que acontece quando você muda de direção no meio do traçado, inclina a caneta eletrônica e a gira de diferentes maneiras.

86 Use Mixer Brush

É possível que agora você entenda melhor as diferenças das Bristle Tips em relação às configurações de pincel predefinidas normais, mas é importante examinar o outro lado da equação. Mixer Brush faz muito no sentido de conseguir vários dos efeitos de pintura que podem ser criados em programas como o Corel Painter, mas com uma fração da curva de aprendizado. O segredo de Mixer Brush é tratar os pixels coloridos como pintura real; isso significa que é possível misturar cores de novas maneiras e criar novos tipos de traço anteriormente inviáveis.

Para acessar Mixer Brush (que compartilha um grupo com a ferramenta Brush padrão), pressione B ou Shift-B para circular pelo grupo. O ícone de Mixer Brush apresenta uma pequena gota de tinta com um pincel. Quando Mixer Brush é selecionado, a barra Options é preenchida com várias configurações para controlar a "pintura digital" em sua foto (**Figura 86a**). As configurações mais importantes para se começar estão descritas com mais detalhes nas seções a seguir.

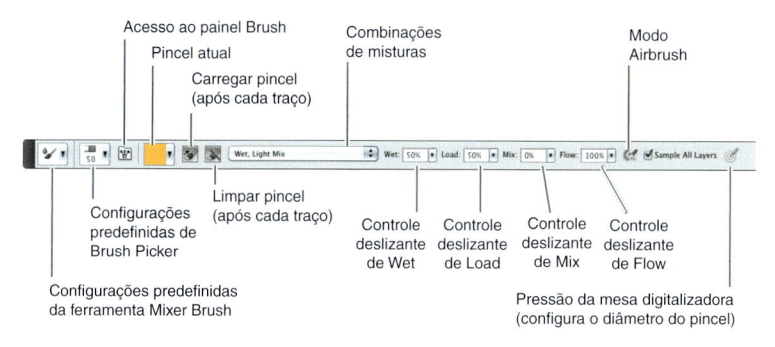

Figura 86a As novas configurações de Mixer Brush na barra Options.

Carga do pincel

Essa configuração imita o processo do acúmulo de tinta entre as cerdas e na superfície de um pincel. Para usar a carga de pincel, clique no botão Load Brush da barra Options e aumente o valor do controle deslizante de Load antes de pintar.

Como fotógrafo, quando pinto sobre fotos, prefiro não carregar o pincel para que, ao pintar uma área de detalhe específica, somente as cores dessa área sejam misturadas e movidas na tela de desenho. Evidentemente essa é uma decisão subjetiva; assim como na pintura real, não existem regras rígidas.

Limpeza do pincel

O Photoshop oferece a opção de limpar o pincel digitalmente simulado sempre que se pega a caneta eletrônica. Para limpá-lo após cada traço, clique no botão Clean Brush. Para criar uma pintura de aparência mais orgânica ou se estiver pintando em uma tela de desenho vazia, talvez queira deixar essa configuração desativada e limpar o pincel manualmente, abrindo o menu pop-up Current Brush Load e escolhendo Clean Brush (**Figura 86b**).

Figura 86b O menu pop-up Current Brush Load fornece opções para limpar manualmente e carregar o pincel ao pintar.

Wet

A configuração de Wet descreve a *viscosidade* ou "umidade" dos pixels digitais que vão ser espalhados na tela de desenho. Assim como nas pinturas reais, quanto menos seca é a tinta, mais ela pode ser espalhada na tela de desenho, misturando-se com outras cores e texturas à medida que se trabalha. A **Figura 86c** mostra pinceladas que utilizam (da esquerda para a direita) um valor de Wet de 10, 50 e 100%. As configurações de Bristle Tip e todas as outras de Mixer Brush foram as mesmas.

Figura 86c O controle deslizante de Wet ajuda a estabelecer a característica da pintura simulada, se é seca ou muito seca, permitindo que os pixels se espalhem e misturem as cores mais facilmente.

Mix

Essa configuração define a taxa de mistura ou a tendência de as cores se misturarem na tela de desenho quando você passa o pincel sobre elas, criando novas cores. Ao se usar tintas reais, certos tipos se misturam para criar novas cores, enquanto outros tendem a cobrir as cores subjacentes, dependendo dos meios utilizados e de outras variáveis. A **Figura 86d** mostra traços que utilizam (de cima para baixo) um valor de Mix de 0%, 40% e 80%. Todas as outras configurações foram as mesmas.

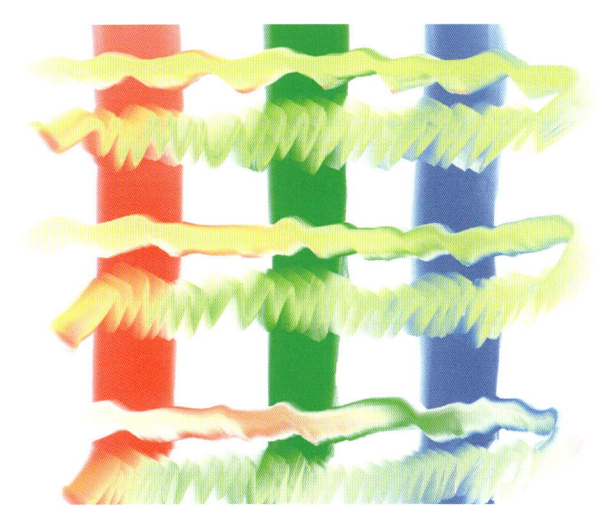

Figura 86d O controle deslizante de Mix ajuda a definir a quantidade de mistura de cor que ocorre ao se mover o pincel pela imagem.

Flow

Flow define a quantidade ou "densidade" da tinta simulada que está sendo colocada na tela de desenho. Quanto mais alto o valor, mais densa é a tinta, e as cores e detalhes debaixo dela aparecem menos.

Comece a pintar

O modo mais fácil de começar a usar Mixer Brush é clicando no menu pop-up Useful Combinations (**Figura 86e**). Ele combina quatro estados de tinta (Dry, Moist, Wet e Very Wet) com três níveis de carga ou mistura de tinta (Medium, Light e Heavy). As opçoes de Medium Mix sao as primeiras em cada série.

Figura 86e O menu pop-up Blending Combinations torna fácil começar a fazer experiências com Mixer Brush e a entender como utiliza os valores de Wet, Mix e Load para simular tinta sendo espalhada em uma tela de desenho.

Para pintura de fotos, meu processo normal é criar uma camada vazia sobre a camada Background (portanto, não estou pintando sobre o original). Certifico-me de que a opção Sample All Layers esteja ativa e, então, uso as configurações predefinidas de Moist ou Wet, com configurações de mistura Normal ou Heavy. A partir daí, utilizo um pincel menor de ponta mais fina e traços curtos, que torna fácil seguir os contornos de pequenos detalhes, enquanto uso pontas de pincel mais largas e traços mais longos ao trabalhar com áreas grandes de textura homogênea, como céus ou água (**Figura 86f**).

Figura 86f Exemplos de efeitos de pintura que podem ser obtidos com Bristle Tips e Mixer Brush.

87 HDR Toning

O ajuste HDR Toning (**Figura 87a**) se destina a criar fotografias que assumem uma aparência do tipo HDR, usando controles semelhantes àqueles encontrados em Merge to HDR Pro. HDR Toning pode ser usado em uma única exposição ou como uma extensão de Merge to HDR Pro.

Para imagens individuais, escolha Image > Adjustments > HDR Toning. Caso já tenha trabalhado com Merge to HDR Pro, os controles de HDR Toning serão bem conhecidos. Cada um dos controles, incluindo os pontos de curvas e cantos, funciona exatamente da mesma maneira como no Merge to HDR Pro (consulte as Dicas 72 a 75 para obter mais detalhes).

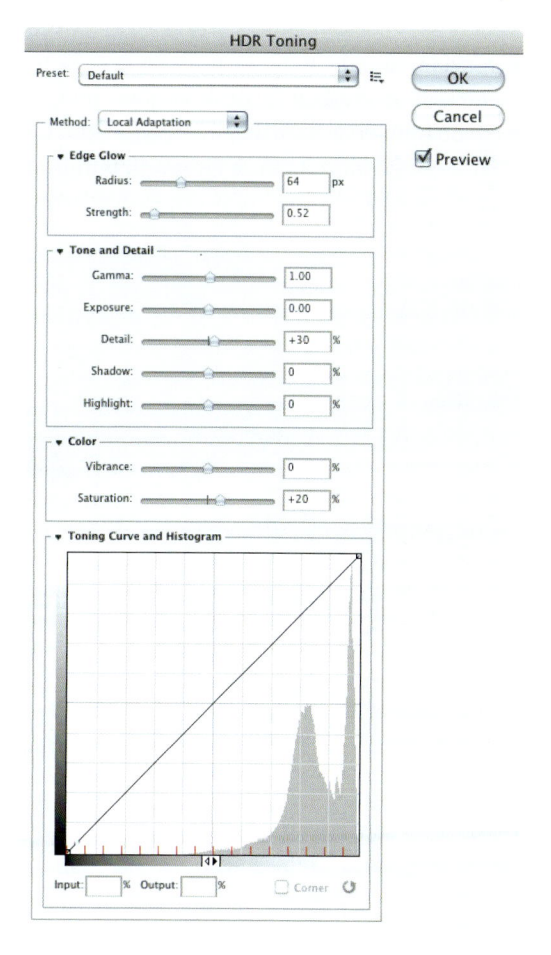

Figura 87a Os controles de HDR Toning.

Ajustes de imagem

Esta seção contém as últimas dicas sobre retoque e aprimoramento de imagens e enfoca uma das áreas mais importantes (se não *a* mais importante) do Photoshop. As ferramentas de ajustes de imagem são as escolhidas para manipular cores, tons e contrastes com precisão em uma fotografia e também são algumas das mais poderosas e úteis para estilização de fotos. Vamos encerrar a seção com um *pseudoajuste* – a nova configuração predefinida Neutral Density da ferramenta Gradient.

HDR Toning de 32 bits

Para usar HDR Toning Adjustment como ferramenta para editar arquivos HDR de 32 bits, abra suas exposições no Merge to HDR Pro escolhendo o modo de 32 bits e, então, configure o ponto de branco com o controle deslizante. A partir daí, você pode abrir a imagem no Photoshop para aplicar os controles de HDR Toning.

Alguns itens importantes a serem lembrados com HDR Toning:

- A qualidade da imagem depende da exposição de base; portanto, o melhor é começar com um arquivo nativo ou DNG bem exposto que tenha bastante detalhe nas altas-luzes e nas sombras, assim como nas áreas de meio-tom.

- Ao contrário da maioria dos ajustes de imagem, não há camada de ajuste para HDR Toning, e HDR Toning não pode ser usado como Smart Filter para edições não destrutivas. Isso exige um arquivo com uma só camada.

- Se for usar uma aparência estilizada, tente a opção Photorealistic High Contrast do menu pop-up Preset e ajuste quaisquer configurações que tenham criado problemas com detalhes exagerados ou detalhes perdidos nas áreas de altas-luzes. A **Figura 87b** mostra uma cena que utiliza essa técnica e as configurações empregadas.

Figura 87b As configurações predefinidas de HDR Toning podem fornecer um atalho útil para criar HDR estilizado.

88 Shadows/Highlights

O ajuste de Shadows/Highlights é uma das maneiras mais poderosas e precisas de melhorar o contraste global em suas fotos. Ele é mais usado para melhorar exposições sem contraste ou desbotadas, em que as altas-luzes talvez precisem ser um pouco escurecidas e as sombras clareadas para revelar seus detalhes e sua cor. Basicamente, Shadows/Highlights pode obter muitos efeitos iguais aos de um ajuste de Curves, mas utiliza um processo mais intuitivo. A **Figura 88a** mostra uma foto com contraste relativamente baixo nas sombras e nas áreas de meio-tom mais escuras.

Figura 88a O ajuste de Shadows/Highlights pode ser usado para melhorar fotos (como esta) que foram processadas no ACR ou no Lightroom, mas precisam de contraste localizado.

Para acessar o ajuste de Shadows/Highlights, escolha Image > Adjustment > Shadows/Highlights. Pode-se notar uma melhora imediata no contraste global e nos detalhes visíveis das partes mais escuras da imagem (**Figura 88b**). Se já tiver usado Shadows/Highlights, vale observar que a Adobe reduziu o valor do aumento de sombra padrão no Photoshop CS5, de modo que menos ajustes são necessários para se obter um bom resultado. Essa e outras configurações estão descritas nas seções a seguir.

Adobe Digital Imaging How-Tos

Figura 88b O simples ato de abrir o ajuste de Shadows/Highlights terá um impacto positivo imediato em sua foto. A Adobe também diminuiu o ajuste de sombra padrão para reduzir o número de passos exigidos.

Shadows

As três configurações da parte superior da caixa de diálogo controlam o grau com que os detalhes de sombra recebem um "aumento no brilho" ou, em alguns casos, o grau com que vão se tornar mais escuros. A **Figura 88c** mostra a correção de sombra baseada nas configurações de Amount, Tonal Width e Radius.

Amount – Esse controle deslizante regula a força ou intensidade do aumento da sombra.

Tonal Width – Esse controle deslizante define a abrangência da correção de sombra. Valores mais altos incluem alguns meios-tons, assim como as sombras e, portanto, vão tornar uma parte maior da imagem mais clara ou mais escura.

Radius – Esse controle deslizante define o contraste local nas áreas que estão sendo clareadas ou escurecidas. Valores mais altos resultam em maior contraste.

Figura 88c O primeiro passo em uma sessão de Shadows/Highlights é definir a quantidade de área de sombra a ser afetada (Tonal Width), a intensidade (Amount) do efeito e o contraste final (Radius).

Highlights

As configurações de Highlights operam exatamente de acordo com o princípio das configurações de Shadows, exceto por estar controlando a aparência das partes mais claras da imagem em vez das mais escuras. Quando as duas correções são combinadas, podem gerar um contraste mais drástico e interessante, além de revelar detalhes. A **Figura 88d** mostra os resultados da correção combinada. Compare a área arborizada e o céu dessa foto com a Figura 88a.

Adobe Digital Imaging How-Tos

Figura 88d O segundo passo na criação de um contraste global e detalhes mais agradáveis em sua imagem é definir as áreas de realce. Neste caso, foram usadas configurações de Shadows para clarear a área arborizada, enquanto configurações de Highlights foram exploradas para escurecer o céu e aumentar o contraste nas nuvens.

Adjustments

A parte inferior da caixa de diálogo fornece mais quatro controles para ajustar as cores e o contraste em suas fotografias corrigidas. A **Figura 88e** mostra a correção final com todas as configurações aplicadas (Color Correction +34; Midtone Contrast +28); compare com a Figura 88a.

   Color Correction – Esse controle deslizante aumenta a intensidade das cores nas áreas que foram corrigidas. Ele funciona como o controle deslizante de Vibrance no Lightroom ou no ACR (consulte a Dica 25), para reduzir ou aumentar a saturação das cores de maneira sutil.

   Midtone Contrast – Esse controle deslizante aumenta ou diminui o contraste nas áreas da imagem que não foram corrigidas.

   Black Clip/White Clip – Esse controle deslizante define os valores para o quanto das sombras e altas-luzes (em porcentagem) vai ser cortado para preto-puro ou branco-puro. Geralmente, não altero essas configurações; prefiro em vez disso configurar esse valor com a caixa de diálogo Curves, se necessário.

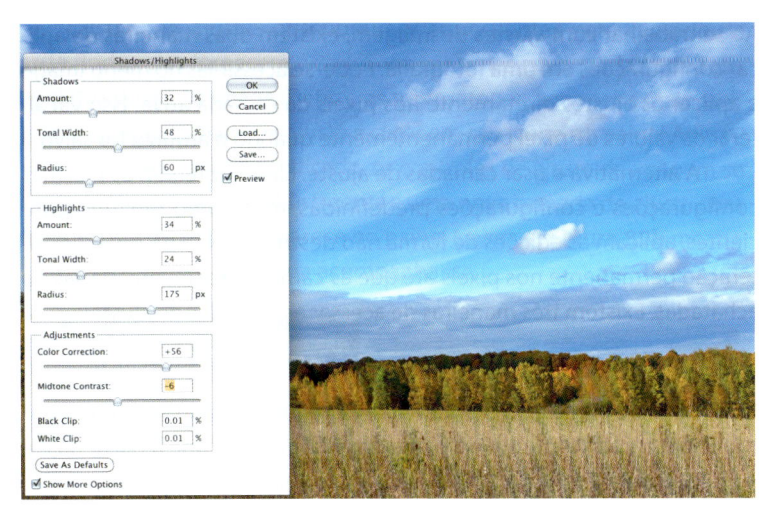

Figura 88e A correção final do ajuste de Shadows/Highlights.

Shadows/Highlights não destrutivos

Para usar Shadows/Highlights como Smart Filter, faça uma cópia da camada que pretende ajustar, clique com o botão direito do mouse e escolha Convert to Smart Object. Acesse Shadows/Highlights como faria normalmente. Quando terminar, clique em OK; a correção vai aparecer como um Smart Filter (**Figura 88f**).

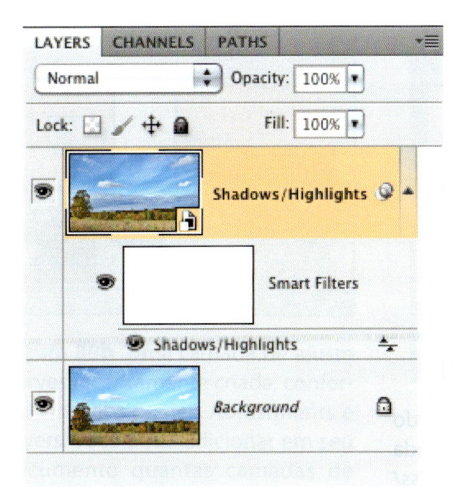

Figura 88f Converta sua camada de destino em um Smart Object antes de acessar o comando Shadows/Highlights.

Fixando cortes

É possível tornar a função Clip to Layer "aderente" (isto é, o comportamento padrão), clicando nela antes de abrir quaisquer camadas de ajuste.

ções afetem apenas essa camada e nenhuma das outras do painel Layers. Para usar esse recurso, selecione a camada que precisa de ajuste, crie a camada de ajuste e clique no botão Clip to Layer, na parte inferior do painel Adjustments (terceiro a partir da esquerda) . A camada de ajuste (no painel Layers) se desloca ligeiramente para a direita e exibe uma pequena seta apontando para baixo, para indicar que o ajuste está agrupado com a camada debaixo dela (**Figura 89c**).

Figura 89c No que diz respeito às camadas de ajuste, agrupar pode ajudar muito no isolamento de ajustes em uma camada específica.

90 Ajuste de curvas dirigido

A importância de usar o painel Tone Curve no Lightroom 3 para criar ajustes dirigidos, trabalhando-se diretamente na visualização da imagem, foi abordada na Dica 26. Contudo, para fotografias que não foram capturadas no formato nativo ou nas ocasiões em que se precisam aplicar edições de curva de tons usando o Photoshop CS5, a camada de ajuste Curves pode fornecer a mesma solução. Para criar uma correção de curvas dirigida, abra uma camada de ajuste Curves no painel Adjustments (segunda a partir da direita, fileira de ícones superior) e, em seguida, clique no ícone Targeted Adjustment .

Quando o cursor é colocado sobre o documento, aparece um conta-gotas. Use esse cursor para acessar os tons específicos (por exemplo, altas-luzes brilhantes) que deseja editar com o ajuste de Curves e, em seguida, arraste para baixo a fim de escurecer esses tons, ou para cima, a fim de clareá-los. Quando você acabar, o cursor vai mudar para uma mão e uma seta, um ponto será colocado automaticamente na curva e uma edição será feita (**Figura 90a**). Esse método é mais eficiente e, em muitos casos, mais preciso do que inserir e mover pontos manualmente na curva.

Figura 90a Use a ferramenta de ajuste dirigido de Curves para arrastar diretamente no documento a fim de estabelecer pontos na curva e ajustar sua posição nela.

Repita o processo do conta-gotas em quantas regiões tonais do documento forem necessárias; quando você fizer isso, novos pontos vão ser inseridos na curva. Esse mesmo processo pode ser aplicado individualmente nos dados de canal vermelho, verde ou azul de uma foto, usando-se o menu pop-up Channel . Isso é muito útil quando existe uma invasão de cor que torna a imagem quente demais, esverdeada/amarelada ou fria, respectivamente.

Quando tiver terminado de usar o ajuste de Curves, clique na camada baseada em pixel que deseja modificar em seguida, e o painel Adjustments vai retornar ao seu estado padrão para que você possa adicionar mais ajustes, conforme for necessário. A **Figura 90b** apresenta uma imagem dividida mostrando o estado antes (à esquerda) e depois (à direita) desse ajuste.

Figura 90b O ajuste de Curves, quando combinado com o ajuste de Shadows/Highlights, oferece uma solução muito poderosa para melhorar as áreas de contraste globais e localizadas em sua cena.

91 Vibração de cor localizada

A camada de ajuste Vibrance aplica o mesmo efeito dos controles deslizantes de Vibrance encontrados no Lightroom e no ACR (consulte a Dica 26) e oferece dois controles: um para melhorar a saturação das cores com Vibrance e um para Saturation.

1. Abra o ajuste de Vibrance no painel Adjustments (ícone mais à esquerda, segunda fileira) e, em seguida, configure as cores de acordo com seu gosto, usando valores menores para Saturation e maiores para Vibrance (**Figura 91a**).

Figura 91a A camada de ajuste Vibrance é uma excelente maneira de melhorar ainda mais a intensidade da cor de sua fotografia.

Para isolar os ajustes de Vibrance a partes selecionadas da imagem, use o painel Masks para configurar rapidamente uma camada.

2. Selecione a máscara de camada na camada de ajuste Vibrance (parece uma caixa branca vazia), abra o painel Masks e clique no botão Color Range. A caixa de diálogo Color Range aparece sobre sua imagem.

3. Conforme descrito na Dica 62, escolha a visualização de Image na caixa de diálogo e configure Selection Preview como Black Matte ou como White Matte, dependendo se seus assuntos são mais claros ou mais escuros.

4. Clique na opção Localized Color Clusters e configure Fuzziness com um valor entre 50 e 100 para começar.

5. Use o conta-gotas para clicar em uma área na visualização de Color Range que queira ajustar. Pressione Shift e clique em mais áreas para incluí-las. À medida que você faz isso, uma parte cada vez maior de sua imagem deve se tornar visível (**Figura 91b**).

Figura 91b Usando o painel Masks e o comando Color Range, você pode configurar rapidamente uma seleção de cor que vai gerar uma máscara precisa quando finalizada.

Capítulo 4: Aperfeiçoando imagens no Photoshop CS5

6. Quando tiver terminado, clique em OK e o Photoshop vai gerar uma máscara de camada precisa, baseada nas configurações de Color Range, permitindo que o ajuste de Vibrance apareça apenas nas áreas selecionadas (**Figura 91c**).

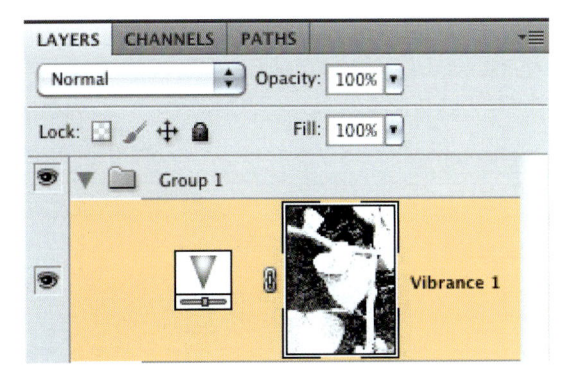

Figura 91c Um ajuste de Vibrance foi combinado com uma máscara de camada.

92 Estilização em preto e branco

É fácil criar fotos em preto e branco com a camada de ajuste Black & White do Photoshop CS5.

1. Abra uma camada de ajuste Black & White no painel Adjustments (terceiro ícone a partir da direita, segunda fileira) (**Figura 92a**).

Figura 92a O painel de ajuste Black & White, visto com as configurações padrão.

2. Clique no ícone Targeted Adjustment e coloque o cursor sobre o documento. Quando fizer isso, você vai ver que esse ajuste dirigido utiliza cursores iguais àqueles descritos na Dica 90, ao passo que usa controles que se comportam de forma similar aos controles de Black & White discutidos na Dica 30. Quando você clicar na foto e arrastar para a esquerda, o Photoshop vai escurecer os tons que contiverem essa cor (do original). Clique e arraste para a direita para clarear todas as áreas que contenham cor.

3. (Opcional) Se quiser inserir um matiz em sua imagem em preto e branco para dar a ela uma aparência clássica, como tom sépia ou cianotipo, marque a caixa de diálogo Tint e clique no quadradinho de cores ao lado dela para abrir o selecionador de cores do Photoshop. Desse ponto em diante, a cor escolhida vai ser apresentada automaticamente no fundo para que você possa ver o efeito.

4. (Opcional) Se quiser criar uma foto em preto e branco estilizada em infravermelho, clique no menu pop-up de configurações predefinidas de Black & White e escolha Infrared . O resultado dessa estilização pode ser visto na **Figura 92b**.

Figura 92b Fotografia que foi convertida para preto e branco infravermelho com o uso do painel de ajuste Black & White.

93 Filtros de fotografia

O Photoshop também tem uma coleção de "filtros" digitais que simulam o tipo vidro e podem ser aplicados como uma camada de ajuste.

1. Abra o ajuste de Photo Filter no painel Adjustments (segundo ícone a partir da direita, segunda fileira). A **Figura 93a** mostra um cacho de uvas e folhas que poderiam ser candidatas a um aquecimento para simular iluminação mais quente. Por padrão, a visualização é Warming Filter (85); contudo, nesse caso, a visualização está desativada para mostrar a imagem original.

Figura 93a Fotos com cores ligeiramente frias ou quentes resultantes da iluminação do local onde foram tiradas podem ser melhoradas com o ajuste de Photo Filter.

2. Para simular um tipo de filtro clássico, selecione o modo Filter, escolha um tipo de filtro no menu pop-up e ajuste o controle deslizante de Density para aumentar ou diminuir a intensidade do efeito (**Figura 93b**)

Figura 93b O ajuste de imagem Photo Filter contém várias configurações predefinidas que imitam os efeitos de filtros de cor reais.

3. Para configurar um filtro que imite uma cor encontrada em sua cena, selecione o modo Color e clique no quadradinho de cores para abrir o Color Picker.

4. Coloque o cursor sobre a visualização de seu documento a fim de exibir um conta-gotas e, em seguida, mantenha a tecla Command (Mac OS) ou Control (Windows) pressionada e clique na cor de sua imagem que vai ser a base do filtro. Novamente, configure o valor de Intensity de acordo com seu gosto. Em geral, valores entre 15 e 35% proporcionam um bom equilíbrio (**Figura 93c**).

Figura 93c A imagem final com um filtro de aquecimento personalizado aplicado a 31%.

94 Organize e visualize vários ajustes

Algo a tomar cuidado em relação às camadas de ajuste é que elas podem aumentar rapidamente. Por sorte, o painel Layers fornece maneiras muito simples de agrupar e visualizar camadas de ajuste juntas.

1. Mantenha a tecla Shift pressionada e clique em cada uma das camadas de ajuste no painel Layers. Se houver várias camadas de imagem colocadas entre uma série de ajustes, trate desses ajustes separadamente.

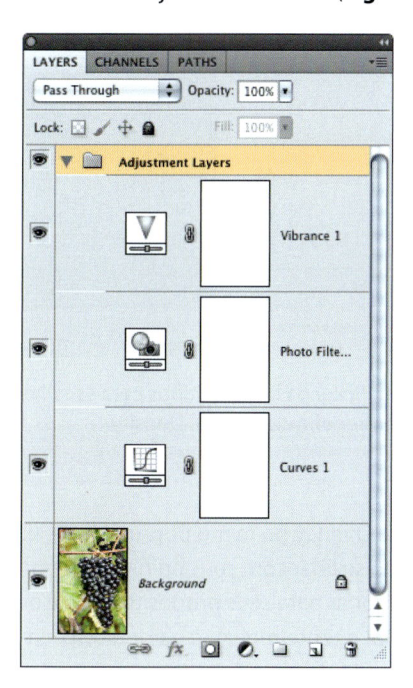

2. Para cada grupo de camadas de ajuste selecionadas, clique sob um de seus ícones mantendo ainda a tecla Shift pressionada, arraste-os para o ícone Folder (terceiro a partir da direita) na parte inferior do painel Layers e então solte. Isso cria uma nova pasta chamada Group 1 e coloca as camadas de ajuste dentro dela (**Figura 94**).

Figura 94 Agrupar camadas de ajuste é uma tarefa simples com o painel Layers.

3. Clique no nome da pasta para renomeá-lo e, em seguida, pressione a tecla Return para aceitá-lo. Nesse ponto, seus ajustes estão organizados de modo a serem ocultos ou vistos juntos no painel Layers.

95 Gradientes: densidade neutra

Embora não seja uma camada de ajuste nem um Smart Filter, existe uma configuração predefinida para a ferramenta Gradient que imita o efeito de um filtro de densidade neutra dividido. Esse filtro é mais usado em cenas fotografadas à luz do dia, quando o céu é claro demais, mas o primeiro plano é razoavelmente bem iluminado. Em essência, a metade superior do filtro é bastante escura, enquanto a metade inferior é vidro claro; como resultado final, o céu é escurecido na exposição sem afetar o primeiro plano.

1. Pressione G (ou Shift-G) para selecionar a ferramenta Gradient.

2. Na barra Options, clique no Gradient Picker, clique no menu destacável e escolha Small List ou Large List para ler os nomes das configurações de gradiente predefinidas (**Figura 95a**).

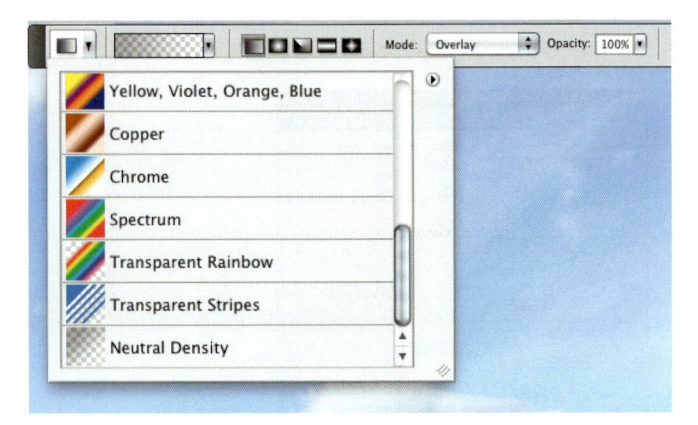

Figura 95a Use o Gradient Picker da barra Options para escolher a configuração de gradiente predefinida Neutral Density.

3. Escolha Neutral Density.

4. Na barra Options, escolha Overlay no menu pop-up Mode. (Descobri que isso é muito útil ao se lidar com céus brilhantes demais.) Se o modo Overlay não funcionar para seus propósitos, deixe o modo configurado como Normal e tente reduzir o valor de Opacity para entre 30 e 50%, dependendo da cena. Talvez seja preciso fazer experiências.

5. Pressione F para ir ao modo Full Screen with Menu bar e, em seguida, reduza a ampliação de seu arquivo (Command– para Mac OS ou Control– para Windows) a fim de que você possa ver a imagem inteira e ter algum espaço em torno das margens.

Capítulo 4: Aperfeiçoando imagens no Photoshop CS5

6. Coloque o cursor em forma de mira de Gradient ligeiramente acima da parte superior de sua imagem, arraste até que o cursor chegue a um ponto na imagem que não seja brilhante demais e, então, solte (**Figura 95b**). O resultado final pode ser visto na **Figura 95c**. Observe a diferença no tom e na cor do céu.

Figura 95b Arraste a linha de gradiente para baixo, até o ponto onde você deseja que a imagem permaneça clara, e então solte. Se o céu for iluminado igualmente (de lado a lado), pode manter a tecla Shift pressionada enquanto faz isso. Para céus um pouco mais escuros em um ou outro lado, tente corresponder à mudança.

Figura 95c A configuração predefinida Neutral Density de Gradient é uma ótima maneira de tratar de céus com exposição demais.

Dicas de texto e saída

Invariavelmente, mesmo que você não seja designer gráfico, web designer ou espere estar muito envolvido com o uso de texto no Photoshop, *haverá* ocasiões em que vai ser útil saber como utilizar as ferramentas e recursos de texto do programa. Talvez você precise fazer algumas marcações apenas para posicionamento (FPO – For Placement Only) para um editor de revista, uma pequena marca d'água ou mesmo criar um rápido folheto informativo para seus clientes. Todas essas coisas podem ser feitas com as ferramentas de texto do Photoshop. De modo semelhante, todos nós precisamos imprimir e/ou colocar versões menores de nossos arquivos na Web, portanto, esta seção também contém algumas dicas importantes para se trabalhar com a caixa de diálogo Print do Photoshop CS5 e com a função Save for Web & Devices.

96 Crie texto em um caminho

A capacidade de criar texto que acompanha um contorno em uma de suas fotos (talvez para um folheto informativo ou outro projeto de design) pode dar um toque de bom gosto e proporcionar uma aparência profissional. O primeiro passo na criação de texto em um caminho é gerar o caminho com a ferramenta Pen, a qual funciona como as outras ferramentas Bezier encontradas em todo o Adobe Creative Suite.

1. Uma vez criado o caminho, selecione a ferramenta Horizontal Type pressionando T (ou Shift-T para circular pelo grupo).
2. Coloque o cursor de texto sobre a margem do caminho; o cursor deve mudar.
3. Clique no caminho onde quer iniciar o texto.
4. Comece a digitar o texto. Quando tiver terminado, redimensione o texto, se necessário, usando o campo Font Size da barra Options. As opções de texto e o texto em um caminho finalizado aparecem na **Figura 96**.

Figura 96 É muito fácil adicionar texto em um caminho no Photoshop.

5. (Opcional) Abra o painel Character (Window > Character) e, em seguida, use o menu pop-up Tracking para modificar as distâncias entre as letras individuais.

97 Estilos de camada: sombras projetadas

Às vezes, a adição de uma sombra projetada pode ajudar o texto a se destacar contra os detalhes e cores de sua imagem.

1. Selecione a camada de texto em que uma sombra projetada precisa ser aplicada e, em seguida, na parte inferior do painel Layers, mantenha o botão do mouse clicado sobre o botão Layer Effects (segundo a partir da esquerda) e escolha Drop Shadow (**Figura 97a**).

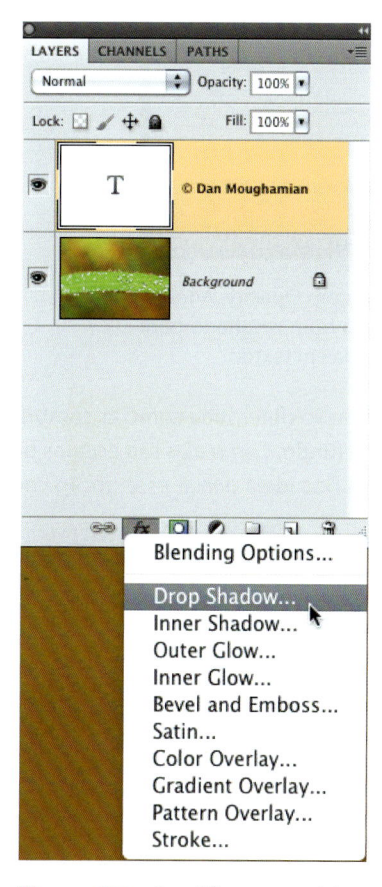

Figura 97a Os diferentes efeitos de camada (ou estilos de camada) disponíveis no menu pop-up Fx, na parte inferior do painel Layers.

2. Essa ação abre a caixa de diálogo Layer Style e ativa as configurações de Drop Shadow. O efeito vai ser visto no documento.

3. Aplique as configurações de Structure e Quality conforme for necessário. Muitas vezes, basta pequenos ajustes em Opacity, Angle e Distance. Clique em OK quando terminar (**Figura 97b**).

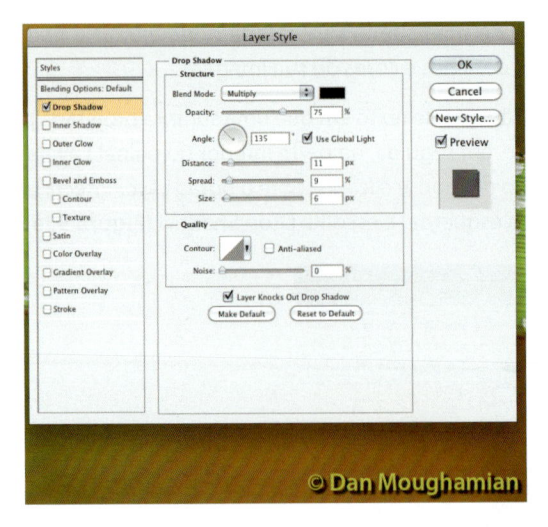

Figura 97b Pequenos ajustes em Opacity, Angle e Distance frequentemente dão bom resultado para uma sombra projetada baseada em texto.

Blend Mode – Essa configuração determina como as sombras vão se misturar com os pixels do fundo. Como elas são escuras por definição, normalmente é uma boa ideia deixar essa opção configurada como Multiply.

Opacity – Essa configuração determina a opacidade ou intensidade da sombra.

Angle – Essa configuração se refere ao ângulo da luz simulada que está sendo projetada nas letras de seu texto e, assim, produzindo uma sombra. Em geral, valores entre 135 e 45 graus funcionam melhor em termos de manter a legibilidade e criar uma aparência agradável.

Distance – Essa configuração define a distância, em pixels, entre o ponto central do texto sombreado e a camada de texto em si. Com frequência, valores entre 4 e 10 pixels bastam para a maioria dos usos em fotografia.

Spread – Essa configuração é semelhante a fazer difusão em uma seleção ou máscara; ela tende a aumentar a largura das letras ou da forma da sombra.

Size – Essa configuração define o tamanho da sombra. Quanto maior ela for, mais suave e menos definida se torna.

Quality – Para sombras de texto, deixe essas configurações em seus padrões.

Efeitos de camada (Layer Effects) são como camadas de ajuste ou Smart Filters, pois sua aplicação é não destrutiva.

98 Dicas de impressão

Existem algumas configurações na caixa de diálogo Print do Photoshop CS5 que é interessante conhecer para imprimir fotos em impressoras de jato de tinta. Para abrir a caixa de diálogo Print (**Figura 98**), pressione Command-P (Mac OS) ou Control-P (Windows).

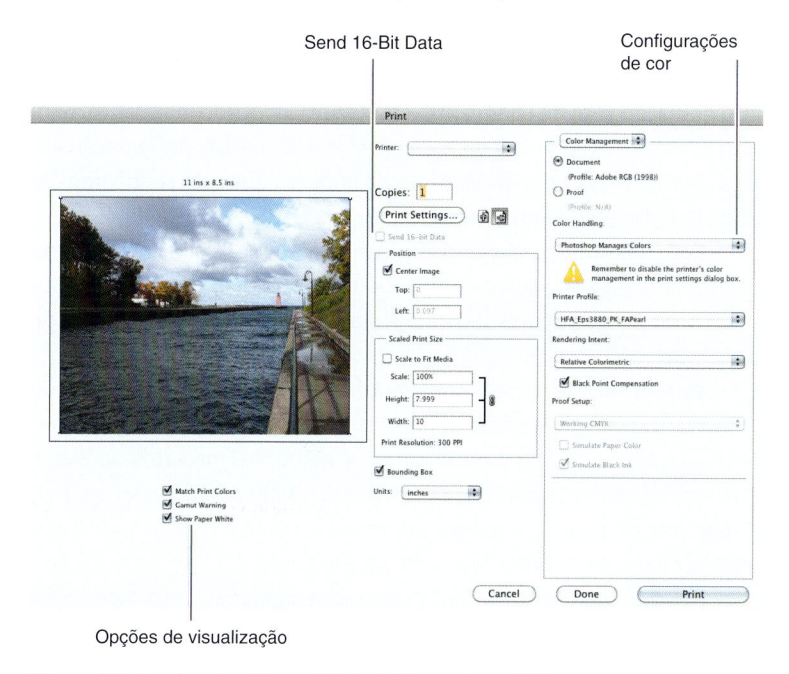

Figura 98 A caixa de diálogo Print do Photoshop CS5.

Visualização

Estas configurações ajudam a encontrar problemas antes da impressão, reduzindo o número de vezes que se precisa reimprimir após fazer ajustes.

Match Print Colors – O Photoshop tenta fazer uma correspondência a como acha que vai ser a aparência da saída impressa, com base nas configurações escolhidas.

Gamut Warning – O Photoshop exibe uma cor uniforme nas regiões de sua imagem as quais considera que não vão ser fielmente reproduzidas com a impressora e com o papel que estão sendo usados.

Show Paper White – Essa configuração ajusta a visualização de forma a compensar a diferença entre o ponto de branco de um monitor e o ponto de branco do papel de destino.

Configurações de cor

As configurações a seguir determinam a precisão das cores na saída de sua impressão.

Send 16-bit Data – Essa configuração só está disponível para o Mac OS. Quando selecionada, o Photoshop envia dados de arquivo de 16 bits para a impressora a fim de ajudar na reprodução precisa de áreas com gradação sutil de tons (como céus azuis). Contudo, na prática, nem sempre há uma diferença perceptível entre deixar essa configuração ativada ou desativada; depende muito da imagem que está sendo impressa, do papel e, especialmente, da impressora e seu conjunto de tintas.

Color Handling – Escolha Photoshop Manages Colors nesse menu pop-up para garantir que o Photoshop (e não o driver de sua impressora) controle como as cores são interpretadas como parte do processo de impressão.

Printer Profile – Certifique-se de instalar e selecionar um perfil de cor que seja específico para sua impressora e para o papel que está sendo usado. Aqui, tenho um perfil para Hahnemühle Fine Art Pearl Paper, feito especificamente para a Epson Stylus Pro 3880. Se você usar um perfil diferente do projetado para a impressora e para o tipo de papel, não vai obter os melhores resultados em muitos casos.

Rendering Intent – Para a maioria das situações, caso você tenha uma impressora de jato de tinta profissional, pode deixar as configurações padrão (Relative Colorimetric e Black Point Compensation) ativas. Se tiver uma impressora mais comum ou estiver usando papel mais barato, talvez queira experimentar Perceptual.

Configurações de impressão

Cada driver fornece um layout e um conjunto de controles ligeiramente diferentes, dependendo do sistema operacional e de você ter instalado um driver da Apple, da Microsoft ou do fabricante da impressora. Por isso, é difícil falar de modo geral sobre as configurações a usar, mas há uma que deve ser desativada sem exceção – a configuração de gerenciamento de cores de seu driver de impressão. Conforme mencionado anteriormente, é melhor deixar o Photoshop gerenciar o processo de cores, portanto, qualquer configuração indicando que sua impressora está usando gerenciamento de cores padrão deve ser desativada. No Mac OS, essa parte do driver às vezes é chamada ColorSync.

99 Salve para a Web

Criar versões de fotografias adequadas para a Web costuma ser uma tarefa importante. Para abrir a janela Save for Web & Devices, escolha File > Save for Web & Devices (**Figura 99**).

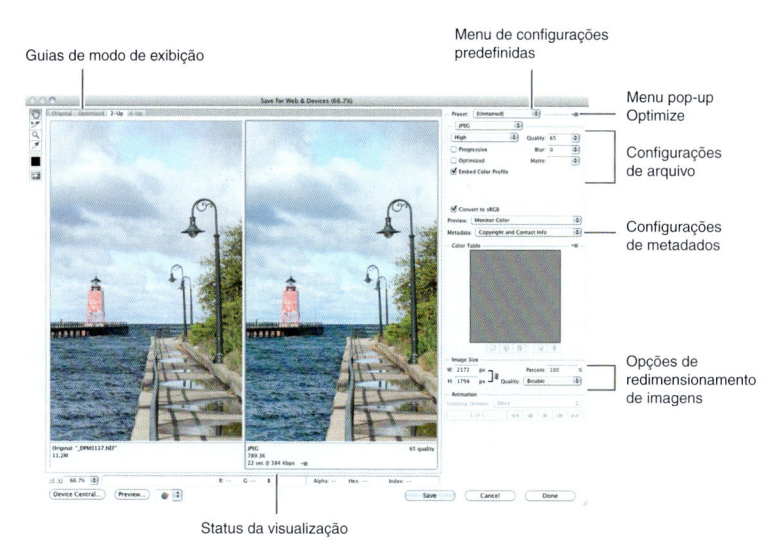

Figura 99   A janela Save for Web & Devices do Photoshop CS5.

Guias de modo de exibição

Próximo à parte superior esquerda da janela existem quatro guias. Cada uma configura a janela para um tipo de visualização diferente. Original mostra apenas a visualização do arquivo original, Optimized mostra somente a visualização com as configurações de Save for Web & Devices aplicadas, 2-Up divide a área de visualização em dois modos de exibição (como visto na Figura 99), utilizando a visualização Original em um painel e a visualização Optimized no outro. Também existe um modo de exibição 4-Up, que permite ver três variações da visualização Optimized, cada uma baseada em configurações ligeiramente diferentes.

Status da visualização

No modo de exibição 2-Up, se você olhar na parte inferior da visualização da imagem, vai ver as seguintes informações: Web File Format, File Size e Time to View, em determinada velocidade de download. À direita, vai observar as configurações de Quality relativas à opção de Web File Format que está sendo usada (JPEG, na Figura 99). Se clicar no menu pop-up à direita da listagem de velocidades ("5 sec @ 384Kbps", na Figura 99), vai obter uma escolha de velocidades. A ideia é configurar essa velocidade para ver com que rapidez um observador pode baixar seu arquivo na janela de um navegador.

Dimensionamento de imagem

Em alguns casos de arquivos de resolução muito alta, Save for Web & Devices talvez não consiga tratar de tarefas de redimensionamento de arquivo. Para esses casos, normalmente utilizo como padrão o comando Image > Image Size.

Configurações de arquivo

JPEG tem sido o formato adotado quase que universalmente pelos fotógrafos digitais que desejam mostrar imagens fixas online. As duas configurações mais importantes são o controle deslizante de Quality e a opção Convert to sRGB. Para evitar artefatos ou faixas coloridas, pode ser usada uma configuração de qualidade entre 60 e 80 para manter um bom equilíbrio entre qualidade e tamanho de arquivo.

Opções de metadados

Sob a opção Convert to sRGB, existe um menu pop-up contendo diferentes opções para incorporar e salvar metadados com seus arquivos da Web. Normalmente, supondo que você tenha adicionado as informações utilizando os passos discutidos na Dica 60, é uma boa ideia usar as configurações Copyright ou Copyright and Contact Information.

Opções de redimensionamento de imagens

Aqui, é possível escolher o tamanho final da saída na Web para seus arquivos como alternativa ao comando Image > Image Size. Supondo que seu arquivo original seja muito maior do que essa largura, você pode configurar a qualidade de redimensionamento como Bicubic Sharper. Quando você clica em Save e dá um nome para seu novo arquivo, o Photoshop aplica as configurações de qualidade, as opções de espaço de cores e as opções de metadados, redimensionando o arquivo em seguida, antes de salvá-lo.

Configurações predefinidas da Web

Embora eu normalmente não utilize as configurações predefinidas da Web que acompanham o Photoshop, acho útil salvar minhas próprias configurações predefinidas. Para salvar suas configurações JPEG (ou outras) como uma configuração predefinida da Web, clique no menu pop-up Optimize (canto superior direito) e escolha Save Settings; em seguida, dê um nome para elas. Depois disso, o nome de suas configurações predefinidas vão aparecer no menu pop-up Preset.

100 Image Processor

Em diferentes ocasiões, você pode se deparar com a tarefa de processar e salvar rapidamente grandes quantidades de arquivos nativos usando a mesma configuração. Tratar cada arquivo manualmente demoraria muito tempo – e o Photoshop, o Lightroom e o ACR têm suas próprias versões de processamento em lote para acelerar esses fluxos de trabalho. Um de meus favoritos é o Image Processor do Photoshop, por conta de sua simplicidade. Para abri-lo, escolha File > Scripts > Image Processor, e uma caixa de diálogo simples aparecerá (**Figura 100**). O Image Processor utiliza um processo rotulado de 4 etapas para ajudar a fazer o trabalho da maneira mais eficiente possível.

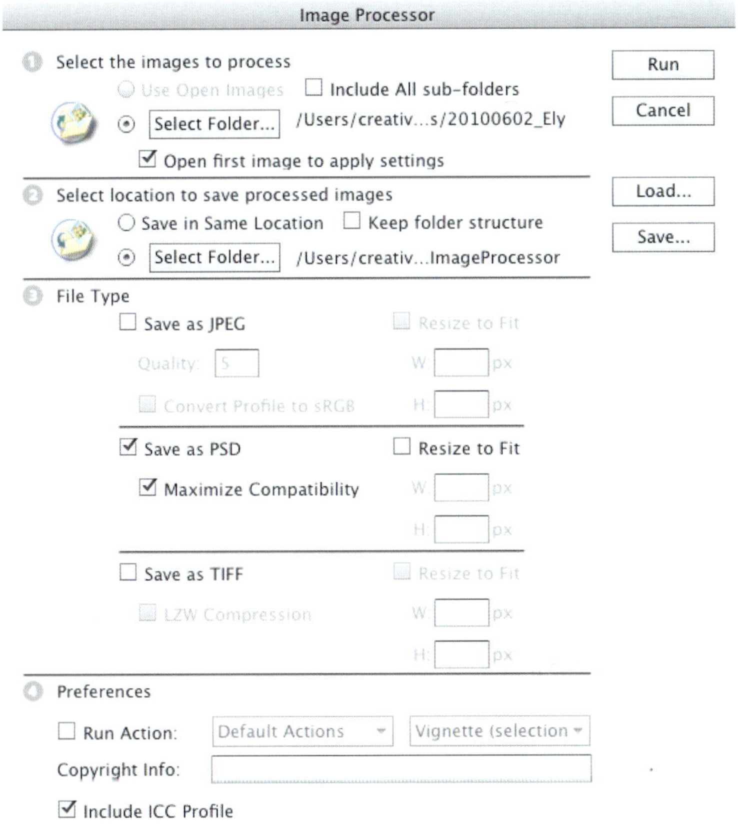

Figura 100 O Image Processor do Photoshop CS5 permite definir uma pasta de destino e criar configurações de saída básicas e um novo conjunto de imagens de modo eficaz, sem a necessidade de gerá-las manualmente.

O **passo 1** fornece opções para selecionar a pasta onde suas imagens não processadas são armazenadas e se as imagens encontradas em subpastas vão ser processadas. Também existe a opção de abrir a primeira imagem no ACR ☑ Open first image to apply settings , para que o Photoshop possa utilizá-la como base para as configurações a serem aplicadas nas fotos restantes.

O **passo 2** fornece opções para salvar os arquivos processados na mesma pasta de origem ou em uma nova pasta definida usando-se caixas de diálogo de arquivo padrão.

O **passo 3** define o formato em que seus arquivos vão ser salvos e se eles vão ser redimensionados como parte desse processo.

O **passo 4** permite executar quaisquer ações personalizadas que você possa ter gravado, adicionar informações de direitos autorais e incluir um perfil de cor ICC para gerenciamento de cores.

Quando estiver pronto para executar o processador, clique no botão Run. Se quiser salvar suas configurações para utilizá-las novamente em um outro momento, clique em Save; a partir dessa ação o Image Processor cria um arquivo XML. Em seguida, você pode usar o botão Load para acessar o arquivo XML e preencher as configurações mais uma vez.

Conclusão

Evidentemente, existem muito mais recursos e dicas a serem descobertos no Lightroom 3, no Photoshop CS5 e no ACR 6, mas, em qualquer trabalho escrito, o autor deve se ater à abrangência e ao conceito. Espero que você tenha achado úteis a abrangência deste livro e as dicas que escolhi, e que muitas delas se tornem parte integrante de seu processo de fotografia digital. Foi um prazer (e uma honra) compartilhar essas dicas com você. Obrigado por adquirir este livro (eu sei que existem muitos para escolher, pois há muitos autores talentosos por aí). Espero notícias suas. Você pode me seguir (se estiver em mídias malucas como o Twitter) em @Colortrails.

— Dan Moughamian
Julho de 2010

Índice

Números

3D, objetos, simulando, 228
32 bits, arquivos HDR de editando, 233
64 bits, recursos de, explicados, 147

Símbolos

© (símbolo de direitos autorais), inserindo, 102
® (símbolo de marca registrada), inserindo, 102
™ (símbolo de marca comercial), inserindo, 102

A

aberrações cromáticas, verificando para preparação de HDR, 89–90
ACR (Adobe Camera Raw)
 caixa de diálogo Save Options, 95
 caixa de diálogo Synchronize, 94
 caixa de diálogo Workflow Options, 96
 caixa de seleção Preview, 61
 configurando como padrão, 146
 desfazendo ações, 58
 ferramenta Spot Removal, 52
 funções Crop e Straighten, 49
 HSL direcionado, 61
 sincronizando edições, 93–94
 visão geral do, 43
ACR 6, versões de processo, 44–45
Adjust Edge, controles de conselho sobre, 180
Adjustment Brush, usando, 64–67
Adobe Bridge *versus* Lightroom para organização, 1. *Consulte também* Mini Bridge
Adobe Camera Raw (ACR)
 caixa de diálogo Save Options, 95
 caixa de diálogo Synchronize, 94
 caixa de diálogo Workflow Options, 96
 caixa de seleção Preview, 61
 configurando como padrão, 146
 desfazendo ações, 58
 ferramenta Spot Removal, 52
 funções Crop e Straighten, 49
 HSL direcionado, 61
 sincronizando edições, 93–94
 visão geral do, 43
Adobe Lens Profile Creator, 188
Airtight, galerias para a Web
 AutoViewer, 122–123
 PostcardViewer, 123–125
 SimpleViewer, 125–126
ajuste, camadas de. *Consulte também* camadas; ajustes direcionados
 agrupando, 253
 cortando, 241–242
 criando pastas para, 253
 organizando, 253
 usando, 240–242
 visualizando, 253
ajustes direcionados, criando, 243–244. *Consulte também* camadas de ajuste
altas-luzes. *Consulte* Shadow/Highlights, ajuste.
Amount, controle deslizante de
 usando com granularidade, 86–87
 usando em avivamento de capturas, 72
ampliação, opções de
 aplicando em fotos, 29–30
 sincronizando temporariamente, 30
ampliação, reduzindo para arquivos, 254
ancoragem de janela de documento flutuante, habilitando, 145. *Consulte também* janelas
ancorando várias fotos, 169
arquivos. *Consulte também* imagens; fotos
 exportando, 91–92
 importando para pastas de catálogo, 19
 reduzindo a ampliação de, 254
arquivos de catálogo, otimizando, 25
arquivos de processamento em lote, 263
assuntos
 isolando em cenas, 214
 isolando em imagens, 215
 recortando e colando em camadas, 215
atalhos de fluxo de trabalho, usando, 163
atalhos de teclado
 Bridge Favorites, 160
 caixa de diálogo Preferences, 140
 Color Settings, 149
 comando Refine Edge, 222–223
 desfazendo ações, 58
 ferramenta Clone Stamp, 184
 ferramenta Gradient, 254
 ferramenta Patch, 184
 girando imagens no Lightroom, 33
 grades, 190
 personalizando para o menu principal, 155–157
 selecionadores de cor, 166
 Spot Healing Brush, 208
 unidades da régua, 170
atributos
 aplicando em imagens, 33
 filtrando, 37
Auto-Collapse Iconic Panels, preferência 144
AutoViewer, galeria para a Web, recursos da, 122–123
avivamento
 captura *versus* saída, 75
 preparando para, 72
avivamento de capturas
 ajustando para cópias de contato, 116
 aplicando no Lightroom, 72–75
 controle deslizante de Amount, 72

Índice

controle deslizante de Detail, 73–74
controle deslizante de Masking, 74–75
controle deslizante de Radius, 73
usando preparação de HDR, 89
versus avivamento de saída, 75

B

balanço de branco, configurando no painel Basic, 56–57
Basic, painel, usando para configurações globais, 56–58
Bezier, caminhos de, usando, 177
Big and Flat, botão, usando com History & Cache, 148
Bit Depth, escolhendo para exportar arquivos, 92
Black & White, camada de ajuste, usando, 248–249
Blacks, controle deslizante de, usando no painel Basic, 57
bracketing, exposições com,
criando para fotos panorâmicas, 207
preparando para HDR, 89–90
bracketing de exposição, usando com saída HDR, 194
Bridge e Photoshop, trocando entre, 158
Bridge CS5, configurando Favorites para, 160
Bridge *versus* Lightroom para organização, 1. *Consulte também* Mini Bridge
Bristle Tips, pincéis
fazendo experiências com, 228
formas arredondadas, 227
formas planas, 227
identificando, 226
qualidades e visualização, 226
visualizando, 228

C

camadas, gerando a partir de seleções, 214–215. *Consulte também* camadas de ajuste
câmeras, suporte para captura vinculada, 22–24
caminhos
convertendo em seleções, 177
criando texto em, 256
Canon, câmeras, suporte para captura vinculada, 22
captura conectada, 22–24

Capture, botão, identificando no Lightroom, 24
"cartões postais", criando, 123–125
catálogos
criando a partir de pastas, 20
excluindo negativos de, 21
vinculando novamente a pastas movidas, 16
células
aplicando atributos em, 33
escolhendo a opção Select All, 33
células compactas
opções de, 26–27
vantagens das, 26
células de imagem. *Consulte* Photo Packages
Channels, painel, usando com Content-Aware Scale, 186
Character, painel, abrindo, 256
cianotipo, aplicando, 248
Clarity, valor de, configurando no painel Basic, 58
classificações, usando com imagens, 31–32
Clip to Layer, função, tornando aderente, 242
Clipping Previews, usando, 46, 56
Clone, modo, removendo manchas no, 51
Clone Stamp, ferramenta, usando para criar texturas suaves, 184–185
coleções, acessando no Lightroom, 40
coleções inteligentes, usando no Lightroom, 40–42
Color Picker
ativando, 166
recursos do, 140–141
Color Range, máscaras de, usando, 174–176
Color Wash, opção, usando com Slideshow Backdrop, 107
coloridas, franjas, corrigindo, 84
Command, tecla. *Consulte* atalhos de teclado
Compare, modo de exibição
recursos do, 4
usando no Lightroom, 29
composições, melhorando, 186–187
Constrain Crop, função, usando, 82. *Consulte também* controles de Crop & Straighten

Contact Sheet, recurso. *Consulte também* miniaturas
acessando, 113
configurações de Capture Sharpening, 116
opção Photo Info do painel Page, 115
painel Layout, 113–114
painel Page, 114–115
painel Print Job, 115–116
usando com Spot Healing Brush, 208–210
conta-gotas
usando com ajustes de curvas direcionados, 243–244
usando com ajustes de Vibrance, 246
usando com filtros, 251
Content-Aware
comando Fill, 216–217
comando Scale, 186–187
conteúdo de catálogo, sincronizando, 17–18
contraste
definindo precisamente, 59–60
diminuindo, 238
melhorando globalmente, 235–239
reduzindo ruído, 77
tornando global, 56–58
contraste e cor globais, configurando, 56–58
Control, tecla. *Consulte* atalhos de teclado
controles de aberração cromática, usando no painel Lens Corrections, 83–84
cor, caixas de, explicadas, 106
cor, configurações de, definindo, 149–150
cor, contaminação de, definindo, 183
cor, espaços de, exemplos de, 149
cor, invasões de, removendo, 183
cor, poços de, explicando, 106
cor, ruído de, reduzindo, 77–78
cor, vibração de, localizando, 245–247
cor saturada, evitando, 107. *Consulte também* cores
cores, gerenciamento de
diretrizes, 150
recursos para, 149
cores. *Consulte também* cor saturada
ajustando a intensidade de, 238
aperfeiçoando com HSL, 62–63

aumentando a intensidade no painel Basic, 58
manipulando na exportação, 91
mudando para lâminas de identidade, 110
mudando para texto de finalização de apresentação de slides, 110
mudando para texto de introdução de apresentação de slides, 110
tornando globais, 56–58
correções
  aplicando, 84
  de lacunas ao longo das margens, 80
  desfazendo com o comando Fade, 212
  julgando, 79
correções de controle deslizante, aplicando, 84
cortando
  com o comando Content-Aware Scale, 186–187
  perspectiva, 192–193
Crop & Straighten, controles de. *Consulte também* função Constrain Crop
  usando no ACR, 49
  usando no Lightroom, 48–50
Crop, ferramenta, usando como ferramenta de transformação, 192–193
curvas, usando, 59–60
Curves, ajuste, combinando com Shadows/Highlights, 243–244

D

Decontaminate, caixa de seleção Color, acessando, 183
defeitos, removendo, 51–52
Defringe, menu pop-up, acessando, 84
desfazendo ações, 58
Detail, controle deslizante de, usando no avivamento de capturas, 73
Develop, módulo
  criando configurações predefinidas, 54–55
  recursos do, 5
  trabalhando no, 6
Digimarc, plug-in, acessando, 99
dimensões do documento, exibindo, 170
distorção, manipulando em escala, 187

distorção vertical, corrigindo, 192–193
distorções não destrutivas, 190–191. *Consulte também* Puppet Warp, ferramenta
Distort, comando, usando, 190
Distortion, controle deslizante de usando no painel Lens Corrections, 79–80
DNG (Digital Negative Group), 13
documentos
  abrindo como guias, 144
  exibindo perfis de cor ICC de, 170

E

edições
  localizando com Adjustment Brush, 64–67
  sincronizando no ACR, 93–94
  sincronizando via configurações predefinidas, 54–55
Edit Pin, aparência de, 66
Edit Set, comando, usando, 34
efeitos de indistinção da câmera, criando, 214
Effects, painel, configurações de Grain no, 86–88
Enable Floating Document Window Docking, preferência 145
End Screen, opção, usando com Identity Plate, 108–110
Erase, pincel, ativando, 66–67
escala, manipulando distorção em, 187
espaço na tela, maximizando, no Lightroom, 6–7
espaços transparentes, preenchendo 216–217
exportando
  apresentações de slides como vídeos, 112
  arquivos, 91–92
  pastas no Lightroom, 20–21
Exposure, controle deslizante de usando no painel Basic, 57
extensão de arquivo, anexando, 146

F

Fade, comando, usando para melhorar o realismo, 212
Favorites, configurando para o Bridge CS5, 160
ferramenta, dicas de, mostrando, 144

File Handling, preferências de abrindo, 145–147
  Append File Extension, 146
  Image Previews, 146
  Prefer Adobe Camera Raw for Supported Raw Files, 146
  Save As to Original Folder, 146
File Info, caixa de diálogo, exibindo, 171
File Settings, opção, usando para exportar arquivos, 91–92
Fill, caixa de diálogo, ativando, 216
Fill Light, configurando no painel Basic, 57–58
Filmstrip, ocultando no Lightroom, 29
Filter, modo, selecionando, 250
filtragem, categorias de, mostrando, 37
filtros, usando para imitar cores em cenas, 251. *Consulte também* Library Filter
Find Missing Folder, opção, usando no Lightroom, 16
Flash, galerias. *Consulte também* Web, galerias para a
  acessando, 127
  galerias paginadas, 131–132
  opção Slideshow Only, 132
  painel Appearance, 131
  painel Color Palette, 130
  painel Image Info, 131
  painel Output Settings, 131
  painel Site Info, 129–130
  rolando, 129–131
  usando modelos com, 127–128
Flickr
  carregando arquivos, 138
  conectando o navegador com, 134
  configurações de metadados, 137
  confirmando a conexão com o Lightroom, 134
  controles de Image Sizing, 136
  controles de Title, 135
  escolhendo opções de compartilhamento, 137
  exibindo arquivos no modo de exibição Grid, 138
  fazendo login no, 134
  File Naming, opção 136
  File Settings, opção 136
  Output Sharpening, controles de 137
  Photostream, criando 137

Publish, opção 138
Publish Service, atribuição de nomes de 133
Safety, opções de 137
selecionando a arrastando arquivos para compartilhar, 138
foco
  comparando entre fotos, 29–30
  suavizando via filtro Lens Blur, 222–226
fotos. *Consulte também* arquivos; imagens
  adicionando logotipos em, 99
  ancorando, 169
  comparando semelhanças entre, 28–32
  compartilhando via Flickr, 133–138
  filtrando, 37–39
  "manobrando", 163–164
  organizando, 1
  pintando, 228, 232
  salvando para a Web, 261–262
  trocando, 30–31
fotos com metadados, importando, 12–13
FTP Server, menu pop-up, usando com galerias para a Web, 125

G

galeria da Web PostcardViewer, recursos da, 123–125
galeria da Web SimpleViewer, recursos da, 125–126
galerias. *Consulte* Flash, galerias; Web, galerias para a
galerias para a Web. *Consulte também* Flash, galerias
  Airtight AutoViewer, 122–123
  Airtight PostcardViewer, 123–125
  Airtight SimpleViewer, 125–126
  configurando, 122
  modificando modos de exibição na Color Palette, 123
  usando o menu pop-up FTP Server, 125
General, preferências
  Bicubic Sharper, 141–142
  Color Picker, 140–141
  HUD Color Picker, 141
  Image Interpolation, 141–142
  Place or Drag Raster Images as Smart Objects, 143
  Resize Image During Place, 142–143
  Use Shift for Tool Switch, 142

Zoom Clicked Point to Center, 143
Zoom Resizes Windows, 143
girando imagens no Lightroom, 33
GPU compatível com OpenGL, requisito de, 228
grades, usando com comandos de transformação, 190
Gradient, ferramenta, configuração predefinida para filtro de densidade neutra, 254–255
grão de filme
  atrativo da, 86
  simulando, 86–88
Grid, modo de exibição
  personalizando no Lightroom, 26–27
  recursos do, 2–3
  usando para comparar fotos semelhantes, 28
guias, abrindo documentos como, 144

H

HDR (High Dynamic Range), expondo para altas-luzes, 195
HDR Pro, mapeamento de tons do
  controle Detail Tone & Detail, 199–200
  controle Exposure Tone & Detail, 199
  controle Gamma Tone & Detail, 198
  controle Highlight Tone & Detail, 200
  controle Radius Edge Glow, 201–202
  controle Shadow Tone & Detail, 200
  controle Strength Edge Glow, 201–202
  controles de Edge Glow, 201–202
  controles de Tone & Detail, 198–201
  modo de 16 bits, 196
  modos, 196
  opção Remove Ghosts, 197
  recuperando detalhes, 199
  removendo exposições, 198
  saída de 8 e 32 bits, 196
HDR Pro. *Consulte também* Merge to HDR Pro, caixa de diálogo
  controle Saturation, 203
  controle Vibrance, 203
  controles de Edge Glow, 204
  criando arquivos, 195

criando pontos de ancoragem, 204
criando pontos de canto, 204
dicas sobre exposição, 194–195
gerenciando valores de abertura, 194
histograma de Curve, 203
lendo histogramas, 203
painel Color, 203
Point Curves & Corner Points, 203–204
ponteiros de curva, 204
preparando arquivos para, 89–90
recomendação de lente, 194
recomendação de tripé, 194
usando bracketing de exposição, 194
usando o modo Aperture Priority, 194
usando o modo de medida fotograma completo, 194
usando o modo de medida matriz, 194
HDR Toning
  32 bits, 233
  opção Photorealistic High Contrast, 234
  recursos do, 233–234
Heal, modo, removendo manchas no, 51
histograma, edições de, fazendo no Lightroom, 47
History & Cache, preferência 148
History, painel, usando no Lightroom, 58
Horizontal, controle deslizante de usando no painel Lens Corrections, 81
horizontes, endireitando com a ferramenta Ruler, 173
HSL (Hue, Saturation, Luminance), 61
HTML, galerias 122
Hue, modo, usando, 63

I

ICC, perfis de cor
  descritos, 149
  exibindo, 170
Identity Plate, controles de
  opção End Screen, 108–110
  opção Intro Screen, 108–110
  salvando configurações predefinidas, 109
  usando com apresentações de slides, 108–110

Image Interpolation (Bicubic Sharper), opção, 141–142
Image Processor, usando no Photoshop, 263–264
Image Sizing, configurações de escolhendo para exportar arquivos, 92
imagens. *Consulte também* arquivos; fotos; imagens raster
 adicionando como camadas de Smart Object, 142
 ampliando e reduzindo, 30
 aplicando atributos a, 33
 classificando, 31–32
 girando, 33
 importando para pastas, 19
 isolando temas em, 215
 salvando no ACR, 95
 usando rótulos com, 31–32
 usando sinalizações com, 31–32
 visualizando no Mini Bridge, 162
Imperfeições muito finas, identificando, 51
importando
 fotos com metadados, 12–13
 imagens para pastas, 19
impressoras a jato de tinta para foto, imprimindo em, 259–260
impressoras de jato de tinta, imprimindo fotos com, 259–260
indicador de corte de realce, habilitando e desabilitando, 46
indistinção, adicionando para o filtro Lens Blur, 222
informações de arquivo, exibindo, 170
instantâneos, usando para criar variações, 71
Interface, preferências de
 abrindo, 143
 Auto-Collapse Iconic Panels, 144
 Enable Floating Document Window Docking, 145
 Open Documents as Tabs, 144
 Screen Mode Colors and Borders, 144
 Show Tool Tips, 144
interface do usuário do Lightroom, 2–5
Intro Screen, opção, usando com Identity Plate, 108–110
IPTC, metadados
 acessando, 171
 modificando, 171–172
 pesquisando, 36
 usando configurações predefinidas no Lightroom, 8–11

J

janelas, redimensionando, 143. *Consulte também* ancorando janela de documento flutuante
JPEG, visualizações de, salvando, 146

K

Keyboard Shortcuts and Menus, caixa de diálogo, abrindo, 151

L

laboratório digital, modos do, 2
lacunas ao longo das margens
 corrigindo, 80
 preenchendo, 82, 214
Lasso, ferramenta, usando com Content-Aware Scale, 186
Lasso, seleções com a ferramenta, fazendo, 178–179
Layer Effects, aplicando de forma não destrutiva, 258
Layer Style, caixa de diálogo, escolhendo Drop Shadow na, 257–258
Lens Blur, filtro
 adicionando indistinção, 222
 comando Using Refine Edge, 222
 configuração, 222
 configurações de Iris, 224–225
 configurações de Preview, 224
 controles deslizantes de Noise, 226
 mapa de profundidade, 224
 recursos do, 214
 reflexões especulares, 225
 selecionando canal alfa, 224
 usando a ferramenta Lasso, 222
Lens Corrections, painel
 controle deslizante de Distortion, 79–80
 controle deslizante de Horizontal, 81
 controle deslizante de Rotate, 82
 controle deslizante de Scale, 82
 controle deslizante de Vertical, 80–81
 controles de aberração cromática, 83–84
 controles deslizantes de Lens Vignetting, 83
 correções de Manual Lens, 85
 vendo controles do, 79

Lens Vignetting, controles deslizantes de, usando no painel Lens Corrections, 83
lente, correções de, automatizando, 188–189
letras, modificando as distâncias entre, 256
Library, módulo
 janela Export Files, 91
 tipos de modo de exibição, 2–4
Library Filter. *Consulte também* filtros
 empilhamento de filtros, 37
 escolhendo filtros na, 36
 filtragem de atributo, 37
 filtragem de metadados, 38
 filtro Text, 36
 impedindo consultas, 39
Lightroom 3
 acessando coleções, 40
 aperfeiçoamento de cores com HSL, 62–63
 avivamento de capturas, 72–75
 células compactas, 26
 coleções inteligentes, 40–42
 comparando fotos semelhantes, 28–32
 configuração de apresentação de slides, 103
 configurações predefinidas de metadados IPTC, 8–11
 conjuntos de palavra-chave, 34–35
 contraindo recursos e controles, 6–7
 controles de Crop & Straighten, 48–50
 controles de HSL, 62–63
 controles de Identity Plate, 108–110
 cortando visualizações, 46
 curvas de ponto personalizadas, 59–60
 edições de histograma, 47
 espaço de cores nativo, 91
 espaço de cores ProPhoto RGB, 91
 exportando apresentações de slides, 112
 exportando pastas, 20–21
 ferramenta Targeted Adjustment, 59–60
 Filmstrip oculto, 29
 Flash Gallery, 127–132
 fotos em preto e branco, 68–70
 galerias para a Web, 122–127

gerenciando pastas de catálogo, 14
girando imagens no, 33
importando fotos com metadados, 12–13
importando imagens para pastas, 19
interface do usuário, 2–5
Library Filter, 36–39
maximizando o espaço na tela, 6–7
modo de exibição Compare, 4, 29
modo de exibição Grid, 2–3
modo de exibição Loupe, 3
modo de exibição Survey, 4–5
modo Tela Inteira, 7
módulo Develop, 5
módulo Library, 2–4
módulo Print, 5
módulo Slideshow, 5
módulo Web, 5
opção Find Missing Folder, 16
opções de ampliação, 29–30
opções do Flickr, 133–138
painéis, 7
painel History, 58
painel Lens Corrections, 79–85
painel Playback para apresentações de slides, 111
painel Slideshow Backdrop, 106–108
painel Slideshow Layout, 105
painel Slideshow Options, 103–104
painel Slideshow Overlays, 105
painel Source, 12
painel Split Toning, 68–70
personalizando miniaturas, 26
personalizando o modo de exibição Grid, 26–27
Photo Packages, 117–121
recurso Contact Sheet, 113–116
recurso Optimize Catalog, 25
recurso Tethered Capture, 22–24
renomeando pastas, 14
sincronizando pastas, 17–18
sincronizando remoções de mancha, 53
títulos de apresentação de slides, 108–110
trocando de fotos, 30–31
usando o modo de exibição Grid para comparar fotos, 28
versões de processo, 44–45
versus Bridge para organização, 1

vinculando novamente pastas movidas, 15–16
visualização rápida de painel, 7
visualizações de painel, 61
Watermark Editor, 98–102
Live Preview, rotação de, usando, 163–164
Localized Color Clusters, opção, 246
Lock, botão, usando com pesquisa de Library Filter, 39
logotipos, adicionando em fotos, 99, 102
Loupe, modo de exibição, recursos do, 3
Luminance, modo, usando, 63
luminosidade, ruído de, reduzindo, 76, 78

M

Make Selection, caixa de diálogo abrindo, 177
manchas, identificando, 51
Manual Lens, correções de, usando no painel Lens Corrections, 85
marca comercial (™), símbolo de, inserindo, 102
marca registrada (®), símbolo de, inserindo, 102
marcas d'água
 aplicando em texto, 101
 definidas, 97
 origem das, 98
 usando, 98
 visuais *versus* digitais, 98
margens
 fazendo ajuste fino, 180–182
 observando para correções, 79
 removendo invasões de cor de, 183
margens de máscara
 fazendo ajuste fino, 180–182
 removendo invasões de cor de, 183
margens de seleçao
 fazendo ajuste fino, 180–182
 removendo invasões de cor de, 183
máscara de camada, combinando ajuste de Vibrance com, 247
máscaras, trabalhando com, 173
Mask Overlay, ativando e desativando a circulação pela, 66
Masking, controle deslizante de usando em avivamento de capturas, 74–75

matizando imagens em preto e branco, 248
Memory Usage, preferência 148
menu principal
 personalizando, 151–153
 personalizando atalhos para, 155–157
menus
 simplificando, 151–154
 trazendo os padrões de volta, 153
Merge to HDR Pro, caixa de diálogo abrindo, 90, 195. *Consulte também* HDR Pro
metadados
 explicados, 8
 filtrando, 38–39
 importando fotos com, 12–13
Mini Bridge. *Consulte também* Adobe Bridge
 abrindo, 158
 acessando fluxos de trabalho do Photoshop, 161
 escolhendo pastas e imagens no, 159–160
 gerenciando miniaturas no, 161
 localizando imagens no, 161
 menu pop-up Tools, 162
 pod Content, 161
 pod Navigation, 159–160
 pod Preview, 162
 pods no, 158–159
 usando, 158–162
 widget Path Navigator, 160–161
miniaturas. *Consulte também* Contact Sheet, recurso
 dimensionando em cópias de contato, 113–114
 gerenciando no Mini Bridge, 161
 personalizando no Lightroom, 26
 removendo do processo de importação, 13
Mixer Brush
 acessando, 229
 configuração Brush Cleaning, 229–230
 configuração Brush Loading, 229
 configuração Flow, 231
 configuração Mix, 231
 configuração Wet, 230
 menu pop-up Useful Combinations, 231–232
 recursos do, 229
modelos, usando com galerias Flash, 127–128
módulo Web, recursos do, 5

Índice

movimento panorâmico manual, 165
mudança de escala de imagem, configurando preferências para, 141–142
mudando a escala de imagens, 141–142

N

nativas, fotos. *Consulte* ACR (Adobe Camera Raw)
navegador. *Consulte* Bridge; Mini Bridge
negativos, excluindo de catálogos, 21
Neutral Density, configuração de gradiente predefinida, usando, 254–255
Nikon, câmeras, suporte para captura vinculada, 22
Noise Reduction, controle
   usando, 78
   usando na preparação de HDR, 89

O

olhos, corrigindo rugas sob, 211
Open Documents as Tabs, preferência, 144
Optimize Catalog, recurso, usando no Lightroom, 25
Output Sharpening, configurações de, escolhendo para exportar arquivos, 92

P

painéis, grupos de, no Lightroom, exibindo itens em, 7
painéis com ícones, autorrecolhendo, 144. *Consulte também* painéis no Lightroom
painéis no Lightroom, explicados, 7. *Consulte também* painéis com ícones
painel, menus de, personalizando, 153–154
painel, visualizações de usando no Lightroom, 61, 67
palavra-chave, conjuntos de, usando no Lightroom, 34–35
panorâmicas
   criando, 205
   criando exposições com bracketing, 207
   opções de layout, 206

opções de manipulação de arquivo-fonte, 207
seção de fotos, 205
pastas. *Consulte também* pastas movidas
   configurando como locais padrão, 146
   criando catálogos a partir de, 20
   criando para camadas de ajuste, 253
   exportando no Lightroom, 20–21
   importando imagens para, 19
   renomeando no Lightroom, 14
   sincronizando no Lightroom, 17–18
pastas de catálogo
   gerenciando no Lightroom, 14
   renomeando, 14
pastas movidas, vinculando novamente, 15–16. *Consulte também* pastas
Patch, ferramenta, usando para criar texturas suaves, 184–185
perfis, usando, 188
perfis de câmera e lente, usando, 188
Performance, preferências de
   abrindo, 147
   History & Cache, 148
   Memory Usage, 148
   obtendo ajuda para, 147
   Scratch Disks, 148
perspectiva, cortando em, 192–193
pesquisando
   metadados IPTC, 36
   palavras-chave, 36
pesquisas de palavra-chave, realizando, 36
Photo Filter, ajustes de, usando, 250–252
Photo Packages
   painel Cells, 118–121
   painel Rulers, Grid & Guides, 117–118
   recursos do, 117
Photomerge, fluxo de trabalho com, 194
Photomerge, fotos panorâmicas com
   criando, 205
   criando exposições com bracketing, 207
   opções de layout, 206
   opções de manipulação de arquivo-fonte, 207
   seção de fotos, 205

Photoshop, fluxos de trabalho do, acessando no Mini Bridge, 161
Photoshop CS5, comando Merge to HDR Pro, 90
Photoshop e Bridge, trocando entre, 158
Photoshop Image Processor, 263–264
pincéis
   Bristle Tip, 226–228
   Mixer, 229–232
pinos, manipulando com a ferramenta Puppet Warp, 219–220
pintando fotos, 228, 232
Place, comando, usando, 142–143
pods no Mini Bridge
   Content, 161
   Navigation, 159–160
   Preview, 162
Polygonal Lasso, ferramenta, usando, 178
ponto, curva de, personalizando, 59–60
Preferences, caixa de diálogo,
   abrindo, 140
   configurações de General, 140
   configurações de Interface, 143–145
   configurações de Performance, 147–148
   File Handling, 145–147
preto e branco, fotos em
   aplicando granularidade em, 86–88
   criando, 68–70
preto e branco estilizados em infravermelho, criando, 249
Print, caixa de diálogo,
   abrindo, 259
   configuração de cor 16-bits Date, 260
   configurações de cor, 260
   configurações de impressão, 260
   configurações de visualização, 259
Print, módulo, recursos do, 5
Process 2003 *versus* 2010, 44–45
processo de importação, removendo miniaturas do, 13
Profile Corrections, disponibilidade de, 79, 188
ProPhoto RGB, espaço de cores, escolha, 91
proporção de imagem, atribuindo, 48

Puppet Warp, ferramenta. *Consulte também* distorções não destrutivas
  configuração (Mesh) Expansion, 219
  configuração Rotate, 220
  finalizando distoções, 221
  fluxo de trabalho, 214–215
  menu Density, 218
  menu Mode, 218
  opções de Pins e Pin Depth, 219–220
  recursos da, 214

Q

Quick Select, ferramenta, escolhendo, 214

R

Radius, controle deslizante de, usando em avivamento de capturas, 73
RAM, utilização de memória, exibindo, 170
RAM, valor de, escolhendo para a preferência Memory Usage, 148
raster, imagens, movendo como Smart Objects, 143. *Consulte também* imagens
realismo, melhorando via comando Fade, 212
Recovery, controle deslizante de, usando no painel Basic, 57
recurso de correção automática, acessando, 188
redimensionamento de imagem, configurando preferências para, 141–142
redimensionando
  imagens, 141–142
  janelas, 143
Refine Edge, comando
  usando, 180–182
  usando com filtro Lens Blur, 222–223
regiões, inserindo em janelas, 143
régua, unidades da, acessando, 170
Resize Image During Place, opção, 142–143
retocando retratos, 208
retratos
  retocando, 208
  tirando manchas, 208–210

Rotate, controle deslizante de, usando no painel Lens Corrections, 82
Rotate View, ferramenta, usando, 163
rótulos, usando com imagens, 31–32
Roughness, controle deslizante de, usando com grão de filme, 86, 88
rugas
  correção de manchas, 208–210
  corrigindo sob os olhos, 211
ruído, ampliando os efeitos de, 73
ruído, redução de, melhorando, 76–78
ruído de crominância, reduzindo, 77
ruído de detalhe, reduzindo, 77
Ruler, ferramenta, usando para endireitar horizontes, 173

S

saída, definida, 97
saída *versus* avivamento de capturas, 75
salvando
  imagens no ACR, 95
  visualizações JPEG, 146
Saturation, modo, usando, 63
Save for Web & Devices, janela
  abrindo, 261
  configurações de arquivo, 261–262
  configurações predefinidas para a Web, 261–262
  dimensionamento de imagens, 262
  guias de View, 261
  modo de exibição 2-Up, 262
  opções de metadados, 261–262
  opções de redimensionamento de imagens, 261–262
  status da visualização, 261–262
Scale, controle deslizante de, usando no painel Lens Corrections, 82
Scratch Disks, preferência, 148
Scratch Sizes, configuração, 170
Screen Mode Colors and Borders, preferência 144
Scrubby Zoom, configuração, acessando, 165
seleção de cor com faixa de matizes, 166–167
seleção de cor com roda de matizes, 168

selecionadores de cor HUD
  faixa de matizes, 166–167
  preferências, 141
  roda de matizes, 168
seleções
  convertendo caminhos em, 177
  gerando camadas a partir de, 214–215
  removendo seções de, 214–215
  trabalhando com, 173
Sepia Tone, aplicando, 248
Shadows/Highlights, ajuste
  acessando, 235
  configurações de Adjustments, 238–239
  configurações de Highlights, 237–238
  configurações de Shadow, 236–237
  correção de cor, 238
  usando de forma não destrutiva, 239
Sharpen, ferramenta, usando a opção Protect Detail com, 213
Sharpening, controle, usando, 78
Shift, tecla, configurando preferências para, 142
Show Tool Tips, preferência, 144
símbolo de direitos autorais (©), inserindo, 102
símbolos especiais, inserindo em marcas d'água, 102
sinalizações, usando com imagens, 31–32
sites
  Adobe Lens Profile Creator, 188
  gerenciamento de cores, 149
  ICC (International Color Consortium), 149
Size, controle deslizante de, usando com granularidade, 86–87
slides, apresentações de
  configurando no Lightroom, 103
  criando títulos para, 108–110
  exportando como vídeos, 112
  transições, 111
Slideshow, módulo
  controles de Slide Duration, 111
  painel Backdrop, 106–108
  painel Layout, 104–105
  painel Options, 103–104
  painel Overlays, 105
  painel Playback, 111

Índice

recursos do, 5
Slideshow Only, opção, usando com galerias Flash, 132
Smart Object, camadas de, adicionando imagens como, 142
Smart Object, transformações de, usando, 190–191
Smart Objects, movendo imagens raster como, 143
Smart Radius, recurso, usando, 180–182
sombra, indicador de corte de, habilitando e desabilitando, 46
sombras projetadas
    adicionando em texto, 257–258
    aplicando em marcas d'água, 101
Source, painel, acessando no Lightroom, 12
Split Toning, painel, usando no Lightroom, 68–70
Spot Healing Brush
    atalho de teclado, 208
    usando, 208–210
    usando para correções sob os olhos, 211
Spot Removal, controles de, usando, 51–53
Standard Screen Mode, trabalhando no, 170
Straighten, botão, usando com horizontes, 173
Straighten, ferramenta, usando, 49–50
Survey, modo de exibição, recursos do, 4–5
Sync Focus, opção, usando, 30
Synchronize, caixa de diálogo usando no ACR, 94
Synchronize Folder, caixa de diálogo, abrindo no Lightroom, 18

T

Tall and Thin, botão, usando com History & Cache, 148
Targeted Adjustment, ferramenta, usando no Lightroom, 59–63
técnicas de movimento panorâmico e zoom, 165
Tela Inteira, modo, usando no Lightroom, 7
tempo gasto em operações, exibindo, 170
Text, filtro, usando, 36
texto
    adicionando sombras projetadas em, 257–258
    criando em caminhos, 256
texto, ferramentas de, usando, 256
texto, marcas d'água de, aplicando, 100–102
texturas, substituindo por fronteiras de alto-contraste, 184–185
texturas suaves, criando, 184–185
títulos, criando para apresentações de slides, 108–110
Tone, controles de, usando no painel Basic, 56–57
Tone Curve, painel, usando, 243
tons
    ajustando a distribuição de, 47
    definindo precisamente, 59–60
Tools, atalhos do painel, personalizando, 157
transformação, comandos de, usando grades com, 190
transformações, trabalhando com, 173
transformações não destrutivas, 190–191
troca de ferramenta, usando a tecla Shift para, 142

V

Vertical, controle deslizante de, usando no painel Lens Corrections, 80–81
Vibrance, ajuste de
    combinando com máscara de camada, 247
    isolando, 245–247
Vibrance, configurando no painel Basic, 58
vídeos, exportando apresentações de slides como, 112

W

Warming Filter
    aplicando, 251–252
    visualizando, 250
Watermark Editor
    aplicando marcas d'água de texto, 100–102
    circulando pelas imagens no, 98
    configurações predefinidas, 102
    controles de Watermark Effects, 100
    inserindo símbolos especiais com, 102
    marcas d'água gráficas, 99–100
Web, salvando fotos para, 261–262
widget Path Navigator, usando com Mini Bridge, 160–161
Workflow Options, caixa de diálogo, abrindo no ACR, 96

Z

Zoom, ferramenta, ativando, 165
zoom, técnicas de, e movimento panorâmico, 165
Zoom Clicked Point to Center, opção, 143
Zoom Resizes Windows, opção, 143